D1829977

VERSTEHEN UND GESTALTEN H5

Ausgabe für Niedersachsen

VERSTEHEN UND GESTALTEN
H5 – Niedersachsen

Arbeitsbuch für Gymnasien
Ausgabe H für Niedersachsen

Herausgegeben von Konrad Notzon
Bearbeitet von Arthur Bartle, Wolfgang Bick, Andreas Borrmann, Karin Comfere, Christine Debold, Thomas Körber, Christiane Michaelis, Konrad Notzon, Christiane von Schachtmeyer, Eva Schrumpf

Unter Beratung von Wolfgang Berger

Oldenbourg

Liebe Schülerin, lieber Schüler,

hier ist dein neues Arbeitsbuch für das Fach Deutsch: Verstehen und Gestalten 5. Wie es aufgebaut ist, wollen wir dir in folgendem Überblick zeigen:

Jedes Kapitel beginnt mit einer Doppelseite, den **Startseiten**. Hier kannst du sehen, was dich im jeweiligen Kapitel erwartet.

In jedem Kapitel lernst du etwas zu einem interessanten **Thema** und zu einem **Lernbereich** des Faches Deutsch.

Am Ende eines Kapitels findest du eine **Zusammenfassung des Gelernten** und **Ideen und Projekte** zur Weiterarbeit.

Im Anschluss an jedes Kapitel sind ein oder mehrere Module, die **E·V·A**-Seiten, angefügt. Damit kannst du dein Wissen erweitern, es vertiefen oder das Gelernte anwenden.

Am Schluss des Arbeitsbuchs findest du das **Sachlexikon Deutsch**. Alphabetisch ist hier alles geordnet, was du an **Grundwissen**, **Methoden** und **Arbeitstechniken** brauchst.

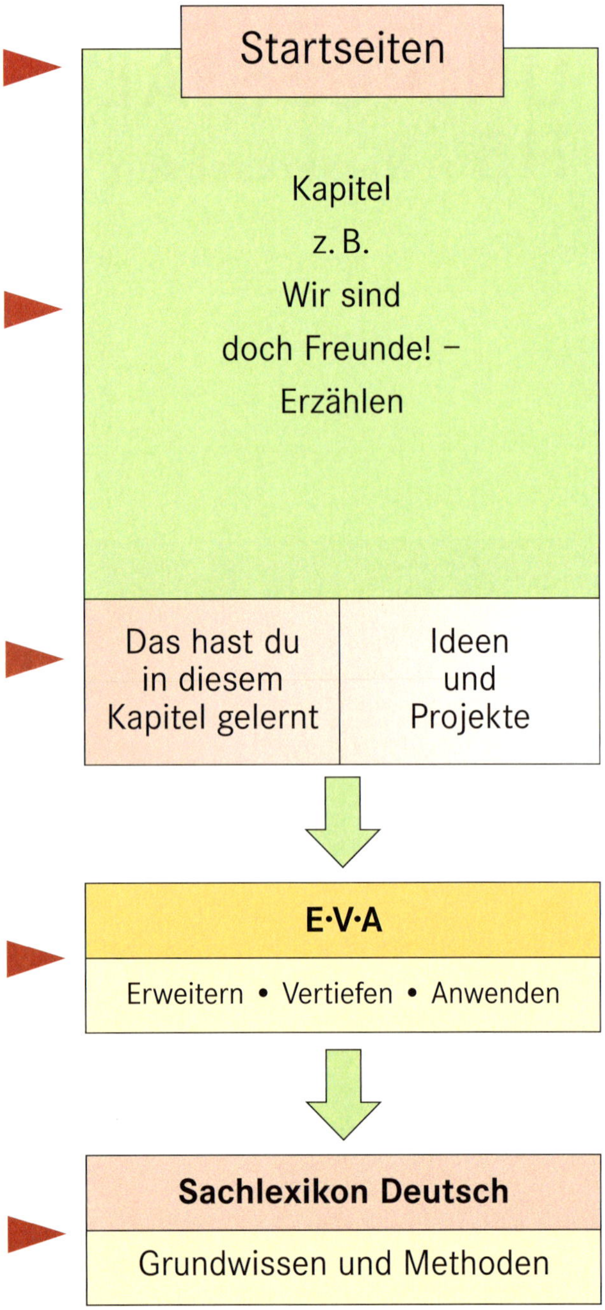

Wir hoffen, dass du gerne mit *Verstehen und Gestalten* arbeitest, und wünschen dir viel Spaß und Erfolg!

Inhalt

DIE NEUE SCHULE

Miteinander sprechen

Gefühlslabyrinth

```
    N E U A R T R E V T I E H R E H
                                  C
T I E H N E M M O L K E B         I
W                       E         S
Ü   R F R O V T Ä T I   D         N
N   E               S   R         U
S   U               O   E         T
C   D         N E R V   I         I
H   E                   G         E
E   S P A N N U N G N E U         H
H                                 N
O F F N U N G E N S C H Ü C H T E R
```

Welches Gefühl führt aus dem Labyrinth heraus?

Die Schüler der 5c haben ihre Hoffnungen und Befürchtungen zu Beginn des Schuljahres auf einen Zettel geschrieben und in eine Wünsche- und Ängstebox gesteckt. Erst am Schuljahresende wollen sie die Box öffnen und vergleichen, wie sie sich damals gefühlt haben und wie es ihnen jetzt geht.

1. DER ERSTE TAG
Ein Gespräch in der Familie

1 Wie war es bei euch am Morgen des ersten Tages am Gymnasium? Vergleicht mit der Situation der Familie auf dem Bild. Erzählt und denkt dabei

- an den Weg zur Schule,
- an die Begrüßung und die Einteilung der Klassen,
- an eure neue Klassenlehrerin oder euren neuen Klassenlehrer,
- an eure neuen Mitschülerinnen und Mitschüler,
- an das neue Klassenzimmer,

...

Text 1 **Unterhaltung beim Frühstück**

Mama, begleitest du mich zum Mozartgymnasium

Dass du mir ja gut aufpasst

Kann auch mal jemand mir zuhören

Du kommst gar nicht aufs Gymnasium Darauf wette ich schon heute

Hoffentlich bekommst du Lehrer, die Spaß verstehen

Du bekommst bestimmt eine strenge Klassenlehrerin

Gut, dass auch meine zwei besten Freundinnen in die 5c kommen

Die neue Marmelade schmeckt echt gut

Ich bin schon gespannt auf meine neuen Klassenkameraden

Wenn doch der Schultag schon vorbei wäre

Ich bin ja schon sehr neugierig, neben wem ich sitze

Ich möchte wissen, ob wir uns unsere Platznachbarn selbst aussuchen dürfen

Müsst ihr eigentlich dauernd streiten

Blödmann

Beeil' dich etwas, wir sind spät dran

Ich muss auch pünktlich zur Arbeit

Hast du dein Pausenbrot schon eingepackt

Macht sich meine liebe Schwester vielleicht heute etwas arg wichtig

Hast du überhaupt deine Zähne schon geputzt

Gut, dass ich nicht mit dem Bus fahren muss

Wie viel Zeit haben wir noch

Neben dich setzt sich bestimmt niemand freiwillig

2 Leider sind die Sätze des Gesprächs durcheinandergepurzelt und ohne Satzschlusszeichen geblieben.
a Ordne die Äußerungen den Familienmitgliedern zu. Bei welchen Sätzen hast du Schwierigkeiten?
b Beschreibe die Situation mit eigenen Worten. Kennst du solche Situationen?
c Sprich die Äußerungen der Familienmitglieder nach und achte dabei auf Stimmführung und „Satzmelodie". Welche Satzschlusszeichen würdest du jeweils setzen?

3 Schreibe drei Sätze aus Text 1 ins Heft, zu denen ein je verschiedenes Satzschlusszeichen gehört: Welche Absicht des Sprechers deuten die Satzschlusszeichen jeweils an?

Wenn man Sätze nach der Zeichensetzung einteilt, kann man drei verschiedene Satzarten bestimmen, nämlich **Aussage**satz, **Frage**satz und **Aufforderungs**satz.

. ? !

4 **Stimmung** und **Absichten**
a Clara kommt in die 5. Klasse, ihr jüngerer Bruder Gregory sagt:
„Du bekommst bestimmt eine strenge Klassenlehrerin."
Überlege: Aus welcher Stimmung heraus sagt Gregory diesen Satz?
Welche Wirkung will er wohl bei seiner Schwester erreichen?
b „Gregory ist ja nur eifersüchtig auf die Beachtung, die Clara an diesem Tag erhält."
Prüfe in Text 1, ob diese Behauptung zutrifft.

5 „Müsst ihr eigentlich dauernd streiten?"
a Wer spricht diesen Satz und an wen wendet sich der Sprecher?
b Wie ist die Stimmung des Sprechers und was will er bei seinen angesprochenen Hörern erreichen? Ist das wirklich eine Frage?
c Formuliere den Satz um, indem du die Satzart wechselst; Stimmung und Absicht des Sprechers sollen aber gewahrt bleiben.

6 Untersuche in Text 1 die Absichten der Sprecher. Welche Absichten aus dem folgenden Wortspeicher passen jeweils?

Befürchtungen ausdrücken – ermahnen – ärgern/provozieren – bitten – beschreiben – mitteilen – erzählen – Hoffnung ausdrücken – informieren – fragen – sich erkundigen – auffordern – Aufmerksamkeit erreichen – beschimpfen – wünschen ...

7 Wenn jemand spricht, kann man nicht nur die Absicht erschließen, sondern oft auch Gefühle und Stimmungen. Zeige an einzelnen Beispielen aus Text 1, was Vater und Mutter, was Clara und ihr kleiner Bruder empfinden.

8 Suche dir drei Sätze aus Text 1 heraus und versetze dich in die einzelnen Personen hinein. Übernimm die Tabelle in dein Heft und fülle sie aus.

Satz	
Sprecher	
Gefühl/ Stimmung	
Hörer (Wirkung)	

9 Bereitet ein **Rollenspiel** vor.
a **Text:** Arbeitet in Gruppen: Macht aus Text 1 ein zusammenhängendes Gespräch. Versetzt euch in Situation und Personen und denkt euch aus, wie das Gespräch weitergehen könnte.
Spiel: Versetzt euch in die Personen der Familie **hinein**. Überlegt, wie ihr das Klassenzimmer als **Raum** für Frühstückstisch und Küche nutzen könnt. Welche **Wege** sollen die Schauspieler gehen können? Denkt an **Mimik, Gestik** und **Körperhaltung.**
b Ihr könnt eure Fähigkeiten im **szenischen Spiel** ausbauen:
– Bereitet ein Rollenspiel vor: Spielt Situationen vom ersten Schultag an eurer neuen Schule. Am besten teilt ihr euch in Gruppen auf, jede Gruppe bereitet eine andere Spielszene vor.

– Ihr könnt dazu zuerst eine Spielszene entwerfen, also den Text aufschreiben, den die einzelnen Mitspieler beim Spiel sprechen sollen; oder nur die Rollen (Mitschüler, Lehrerin, ...) und ihr typisches Verhalten festlegen und dann ohne genau vorbereiteten Text – aus dem Stegreif – spielen.

Wie verständigen wir uns?

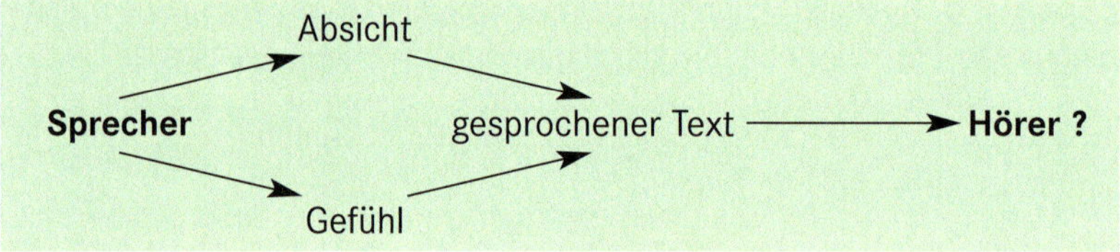

10 a Formuliere mit eigenen Worten, was die Skizze deutlich machen will.

b Erfinde kurze Spielsituationen für zwei Personen:
- Ein Sprecher äußert in einem kurzen Satz ein Gefühl und verbindet damit eine Absicht oder umgekehrt (z. B. *„Dein umgekippter Papierkorb wirkt ja nicht gerade einladend.“* – *„Nun lass mich bitte endlich zufrieden!“*).
- Der Hörer muss durch seine Antwort deutlich machen, ob er den Satz so verstanden hat, wie er gemeint war, oder nicht.

c Was muss der Hörer „leisten“, damit der Sprecher erreicht, was er möchte? Ergänze die Zeichnung entsprechend. Vergleicht eure Ergebnisse.

11 Nun kannst du sicher leicht die folgende Sachinformation in deinem Heft ergänzen. Die Wörter aus dem Wortspeicher helfen dir, die zehn Lücken zu füllen.

Mit ✻ verständigen wir uns. Wenn man spricht, drückt man eine bestimmte ✻ aus, man möchte z. B. bei dem Angesprochenen etwas erreichen (z. B. jemanden ✻, etwas zu tun). Durch Sprache bringen wir auch ✻ und ✻ zum Ausdruck. Im Gespräch kann man sie auch schon aus ✻ und ✻ herauslesen oder durch den ✻ des Sprechers heraushören. Beim Schreiben sind die ✻ eine Hilfe, um die ✻ zu verdeutlichen.

Stimmungen – Mimik – Satzschlusszeichen – Sprache – Gestik – auffordern – Absicht – Gefühle – Tonfall – Sprechabsicht

12 Wende deine Kenntnisse in einem kurzen Rollenspiel an:
Sina möchte sich nachmittags mit ihrer Freundin Laura im Eiscafé in der Stadt treffen. Sie braucht dazu eine Fahrgelegenheit und hofft auf ihren großen Bruder Lars, der schon Motorrad fahren darf. Normalerweise hat Lars allerdings andere Sachen im Kopf, als seine kleine Schwester herumzufahren.

a Wie könnte Sina im Gespräch versuchen, Lars dazu zu bringen, sie in die Stadt mitzunehmen? Probiert im Rollenspiel verschiedene Möglichkeiten aus. Achtet auf die Wortwahl, Mimik und Gestik sowie den Tonfall der Sprecher.

b In einem anderen Fall hat Sina nicht mehr die Gelegenheit, mit Lars persönlich zu sprechen. Wie könnte Sina eine SMS an ihren Bruder mit derselben Absicht formulieren? Probiert verschiedene Möglichkeiten aus.

c Vergleicht die folgenden Varianten. Begründet: Welche kommt bei Lars wohl am besten an?

Fährst du heute Nachmittag in die Stadt?
Ich muss unbedingt um 16 Uhr in die Stadt ...
Nimmst du mich mit in die Stadt?!!
Bring mich heute in die Stadt!

2. „HALLO, KÖNNTEST DU MIR BITTE …?“ Gesprächssituationen im Schulalltag

Auskünfte über das Schulgebäude einholen

1a Welche dieser Räume und Einrichtungen gibt es an eurer Schule?
b Besprecht, was ihr von diesen Räumen und Einrichtungen wisst: Wie sehen sie aus und wozu dienen sie? Bei wem könnt ihr im Zweifelsfall nachfragen?

2 **Ratespiel**
a Einer aus der Klasse beschreibt den Weg vom eigenen Klassenraum zu einem Raum bzw. einer Einrichtung an eurer Schule, ohne aber deren Namen zu nennen.
b Jemand beschreibt in einigen Sätzen, wozu ein bestimmter Raum oder eine Einrichtung an eurer Schule dient und was hier getan wird, ohne den Namen zu nennen.

Die anderen raten: Wer jeweils die richtige Antwort weiß, darf nun selbst eine neue Aufgabe stellen.

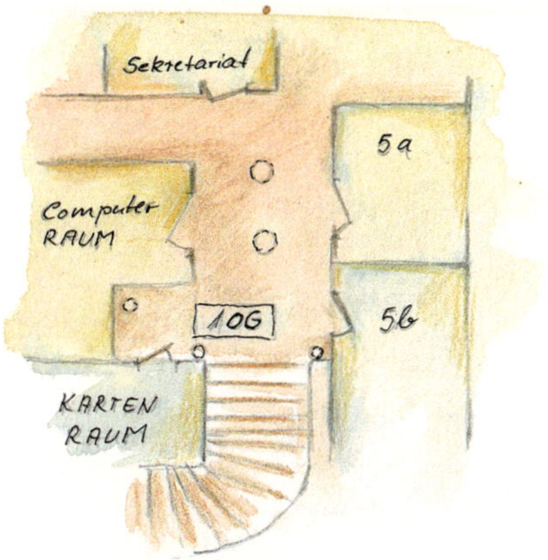

Sich in der Klasse kennenlernen und vorstellen

3 Einige aus eurer Klasse kennt ihr vielleicht schon ganz gut, über andere habt ihr noch wenig in Erfahrung gebracht. Hier ein paar Ideen zum Kennenlernen.
a **Fragen sammeln:** Was möchte man über jemanden herausfinden, den man näher kennenlernen will? Sammelt möglichst viele Fragen.
b **Interviewspiel: Geburtstagsgeschwister**
Schreibe auf ein DIN-A4-Blatt dein Geburtsdatum. Gehe damit durch die Klasse und finde heraus, welches Kind seinen Geburtstag am nächsten bei deinem (einigt euch auf vorher oder nachher) hat. Interviewt euch gegenseitig und versucht, möglichst viel zu erfahren.

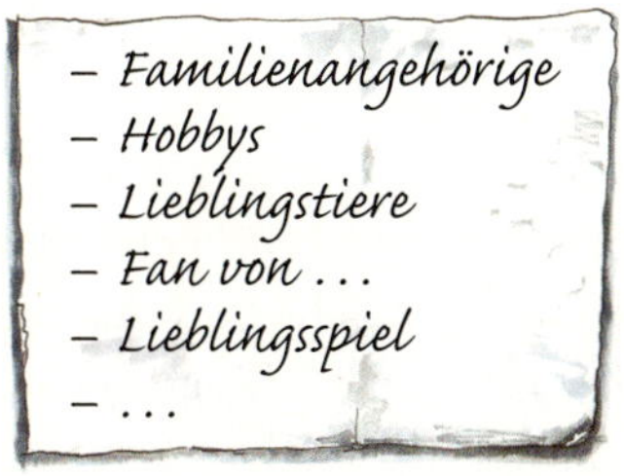

Ergänzt die Frageliste, notiert die Antworten und stellt euch gegenseitig in der Klasse vor.

c Ihr könnt Fragen und Antworten auch auf Karten schreiben, sie mit den entsprechenden Fotos versehen und in der Klasse aufhängen.

Umgangsformen: Bitten äußern und sich beschweren

Text 2A Laura steht vor dem offenen Lehrerzimmer und spricht eine Lehrkraft an, die sie nicht kennt:

Entschuldigung, Frau Kraus, unsere Deutschlehrerin, schickt mich. Ich soll ihren Kassettenrekorder holen. Er steht auf ihrem Platz dort im Lehrerzimmer. Kann ich ihn bitte haben?

2B Silvio kommt mit einer Bitte zum Hausmeister:

In unserer Klasse fehlen schon seit Tagen 2 Stühle. Wir können doch nicht im Stehen Unterricht haben! Sorgen Sie doch für so viele Stühle, dass alle sitzen können!

4 Beurteile die Erfolgsaussichten von Lauras und Silvios Bitten. Achte dabei auch darauf, wie Laura und Silvio ihre Äußerungen einleiten. Verbessere den Text, der dir noch nicht gefällt.

5 Überlege dir gemeinsam mit deinem Nachbarn Situationen in der Schule, in denen ihr Bitten äußern müsst. Welche Personen könnt ihr dafür ansprechen? Spielt die Situationen im Rollenspiel. Spielt dann der Klasse diese Szene vor. Es können auch Gespräche dabei sein, die scheitern, weil Gesprächsteilnehmer sich nicht richtig verhalten.

Text 3 **Miriam beschwert sich bei Herrn Kurz:**
„Hallo, Herr Kurz. Ich komme im Auftrag der Klasse 5c und möchte mich über die 7a beschweren. Wir haben unser Klassenzimmer wirklich ordentlich verlassen. Ihre Schüler haben daraus fast einen Schweinestall gemacht. So geht das wirklich nicht. Wir fordern, dass die das wieder sauber machen!"
Herr Kurz: „...

6a Wie beurteilst du Miriams Beschwerde? Was hat sie gut, was weniger gut vorgebracht?
b Wie dürfte wohl Herr Kurz reagieren? Formuliere eine mögliche Antwort.
c Verbessere Miriams Beschwerde so, dass sie höflicher wirkt. Ihr könnt die Situation auch spielen.

Umgangsformen: Streiten und sich versöhnen

Text 4 **Hör doch endlich auf!**

DANIA: „Hör doch endlich auf, mit Papierkugeln zu werfen!"
MARK: „Wieso, das war ich doch gar nicht. Dennis macht das."
DANIA: „Quatsch, du Blödmann, ich hab's genau gesehen: Du drehst sie die ganze Zeit unter deinem Tisch!"
MARK: „Wie hast du mich genannt? Sag das noch mal ..."

7a Kennt ihr ähnliche Situationen aus eurer Erfahrung? Erzählt.

b Beurteilt das Gesprächsverhalten der beiden Schüler in ihrem Streit. Welche Absichten und welche Gefühle lassen sich aus ihren Äußerungen ablesen?

8 Bei einem Streit kann man „Öl ins Feuer gießen" oder aber „die Wogen glätten". Wo gießen Dania und Mark Öl in ihren Streit, wo werden Wogen geglättet?

Die Klasse 5c hat eine Liste von verschiedenen Verhaltensweisen bei einem Streit zusammengestellt:

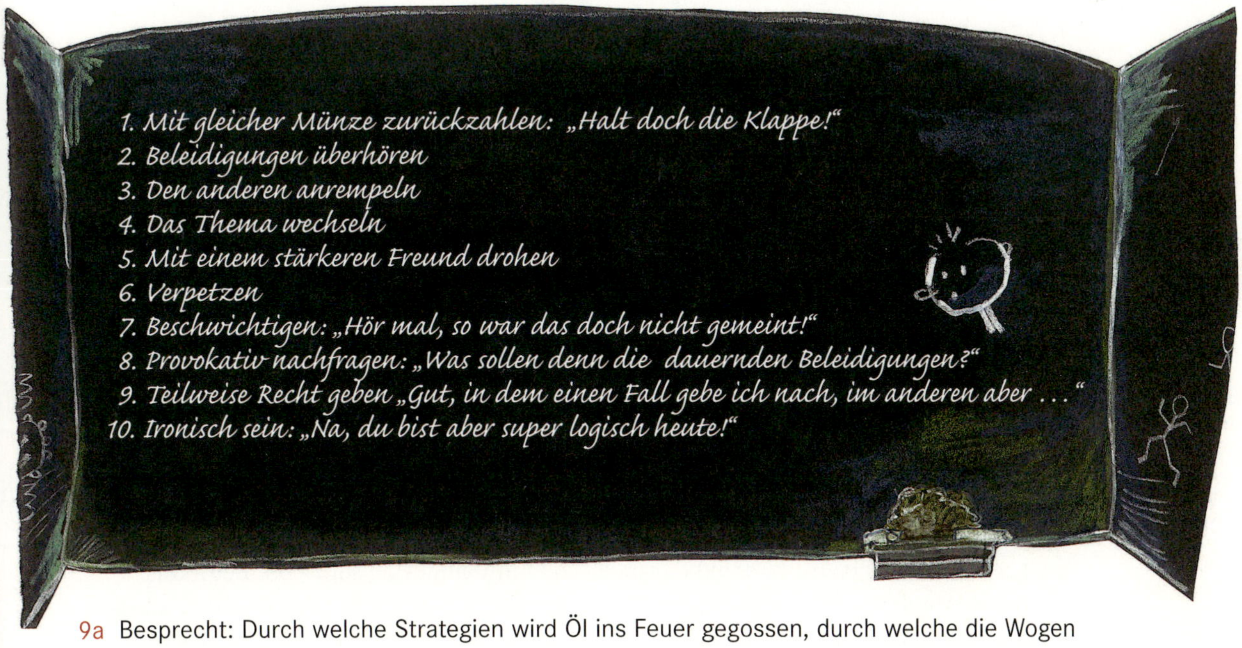

9a Besprecht: Durch welche Strategien wird Öl ins Feuer gegossen, durch welche die Wogen geglättet?
Was haltet ihr von Ironie[1] als Mittel der Streitverhinderung?

b Ergänze die Liste der 5c um weitere Beispiele.

c Welche Mittel haben Dania bzw. Mark angewandt?
– Überlegt, wie die beiden sich wieder vertragen könnten: Schreibt Entschuldigungen aus der Sicht Danias bzw. Marks auf kleine Zettel und tauscht sie mit eurer Banknachbarin / eurem Banknachbarn aus. Würdet ihr die jeweilige Entschuldigung akzeptieren?

10 Überlege: Wann sollte man einem Streit nicht aus dem Weg gehen?

1) **Ironie:** spöttische Äußerung, die das Gegenteil des Gesagten meint.

11 **Eine Szene schreiben und spielen**

a Schreibe das Gespräch in Text 4 neu:
- Nutze die Liste der 5c.
- Überlege: Wie könnte der Streit weitergehen?
- Denke dir einmal ein aggressives und einmal ein versöhnliches Ende aus.

b Spielt nun beide Fortsetzungen. Wie fühlt man sich als „Streithansl" bzw. als Streitschlichter?

Text 5 **Die Wand** RENATE WELSH

Worte
Worte
Worte
Worte
Worte
Worte
Worte
Worte
Worte
Worte
Worte
Worte
Worte
Worte
Ich Worte Du

12 Worum geht es in diesem Gedicht? Bezieht seine äußere Form in eure Überlegungen mit ein.

13 Wie muss man miteinander umgehen, damit ein Zusammengehörigkeitsgefühl entsteht und keine Wand zwischen den Gesprächspartnern aufgebaut wird?

3. DER WANDERTAG Diskutieren

Text 6 **Klassengespräch der 5c**

FRAU KRAUS: Nächste Woche am Donnerstag ist Wandertag. Ihr könnt euch euer Wanderziel selbst aussuchen. Aber denkt daran: Es soll ein Wandertag sein – die Betonung liegt auf Wandern –, der auch unsere Klassengemeinschaft stärkt. Stimmt nun über das Wanderziel ab. Beachtet dabei eine wichtige Spielregel: Geht bei euren Diskussionsbeiträgen bitte fair miteinander um.

KLASSE: Mensch, super! Wurde aber auch Zeit! Echt stark! Klasse!

FRAU KRAUS: Ich möchte jetzt gerne Vorschläge sammeln.

ELENA: Mein Vorschlag wäre das Rieder Moor. Da führen Holzstege über die sumpfigen Stellen hinweg. Das ist echt abenteuerlich! Außerdem gibt es dort eine ganze Menge interessanter Fleisch fressender Pflanzen.

CLARA: Dich interessieren natürlich schon wieder nur Pflanzen! So was von Streberin!

SVEN: Ich finde Elenas Vorschlag gut. Am Rande des Moors ist nämlich noch eine Burgruine mit einem Fußballplatz gleich nebenan.

LUKAS: Ich bin auch dafür, weil man da ...

LISA: Ist doch Quatsch. Wir fahren in den Vergnügungspark! „Adventure-Land“! Damit können doch alle einverstanden sein. Meine Freundin Petra war neulich auch ganz begeistert davon. Los, wir stimmen alle dafür!

TOBIAS: Nee, dann doch lieber ins neue Nautiland. Am Vormittag sind die Sprungtürme außerdem noch frei!

ELENA: Wir sollten doch wandern, denk ich, und ob wir mit Kopfspringen vom Dreimeterturm die Klassengemeinschaft stärken, weiß ich auch nicht.

TOBIAS: Hast Recht, Elena. Sorry, ich ziehe meinen Vorschlag wieder zurück.

KAI: Es läuft gerade ein supergeiler Trickfilm im Kino. Da soll Frau Kraus einfach eine Vormittagsvorstellung ...

MAIKE: Mein Gott, Kai, kannst du denn nicht zuhören!

KAI: Mensch, Maike, du kannst mir doch nicht einfach ins Wort fallen! Nicht wahr, Frau Kraus, das ist unfair, das darf sie nicht? Sagen Sie es ihr doch!

FRAU KRAUS: Ich fürchte, ich muss hier mal unterbrechen ...

1a Stelle zusammen: Welche Ziele für den Wandertag werden von den einzelnen Schülern genannt?

b Warum ärgert sich Maike über Kai? Was würdest du an der Stelle von Frau Kraus jetzt tun?

2 Untersuche das Gesprächsverhalten der 5c genauer:
- Wer bringt gute, begründete Vorschläge ein, wer hat berechtigte Einwände?
- Wer verhält sich unfair? Wer hält sich an die Vorgabe zu wandern?
- Clara: „Ich finde, das Gesprächsverhalten von Tobias war echt gut.“ Warum lobt Clara Tobias' Verhalten in der Diskussion?
- Suche dir einen Diskussionsteilnehmer aus Text 6 heraus und schreibe ein Kurzurteil über dessen Gesprächsbeitrag.

Gesprächs-regeln:
- nicht beleidigen
- ...

3 Eine gelungene Diskussion führt zu einer Entscheidung, die alle mittragen können. Dazu müssen alle Teilnehmer bestimmte Gesprächsregeln einhalten.

a Erarbeitet dazu zehn Gesprächsregeln für eure Klasse. Am besten überlegt ihr euch in Kleingruppen jeweils drei Regeln und schreibt sie auf große Papierstreifen. Denkt dabei noch einmal an den Verlauf des Gesprächs in Text 6.

b Sammelt eure Vorschläge in einer Tabelle an der Tafel oder Pinnwand. Stellt die wichtigsten zehn Regeln zusammen und ordnet sie nach ihrer Wichtigkeit.

Verbote	*Gebote*
– Wir schweifen nicht vom Thema ab. *– Wir beleidigen niemanden.* *– ...*	*– Wir behalten das Thema im Auge.* *– Wir beachten einen freundlichen Umgangston.* *– ...*

4 Bevor ihr eure zehn Gesprächsregeln auf einem großen Plakat festhaltet, überlegt euch, ob ihr sie als Gebote oder als Verbote formulieren wollt.

a Vergleicht dazu die oberen Sätze. Welche Formulierung gefällt euch besser? Warum?

b Notiert nun eure Gesprächsregeln als Gebote oder Verbote.

c Nach der gemeinsamen Erarbeitung der Gesprächsregeln solltet ihr sie in einem Klassenvertrag für alle verbindlich festlegen und für alle gut sichtbar aufhängen.

Gesprächskultur: Anknüpfen und begründen

In guten Gesprächen werden häufig folgende Ausdrücke verwendet:

> *Das ist an sich keine schlechte Idee, aber ... – Ich sehe das ganz anders als Sonja ... – Ich habe einen anderen Vorschlag ... – Ich stimme dir zu, Julian ... – Völlig vergessen habt ihr bisher aber noch ... – Deinen Gedanken finde ich prima, nur ... – Da fällt mir noch ein, dass ...*

5 Versuche die Liste solcher Ausdrücke, mit denen man aufeinander eingehen kann und die der Gesprächskultur dienen, noch zu ergänzen.

6a Schreibe Text 6 neu, und zwar so, dass die Diskussion gut verläuft.

b Lest den ergänzten Text nun mit verteilten Rollen und versucht mit eurer Stimme die Sprechabsichten der einzelnen Schüler der Klasse 5c und natürlich auch des Diskussionsleiters treffend wiederzugeben.

Text 7 **Clara meldet sich zu Wort**

Nach wie vor finde ich Elenas Vorschlag gut. Denn wir würden dann zwei Stunden wandern und damit die Vorgaben erfüllen. Wenn wir uns nicht daran halten, ist mit dem Wandertag nämlich sowieso Essig. Nebenbei wollen das auch die meisten von uns, weil Naturfreunde etwas davon haben, weil sich am Fußballplatz alle austoben können und weil wir am Kiosk neben der Ruine Cola und Eis bekommen. Alexander und Carina haben sich sogar bereit erklärt, ein Geländespiel um die Ruine herum vorzubereiten. Ich meine, dies ist wirklich ein gutes Wanderziel, auf das wir uns einigen sollten.

7a Wie beurteilst du Claras Vorschlag? Hat er die Chance von der Mehrheit der Klasse angenommen zu werden? Warum oder warum nicht?

b Überreden oder überzeugen: Besprecht den Unterschied. Vergleicht dazu auch Svens Vorschlag mit Lisas Beitrag aus Text 6.

Aufgaben eines Diskussionsleiters

8 Lest euch noch einmal das Ende von Text 6 (S. 17) durch:
Frau Kraus hat das Gespräch der 5c wohl auch deshalb unterbrochen, weil sie weiß, dass eine Diskussion in einer so großen Gruppe ohne Diskussionsleiter nicht recht funktioniert.

a Überlegt: Was hat ein Diskussionsleiter zu tun? Erstellt eine Liste mit seinen Aufgaben. Denkt z. B. an das Problem der Wortmeldungen, der Fairness usw.

b Besprecht diese Liste mit den Aufgaben eines Diskussionsleiters; korrigiert und ergänzt sie.

9 Susan hat Sätze formuliert, die für einen Diskussionsleiter nützlich sein könnten:

Wir wollen jetzt gemeinsam ein Ziel für unseren Wandertag festlegen. Ihr könnt nun eure Vorschläge machen.

Bleib doch bitte beim Thema!

Hört mal, so leid es mir tut, wir müssen uns an die Vorgaben halten.

Du warst noch nicht dran, Simone!

Sachlich bleiben!
Also keine Beleidigungen, bitte!

An welchen Stellen lassen sich Susans Sätze sinnvollerweise auch in das Gespräch der 5c (Text 6, S. 16f.) einfügen? Wo sollte ein Diskussionsleiter sonst noch eingreifen?

10 Erstelle eine Liste weiterer solcher nützlichen Wendungen und schreibe sie ins Heft.

Das hast du in diesem Kapitel gelernt:

- **Satz:** Sprechabsichten und ihre Wirkung erkennen – Satzarten bestimmen – Satzschlusszeichen setzen
- **Diskutieren:** Gesprächsregeln beachten – Diskussionen leiten
- **Spiel:** Rollenspiele vorbereiten und durchführen – Szenen spielen
- **Sich informieren:** Auskünfte einholen – Bitten vortragen – jemanden interviewen

Ideen und Projekte

Kennenlernen an Stationen

Ihr habt verschiedene Hobbys und Interessen. Richtet in der Klasse Kennenlern-Stationen ein, an denen sich Mitschülerinnen und Mitschüler mit gleichen Interessen treffen können, z. B.:

- Tierfreunde und Pferdenarren
- Bücherwürmer und Leseratten
- Computerfreaks
- Fußball- und Basketball-Fans

Dort könnt ihr euch treffen und euch über eure Hobbys und Vorlieben austauschen. Legt auch Materialien zu euren Hobbys aus, damit sich Interessenten informieren können. Überlegt, wann dies am besten geht (vor Schulbeginn, in der Pause, am Ende einer Deutschstunde?).

Diskutieren

Suche ein **Wandertagsziel** und versuche, die Klasse von deinem Vorschlag zu überzeugen. Wem gelingt dies am besten?

INFORMATIONEN SAMMELN UND PRÄSENTIEREN

Arbeitsplan

Die 5c möchte für den Elternabend zu Beginn des neuen Schuljahres eine Informationsbroschüre über das Mozartgymnasium gestalten. Die Schülerinnen und Schüler haben sich einen Arbeitsplan erstellt und schon etliche Aufgaben ausgeführt:

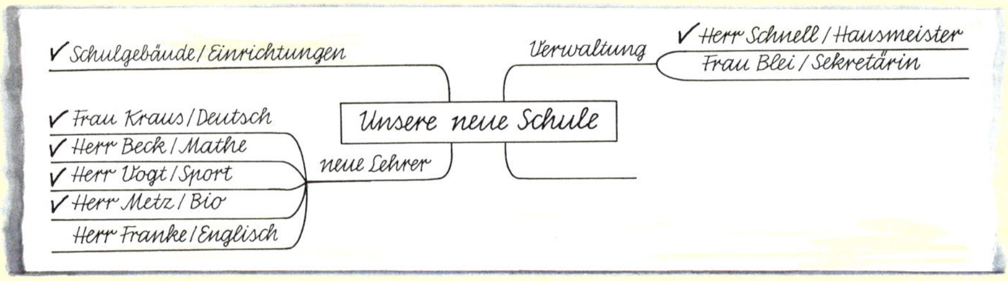

1 Was hat die 5c laut Arbeitsplan schon erledigt, was steht noch aus? Welche anderen Informationen sollten nach eurer Meinung noch in einer solchen Informationsbroschüre enthalten sein?

2 Zunächst möchte die 5c mehr über den Namensgeber der Schule erfahren. Lisa bringt ein Bild von Mozart mit, das sie zu Hause gefunden hat.

a Was ist auf dem Bild dargestellt? Beschreibe es zunächst genau.

b Wie ist Mozart dargestellt? Wie wirkt er auf diesem Bild?

c Welche ersten Informationen über Mozart kannst du dieser Abbildung entnehmen? Schreibt sie an die Tafel.

3 Lisa und Stefan möchten Genaueres über Mozart erfahren und schreiben in Stichwörtern einige Fragen auf.

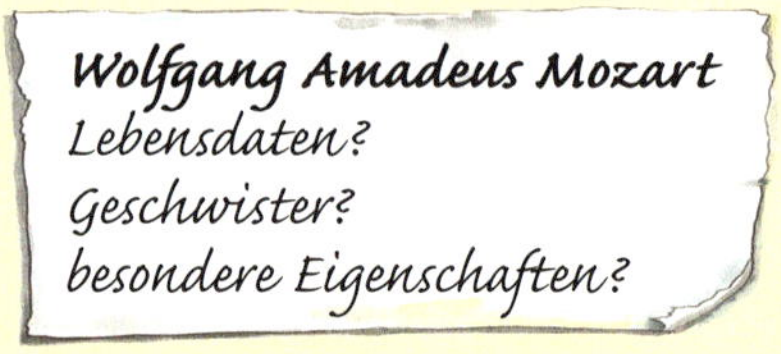

a Vielleicht ergeben sich aus euren Notizen an der Tafel auch für euch weitere Fragen zu Mozart. Arbeitet zu zweit (im Tandem) und notiert Fragen in Stichwörtern auf großen Karten. Sammelt alle Fragen anschließend an der Tafel.

b Aus welchen Quellen könnt ihr euch über Mozart informieren? Denkt an Möglichkeiten zu Hause, in der Schule oder im Internet.

4 Text 1 ist der Anfang eines Lexikonartikels. Sucht Informationen heraus, die Antwort auf eure Fragen geben, und schreibt die Antworten auf die Rückseite der Karteikarten. Welche Fragen bleiben noch offen?

Text 1 **Mozart, Wolfgang Amadeus** (1756–1791), österreichischer Komponist, neben Joseph Haydn und Ludwig van Beethoven bedeutendster Komponist der musikalischen Klassik. Mozart wurde am 27. Januar 1756 in Salzburg unter dem Namen Joannes Chrysostomus Wolfgangus Theophilus Mozart geboren. Gemeinsam mit seiner fünf Jahre älteren Schwester Maria Anna, genannt „Nannerl", erhielt er seine musikalische Ausbildung (Klavier, Violine, Komposition) von seinem Vater Leopold Mozart. Mit sechs Jahren komponierte er sein erstes Stück, ein Menuett für Klavier. Als Wunderkind reiste er mit Vater und Schwester an die fürstlichen Häuser Münchens und Wiens. [...]

5 Im Folgenden seht ihr das Ergebnis einer Internetrecherche zu „Mozart“.

a Beschreibt, welche Informationen hier angeboten werden.

b Welchen Link würdet ihr wählen, um euch über Mozart als Komponist zu informieren?

c Probiert mit der folgenden Suchmaschine einige Links zu „Mozart“ im Internet aus – erhaltet ihr die Informationen, die ihr euch davon versprochen habt?

Link: (der; englisch, „Bindeglied, Verbindungsstück“) Abkürzung für **Hyperlink:** Meist farblich hervorgehobener Verweis auf andere Textstellen, Dokumente oder Internet-Seiten, die durch Anklicken mit der Maus aufgerufen werden und dann auf dem Bildschirm gezeigt werden.

Text 2

Donnerstag, 19. August ...- **Ich habe 9 Treffer für dich**

SUCHE

Start | Spiele | Kids-E-Zine | Kinder-Post | Zufall | Hilfe | Experten

Dein Suchergebnis **Seite 1 von 1**

Die Seiten, die du hier findest, sind meistens **Seiten von anderen Anbietern im Internet**. Du verlässt also die Blinde Kuh, wenn du auf eine diese Überschriften klickst. Ist aber ein Kuhkopf davor, dann geht es auf eine Seite der Blinden Kuh.

1 **Klassische Musik in MP3**

Musik: z.B.: Beethoven - Mondscheinsonate: 1. Satz, Brahms - Fantasie Opus 116 Nr. 2: Intermezzo, Chopin - Etüde Op. 10, No.12 "Revolutionsetüde", Mozart - Klaviersonate KV330: 1. Satz, und andere

Land: Deutschland, Sprache: Deutsch

2 **Mozart für Kinder**

Musik: Eine Seite von Studenten der Universität Würzburg

Land: Deutschland, Sprache: Deutsch

3 **Wolfgang Amadeus Mozart**

Musik, Personen: 1756 - 1791, österreichischer Komponist - Mozart wurde aufgrund seiner hervorragenden musikalischen Leistungen vom Papst zum Ritter vom Goldenen Sporn ernannt.

Land: Deutschland, Sprache: Deutsch

6 Präsentiert zu zweit anstelle von Lisa und Stefan eure Ergebnisse zu „Mozart“:
- Was habt ihr über ihn erfahren? Was ist wichtig, was könnt ihr weglassen?
- Wie könnt ihr eure Ergebnisse möglichst anschaulich und wirkungsvoll präsentieren?

7 Vergleicht Lexikon und Internet: Worin liegen jeweils Vor- und Nachteile beider Informationsquellen?

8a Sammelt Informationen zu dem Namensgeber eurer eigenen Schule und nutzt eure Erfahrungen bei der Suche nach Informationen (Recherche).

b Vielleicht wollt ihr wie die 5c auch eine Informationsbroschüre zu eurer eigenen Schule erstellen. Das geht natürlich nur, wenn ihr genau plant, einen Zeitplan erstellt und die Aufgaben verteilt.

IN BRIEFEN ERZÄHLEN

Text 1

Hallo Antonia, München, den 25.9. ..

erinnerst du dich noch an mich? Kids-Club, Ferienanlage in Mecklenburg-Vorpommern! Wir haben uns gleich gut verstanden, nicht wahr? Weißt du noch, wie wir in den Pools herumgesprungen sind? Denkst du auch noch manchmal an den Show-Abend, als wir unseren Hexentanz aufgeführt haben? Spitze, nicht?

Wie geht es dir denn jetzt in der 6. Klasse? Du bist ja schon ein Jahr weiter als ich. Sind Mathe und Englisch in diesem Schuljahr noch schwerer geworden? Beide waren ja nicht gerade deine Lieblingsfächer – hast du jedenfalls erzählt. Wie kommst du mit den neuen Lehrern aus? Wie sind denn eure Jungs?

So ein Wechsel von einer Schule an die andere hat es schon in sich. Aber das weißt du ja selbst! Vor allem mit neuen Freundinnen ging es bei mir anfangs nicht so glatt. Da bin ich nicht cool genug. Einmal habe ich ein Mädchen, das ganz nett aussieht, angesprochen und für drei Uhr nachmittags zu mir eingeladen. Du kannst dir nicht vorstellen, wie gespannt ich war. Schon beim Lernen zu Hause war ich ziemlich unkonzentriert. Als ich dann auf die Uhr sah und merkte, dass es bereits kurz nach drei Uhr war, wurde ich allmählich nervös. Aber gleich darauf hat es geklingelt und Vera, so heißt sie, stand gut aufgelegt vor der Haustür. Es wurde noch ein schöner Nachmittag. Bis jetzt verstehen wir uns wirklich gut.

Wie geht es denn dir bei neuen Freundschaften? Damals im Club hast du die Leute ohne Zögern angesprochen. Ich fand das ziemlich toll.

Lass mal etwas von dir hören. Du hast ja meine Telefonnummer. Aber ein Brief oder eine Mail wäre noch schöner.

Herzliche Grüße

Clara

1 Ihr habt sicher auch schon in den Ferien neue Freundschaften geschlossen und Briefe oder E-Mails ausgetauscht. Erzählt.

2 Was ist der Anlass des Briefes in Text 1?

3a Teile den Text in Sinnabschnitte ein und finde dafür Überschriften.

b Besprecht und begründet: Kann Clara Antonia, ihre Adressatin, für den Teil des Briefes, in dem sie von ihrer neuen Freundschaft erzählt, interessieren?

4 Überlegt: Wird der Brief Antonia zu einer Antwort anregen? Warum dürfte sie sich von diesem Brief „angesprochen“ fühlen?

5 **Adressatenbezug:**
Clara wendet sich häufig an ihre Adressatin Antonia. Vervollständige die Aufstellung mit weiteren Formulierungen aus Text 1 und eigenen Beispielen in deinem Heft.

erinnerst du dich noch …
weißt du noch …
… nicht wahr?

6 Stellt zusammen: Was kann man beim Briefeschreiben von Clara lernen? Was könnte man noch besser machen?

7 **Die äußere Form des Briefes**

a Suche die formalen Elementen aus dem Buchstabensalat heraus und schreibe sie in dein Heft.

GRFGBRIEFKOPFYNORTIODATUMNSTANREDEABSÄTZEWWESUITWQAS
BQGRUßFORMELNIADRESSEHLHAUPTTEILUZWUNTERSCHRIFTNVSQIPÄ

b Überprüfe, wie Clara diese Gesichtspunkte befolgt.

Briefanleitung: Einen persönlichen Brief schreiben
– Die ✻ Form beachten.
– Einen Briefanlass erwähnen.
– Sich ✻ machen und die Gedanken in geordneter ✻ niederschreiben.
– Sich in den Briefpartner ✻: Was will er wissen?
– Sich an seinen ✻ wenden und ihn ansprechen.
– ✻ (wie z. B. „Wie geht es dir? Mir geht es gut.“) vermeiden.
– ✻
– ✻

Floskeln, Notizen, Reihenfolge, Briefpapier, äußere, hineinversetzen, Adressaten

8 Schreibe die Briefanleitung in dein Heft und ergänze sie.

9 Beantworte Claras Brief an Antonias Stelle – oder schreibe jemandem, den du gut kennst, von einem persönlichen Erlebnis.

10 Besprecht: Telefoniert oder schreibt ihr lieber? Freut ihr euch mehr über einen Brief, eine E-Mail oder einen Anruf?

WIR SIND DOCH FREUNDE!

Erzählen

Vom Lesen

Geschichten lesen ist wie Kino im Kopf. Wenn ich eine wirklich gute Geschichte lese, vergesse ich alles um mich herum, fiebere mit dem Helden mit und lebe völlig in seiner Welt.

Eine Leseratte

Vom Erzählen

Man bat einen Rabbi, dessen Großvater ein Schüler des Baalschem* gewesen war, eine Geschichte zu erzählen. „Eine Geschichte", sagte er, „soll man so erzählen, dass sie selbst Hilfe sei." Und er erzählte: „Mein Großvater war lahm. Einmal bat man ihn, eine Geschichte von seinem Lehrer zu erzählen. Da erzählte er, wie der heilige Baalschem beim Beten zu hüpfen und zu tanzen pflegte. Mein Großvater stand und erzählte und die Erzählung riss ihn so hin, dass er hüpfend und tanzend zeigen musste, wie der Meister es gemacht hatte. Von der Stunde an war er geheilt. So soll man Geschichten erzählen."

*_Baalschem:_ eine Art Prophet; heiliger Mann

Wie geht es euch beim Hören und Lesen von Geschichten?
Kennt ihr Leute, die fesselnd erzählen können? Was ist ihr Erfolgsrezept?
Mündlich (nach)erzählen, eine Geschichte schreiben, eine geschriebene Geschichte vorlesen oder vortragen: Was findest du am besten? Nenne Gründe.

1. ERLEBNISSE MIT FREUNDEN
Mündlich erzählen

Erzähler und Zuhörer

1a Beschreibe die Erzählerin möglichst genau.
- Beginne am besten mit **allgemeinen Informationen** zur Person: Geschlecht, Alter, ...
- Beschreibe dann ihre **äußere Erscheinung**: Gestalt, Kleidung, ...
- Welche **weiteren Merkmale** unterscheiden sie von anderen Personen?
- Achte ebenso auf Mimik (Gesichtsausdruck), Gestik (Sprache der Hände) und Körperhaltung.

b Schreibt eure Personenbeschreibungen auf ein Blatt Papier und tauscht es untereinander aus. Vergleicht eure Beschreibungen: Erkennt ihr jeweils die beschriebene Person wieder?

c Welche der folgenden Absichten treffen auf einen guten Erzähler zu?

sachlich informieren – belehren – fesseln – überzeugen – auf die Folter spannen – ermüden – beschreiben – unterhalten – aufregen – ausführlich darstellen – berichten – Wissen vermitteln – auffordern – abschrecken – zum Lachen bringen

2a Ein Erzähler muss sich auf ganz unterschiedliche Situationen (Erzählsituation) und Zuhörer einstellen (Adressatenbezug). Stellt euch unterschiedliche Situationen und Zuhörer vor und besprecht gemeinsam, wie sich ein Erzähler darauf einstellen kann.
Beispiele:
- Du erzählst beim Mittagessen zu Hause von einem Erlebnis aus der Schule.
- Du erzählst nachts in einem Zeltlager eine Gespenstergeschichte.
- Du erzählst einer Freundin oder einem Freund ...

b Stelle zusammen: Welche Mittel kann ein guter Erzähler einsetzen, damit seine Geschichte auf seine Hörer wirkt? Ergänze die Tabelle in deinem Heft.

Mimik	*	Körperhaltung	Stimme
– die Zuhörer anschauen *– die Augenbrauen* – *	*– die Sätze mit den Händen untermalen* – *	*– sich dem Zuhörer* * – *	*– flüstern* *– Kunstpause einlegen* – *

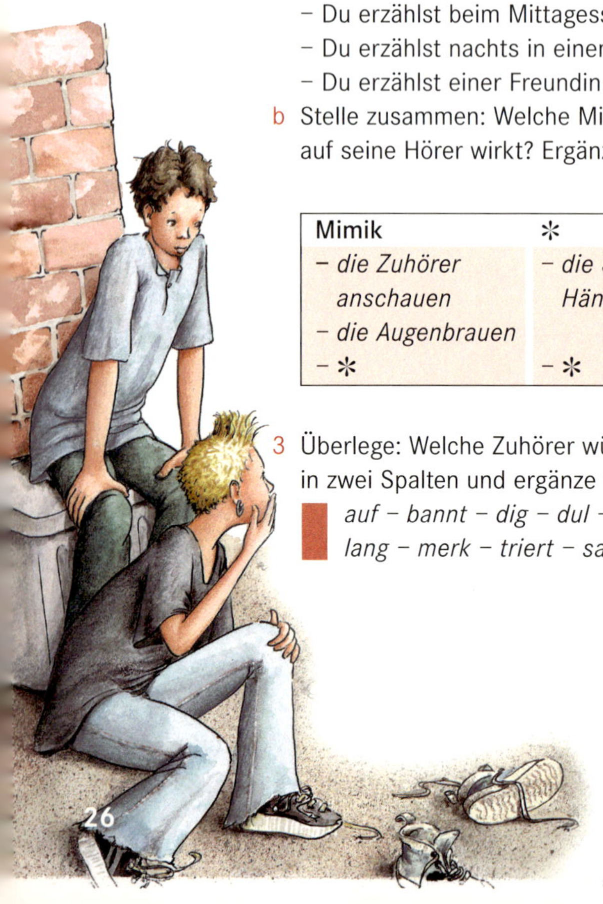

3 Überlege: Welche Zuhörer wünscht sich ein Erzähler, wie sollten sie nicht sein? Notiere in zwei Spalten und ergänze weitere Wörter.

auf – bannt – dig – dul – ge – ge – ge – ge – kon – lang – merk – triert – sam – spannt – un – weilt – zen

Erzähl doch mal: Folgerichtiges Erzählen

4 Diese Bilder stellen Situationen dar, die auch du erlebt haben könntest.
- Betrachte sie genau: Schauplatz, Mimik, Gestik und Körperhaltung der beteiligten Personen.
- Was könnte den jeweiligen Situationen auf den Bildern vorangegangen sein? Wie könnten die Geschichten weitergehen? Was soll der Höhepunkt sein?
- Erzähle eine packende Geschichte zu einem der beiden Bilder.

5 **Hilfen beim Erzählen**
Kennst du das? Du sollst etwas erzählen, du überlegst und überlegst und dir fällt nichts ein. Eine Hilfe kann ein Ideennetz (Cluster) sein. Ergänze das Ideennetz in deinem Heft.

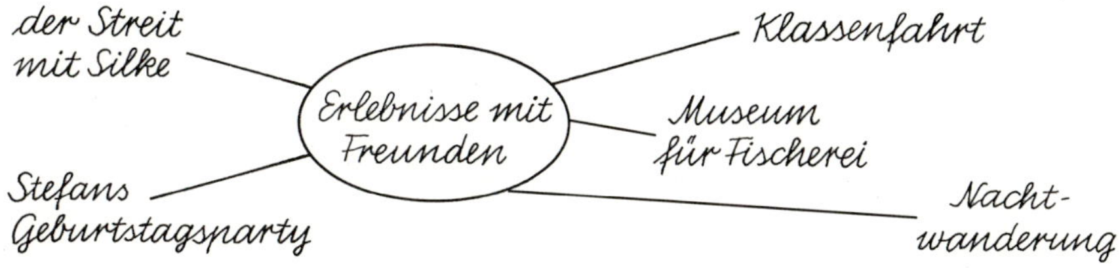

Sven hat Einfälle zum Themenbereich „Beginn einer neuen Freundschaft“ gesammelt und als Erzählplan geordnet.

Beginn einer Freundschaft

Missgeschick am Bootsweiher → ***1) Einleitung*** *Anruf, meine Freundin Birgit: ferngesteuertes Boot zum Geburtstag* → ***2) Hinführung*** *wir: Mühlenweiher, funktioniert toll*

→ ***3) Steigerung*** * → ***4)*** * *Junge aus der Nachbarschaft kurze Hosen/watet/ zu tief, völlig nass: aber rettet Boot* → ***5)*** * *Nachhauseweg, patschnass: viel gelacht/ seitdem: wir drei Freunde*

6a Schreibe Svens Erzählplan in dein Heft und ergänze ihn.
b Erzähle nun Svens Geschichte mündlich.

Handy gefährdet Freundschaft! – Eine mündliche Erzählung untersuchen

Text 1 **Ute erzählt**

Hier ist die Mitschrift ihrer Geschichte, die zunächst mit einem Rekorder aufgenommen wurde:

Mensch, Mist! Beinahe hätte wegen so eines Handys meine Freundschaft mit Christopher einen Knacks bekommen. Alles nur wegen dem Henschke. Ihr könnt euch gar nicht vorstellen, welches Pech ich heute hatte. Nur wegen dem bisschen soll ich jetzt einen Aufsatz ... Ihr werdet es mir nicht glauben, aber eigentlich ist ja der Christopher schuld. Na ja, fast haben wir uns ja auch geprügelt. Ich mein', nach der Schule. Schließlich hat er ja das Handy mit in die Schule genommen. Ich hab' mir's ja nur kurz von ihm geliehen. Schließlich musste ich Jana, ihr kennt sie ja auch, noch unbedingt eine SMS schicken. Ich hab' das auch wirklich ganz vorsichtig unter der Bank getan, das könnt ihr mir glauben! Der Henschke hat aber anscheinend was mitbekommen, hat in unsere Richtung geschaut und ist dann leise näher gekommen. Ihr ahnt ja, wie's weitergeht. Ich mein', der Christopher wollte mich noch warnen und hat mir einen Schubs gegeben. Ich gucke hoch und ihr könnt euch nicht vorstellen, wie verdattert ich war. Direkt vor mir steht schon der Henschke! Ihr glaubt es nicht – vor Überraschung lasse ich glatt das Handy aus der Hand fallen. Geklapper auf dem Fußboden, Gelächter im Klassenzimmer und ich knallrot im Gesicht. Toll, wenn die besten Freundinnen lachen! Das Handy hat der Henschke natürlich auch erstmal behalten. Der Christopher war voll stinkig. Hat mir ganz allein die Schuld gegeben! Den Rest könnt ihr euch denken. Aber wenigstens bin ich mit dem Christopher wieder gut. Das Handy haben wir uns gemeinsam beim Lehrer abgeholt. Der Streit war dann schnell vorbei und wir haben wieder vernünftig miteinander gequatscht.

7a Was findest du gut an Utes Erzählung, was ist vielleicht weniger gelungen? Wo hast du Schwierigkeiten mit dem Verständnis der Geschichte?

b Überprüfe die Reihenfolge der Erzählschritte. Versuche sie in das Schema, das Sven in seinem Erzählplan (S. 27) aufgestellt hat, einzuordnen. Welche Tipps kannst du Ute geben?

8 *Handy gefährdet Freundschaft – Pech mit dem Handy*
Wie beurteilst du die Überschriften? Vielleicht fällt dir eine ein, die sich noch besser eignet.

9 Woran erkennst du, dass Text 1 mündlich erzählt wird? Untersuche Wortwahl und Satzbau. Wo wendet sich Ute direkt an ihre Zuhörer?

10 Erzähle Utes Geschichte mithilfe von Gestik, Mimik und Körperhaltung so nach, dass du deine Zuhörer fesselst. Achte darauf, dass du mit eigenen Worten nacherzählst, aber dabei den Inhalt der Geschichte nicht veränderst.

2. STREITEN UND SICH VERTRAGEN
Bildergeschichten

Ihr kennt vielleicht schon aus der Grundschule die Bildergeschichten von „Vater und Sohn" von Erich Ohser, der seine Arbeiten mit e. o. plauen unterzeichnete. Sie enthalten meist einen überraschenden Schluss, eine „Pointe", die zum Lachen reizt.

Friedensstifter

1a Gib mit eigenen Worten wieder, was hier geschieht. Worin besteht die Pointe? Wie verstehst du die Überschrift?

b Was erfährst du über die Gefühle der Figuren? Achte auf Mimik, Gestik und Körpersprache.

c Besprecht die einzelnen Handlungsschritte: Was ist vor dem ersten Bild geschehen, was ereignet sich zwischen den Bildern? Wo setzt ihr den Höhepunkt an?

2 Welche Erfahrungen habt ihr mit dem Versuch gemacht zu schlichten, wenn Freunde sich streiten? Erzählt.

3 Erzähle die Bildergeschichte mündlich aus der Sicht einer beteiligten Figur.

Text 2 **Jan hat eine Erzählung zu dieser Bilderfolge geschrieben:**

... „Wart' nur, das werde ich Papa erzählen!", nahm ich mir vor. Das tat ich auch. Mein Vater nahm mich wutentbrannt bei der Hand und gemeinsam liefen wir zum Nachbarhaus hinüber. Aber da kamen uns auch schon Hannes und sein Vater entgegen. Mein Vater schrie gleich lauthals: „Was fällt Ihrem Sohn denn eigentlich ein? So ein Rohling! Er hat brutal auf Fritz eingeschlagen! Sie müssen Ihren Herrn Sohn gefälligst besser erziehen!" Toll, dass Paps für mich Partei nahm. „Werden Sie nicht unverschämt. Ihr Sohn ist doch der Schläger!", schrie Hannes' Vater zurück. So schrien die beiden Erwachsenen noch eine Weile aufeinander ein. Sie schrien recht laut. Sie gaben nicht nach. Dann bekamen sie sich richtig in die Wolle und dann boxten sie aufeinander ein. Dann drohten sie einander sogar mit Anzeige und Polizei. Hannes und ich standen daneben. Wir schauten zuerst noch eine Weile interessiert zu. Wir fanden den Streit aber bald komisch und dann langweilten wir uns.

4a Ordne Text und Bilder einander zu. Welche Bilder sind nicht einbezogen worden? Welche Teile der Erzählung findet man nicht in der Bildergeschichte?

b Welche Tipps würdest du Jan zur Überarbeitung geben?

Wörtliche Rede

5 Besprecht: Welche Wirkung erzielt Jan mit der Verwendung der wörtlichen (direkten) Rede? Untersuche Beispiele mithilfe der folgenden Tabelle.

6 Welche Redeverben findest du ausdrucksstark und genau, welche eher nicht? Stelle eine Liste mit Redeverben zusammen (Wortfeld): *sagen, sprechen, flüstern, anmerken …*

Vorangestellter Begleitsatz (Redeeinleitung)	Wörtliche Rede	Nachgestellter Begleitsatz
Er *schrie:*	„Was fällt Ihnen denn ein!“	, *brüllte* er.
Er *fragte* mich:	„Wer ist das gewesen?“	, *wollte* er *wissen.*
Er *sagte:*	„Dem werde ich aber die Meinung sagen!“	, *meinte* er nachdrücklich.

7 Begleitsätze können auch eingeschoben werden: „Ihr Sohn“, gab er zurück, „ist doch der Schläger.“ Forme die Sätze der Tabelle auf diese Weise um.

8 Überprüfe die Zeichensetzung in den bisherigen Beispielen und leite die Regeln dafür ab.

Nahaufnahmen: Innere Handlung – Gedankenrede

9 Sabine urteilt: „Jan hat zwar seine Erzählung mit wörtlicher Rede lebendiger gemacht. Er hat aber Gedanken und Gefühle vergessen.“
Jonas widerspricht: „Das stimmt nicht. Mindestens einmal hat er eine Gedankenrede verwendet.“

a Nehmt Stellung zur Meinungsverschiedenheit von Sabine und Jonas. Wo hat Jan von Gedanken und Gefühlen erzählt?

b Was versteht man im Gegensatz zu wörtlicher Rede unter **Gedankenrede?**

10 Aus Text 2, Z. 6: „Toll, dass Paps für mich Partei nahm.“
Welches Kind denkt diesen Satz? Vergleiche auch mit Bild 4 der Bildergeschichte.

11a Sieh dir die Körperhaltung der beiden Jungen an: Welche Gefühle haben sie im Moment wohl für einander?

b Welche Ausdrücke aus dem Wortspeicher unten passen sonst noch in die Gedankenblasen?

c Ordne die Ausdrücke, die hier nicht passen, den anderen Bildern aus der Bildergeschichte zu.

Geschieht ihm ganz recht, diesem doofen Kerl – Dass mein bester Freund so gemein sein kann! – Das machst du mir nicht noch einmal – Nicht schlecht, wie sich die beiden hauen … – Hm, wie mache ich das am besten mit den Murmeln? – Die gehen ja ganz schön zur Sache! – Das werd ich gleich Papa sagen. – Jetzt wird ihm gehörig der Kopf gewaschen!

12 Tauscht euch aus: Wozu kann es gut sein, in einer Geschichte nicht nur die äußere Handlung, sondern auch die Gedanken und Empfindungen der Figuren, die innere Handlung also, darzustellen?

Text 3 Jans Aufsatz (Text 2) wurde in Gruppen besprochen (Schreibkonferenz) und unter Einsatz von verschiedenen Erzählwerkzeugen gründlich überarbeitet.

... Bitter enttäuscht lief ich nach Hause. „Wart' nur, das werde ich Papa erzählen!" Ich traf ihn beim Zeitunglesen an. „Hannes Braun hat mir mit der Faust brutal ins Gesicht gehauen. Schau, es wird schon ganz blau und tut fürchterlich weh! Der ist nicht mehr mein Freund!", schluchzte ich. Ein Blick in mein blutunterlaufenes Auge genügte meinem Vater. Wutentbrannt packte er meine Hand und wir eilten gemeinsam zum Nachbarhaus hinüber. Seltsamerweise trafen wir dabei auf Hannes und Herrn Braun, die beide schnurstracks auf uns zusteuerten. „Was fällt Ihrem Rohling von Sohn eigentlich ein? So was von brutal. Da stimmt doch etwas mit der Erziehung nicht!", schrie mein Vater Herrn Braun an. Toll, dass Paps für mich Partei ergriff. Jetzt würde dem Hannes endlich gehörig der Kopf gewaschen! Geschieht ihm ganz recht, dem doofen Kerl! Aber Herr Braun zeigte sich seinerseits keineswegs einsichtig: „Werden Sie nicht unverschämt! Ihr Sohn hat doch die Rauferei begonnen. Mein Hannes hat sich nur gewehrt." Die beiden Erwachsenen brüllten sich lautstark an, kriegten sich so richtig in die Wolle, ja, sie boxten sogar aufeinander los. „Die gehen ja ganz schön zur Sache", dachte ich überrascht. „Dass die sich nicht beruhigen können?" Ich hörte noch, wie sie einander mit Anzeige und Polizei drohten. Inzwischen waren Hannes und ich zu bloßen Zuschauern geworden und beobachteten den Streit noch eine Weile gebannt. Bald aber wirkte auch Hannes' Miene eher gelangweilt. „Du, Fritz, ich hab' Murmeln dabei." Es hörte sich wie eine Einladung an ...

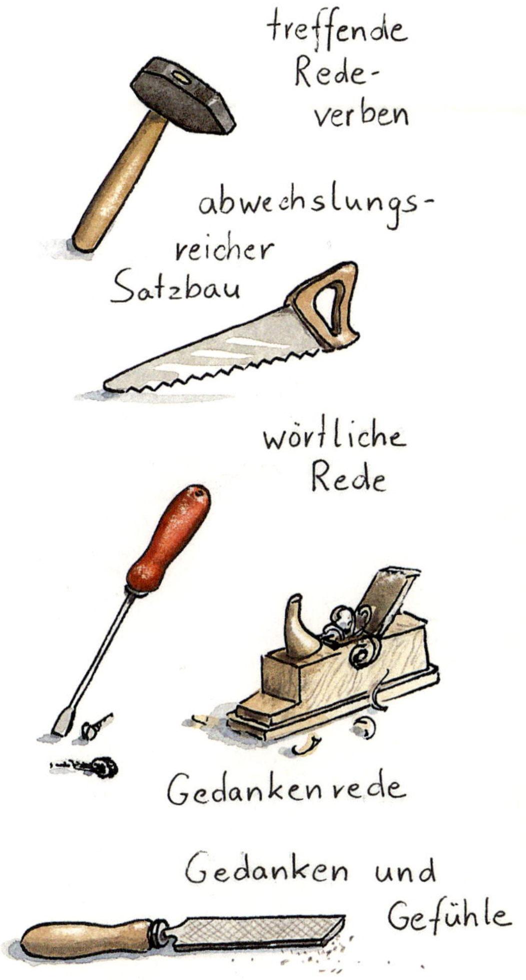

13 Wo überall sind Erzählwerkzeuge zum Einsatz gekommen? Notiere die Erzählwerkzeuge untereinander in deinem Heft und ergänze jeweils Beispiele aus Jans Erzählung, z. B.:
- **treffende Redeverben:** *schluchzte ich* (Z. 6), ...; *schrie ... an* (Z. 13)
- **abwechslungsreicher Satzbau:** *Die beiden Erwachsenen ..., kriegten sich ..., ja, sie boxten sogar ...* (Z. 19–21), ...
- **Gedanken und Gefühle:** ... *Bitter enttäuscht lief ich nach Hause.* (Z. 1), ...
- ...

14 Finde einen Beginn und einen Schluss für Jans Erzählung. Benutze dabei möglichst viele geeignete Erzählwerkzeuge.

3. FREUNDSCHAFT
Eigene Erlebnisse erzählen

Eine wirkungsvolle Einleitung schreiben

Die Freunde Doris, Marie und Florian erzählen dasselbe aufregende Ferienerlebnis, bei dem sich die Freundschaft der drei bewährt hat.

Text 4 **A Doris schreibt:**

In den Sommerferien war ich mit meinen Eltern auf einer Insel in der Nordsee. Meine Freundin Marie und mein Cousin waren auch mit von der Partie. Wir waren viel im Meer oder spielten mit dem Ball am Strand.
Eines Tages bemerkten wir, dass ein Schwimmer sehr weit hinausgeschwommen war ...

B Marie schreibt:

In den letzten Sommerferien an der Nordsee habe ich mit meiner Freundin Doris und ihrem Cousin Florian einmal etwas Aufregendes erlebt.
Bei herrlichem Wetter spielten wir gerade Ball am Strand. Das Wasser war glatt, kaum dass sich Wellen kräuselten. Plötzlich rief Doris: „Schaut dort, der Bademeister!“ ...

C Florian schreibt:

„Komm, spielt mir den Ball zu!“, rief ich meiner Cousine Doris und ihrer Freundin Marie zu. Wie so oft in den letzten Sommern hatten mir Doris' Eltern erlaubt, mit ihnen die Ferien an der Nordsee auf Juist zu verbringen. Jetzt rannten wir Kinder am Strand herum und ich wollte auch einmal den Ball haben. Plötzlich deutete Doris auf den Bademeister. „Warum pfeift und winkt denn der so heftig?“, rief Marie.
Wir machten drei Schritte in Richtung Meer und dann sahen wir, was los war ...

1 Welche der drei Einleitungen gefällt euch, welche gefällt euch weniger? Nennt Gründe. Welche macht euch gespannt auf das weitere Geschehen? Woran liegt das?

2 Was erfährt man über die Personen, über Ort und Zeit, kurz, die Situation, in der sich die drei Freunde befinden?

3 Ergänze in deinem Heft:

> *Die Einleitung*
> *Eine gute Einleitung muss den Leser ...*

Aufbau, Höhepunkt und Spannungsbogen

Ute hat ihr Erlebnis (Text 1, S. 28) aufgeschrieben, nur sind die Absätze durcheinander geraten:

Text 5 **Pech mit dem Handy**

A Es kam, wie es kommen musste: Der Henschke brummte mir eine Zusatzaufgabe auf, gab mir aber das Handy wieder zurück, als ich zugab, dass ich es Christopher nur abgeschwatzt hatte. So konnte ich mich nach Schulschluss wenigstens wieder mit meinem Freund versöhnen.

B Zufrieden nahm ich es, gab den Pincode ein und wählte Jana an. Wie sollte ich es ihr sagen? Es sollte natürlich witzig klingen. Da fiel mir etwas ein. Ich grinste innerlich über diese Idee ...

C Mich aber interessierte etwas anderes. „Leih mir mal kurz dein Handy!", flüsterte ich Christopher, meinem Freund und Banknachbarn, zu. „Ich muss unbedingt Jana eine SMS schicken". Christopher zögerte: „Wenn das der Henschke merkt!" „Komm, sei kein Frosch!", bedrängte ich ihn. Zögernd schob er mir das Gerät unter der Bank zu.

D Plötzlich bekam ich einen Schubs mit dem Ellenbogen – Christopher hatte mich warnen wollen. Aber zu spät! Der Henschke steuerte auf mich zu und ich war so verdattert, dass mir das Handy aus den Händen glitt. Mit Gekrache und Geschepper fiel es auf den Boden. Nein, auch das noch! Zunächst plötzliche Stille in der Klasse, dann brach das Gelächter meiner Mitschüler los und ich wurde ganz rot im Gesicht. Ich hätte in den Boden versinken können! „Gib her!", forderte der Lehrer kurz, aber bestimmt. „Und komm nach der Stunde zu mir!" Christopher warf mir einen wütenden Blick zu. Später gerieten wir dann in heftigen Streit.

E Der Unterricht hatte schon lange begonnen. Unser Lehrer Herr Henschke wollte uns beibringen, wie man fesselnde Aufsätze schreibt. Es ging um Spannungsbogen und Erzähltricks und viele Mitschüler machten interessiert mit.

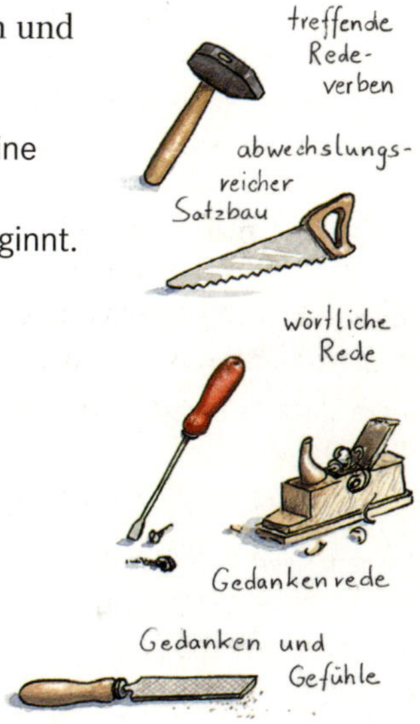

4a Gruppiert die durcheinandergeratenen Erzählschritte (A–E) so um, dass wieder eine zusammenhängende Erzählung entsteht.
- Untersucht, wo die Einleitung endet und wo die Hinführung zum Höhepunkt beginnt.
- Welchen Abschnitt haltet ihr für den Höhepunkt der Erzählung?

b Wendet eure Erzählwerkzeuge aus der Werkzeugkiste (vgl. Text 3) an.
- An welchen Stellen erweist sich Ute als gute Erzählerin? Untersucht Wortwahl, Satzbau und Zeichensetzung.
- Wo und wie verwendet sie innere Handlung? Wo und mit welcher Wirkung nutzt sie die wörtliche Rede?

Der Aufbau von Utes Erzählung

5a Erkläre das Schaubild. Was versteht man unter Höhepunkt und wen stellen die Figuren dar?

b Übertrage das Schaubild in dein Heft und vervollständige es, indem du die Stichworte *Einleitung – Hinführung zum Höhepunkt – Höhepunkt – Schluss* in das Schaubild einfügst.

6 Erzählungen können verschiedene Formen des Aufbaus und der Spannungsführung haben:

a Beschreibe den Handlungsverlauf von Geschichten, die zu den Spannungsbögen passen.

b Was spricht für den von Ute gewählten Bogen?

Eine Geschichte weitererzählen

Text 6 **Der Beginn einer Freundschaft**

Natürlich wusste ich zuerst noch nicht, dass sich alles doch gut anlassen würde. Eigentlich wollte ich nicht wieder mitten im Schuljahr die Schule wechseln, aber mein Vater hat eine neue Dienststelle bekommen und so musste die ganze Familie hierher umziehen. Mit einem Offizier als Vater ist man natürlich Kummer gewöhnt. Außerdem – ist es nicht auch spannend, neue Gesichter kennenzulernen?

Die Lehrerin hatte mich vorgestellt, mich gleich mit Jan angeredet, gesagt, wo ich herkomme. Meine neuen Klassenkameraden schauten neugierig, aber eher freundlich. Besonders ein Mädchen mit roten Haaren in der zweiten Bank grinste frech und sympathisch. Natürlich freute ich mich, als der Gong die Pause ankündigte – ein bisschen nervös war ich trotzdem. Würde mich jemand dumm anquatschen?

„Sag mal, Jan, wo liegt denn eigentlich Potsdam genau?"

Das Mädchen mit den rötlichen kurzen Haaren, der spitzen, etwas frechen Nase und den neugierigen Augen aus der zweiten Bank hatte mich angesprochen. Ich erklärte es ihr und fragte sie danach nach ihrem Namen. „Franziska, aber meine Freunde nennen mich Fränzi." Kurze Verlegenheitspause. Dann aber entwickelte sich ein ganz nettes Gespräch, als ich Fränzi fragte, wie denn unsere Lehrer so seien. Anschließend war ich voll im Bilde.

„Was machst du denn heute Nachmittag, Fränzi?"

„Weiß noch nicht – nach den Hausaufgaben in der Stadt bummeln."

„Wir könnten uns doch in der Benito-Eisdiele treffen. Die kenn' ich nämlich schon. Um drei Uhr bin ich dort."

„Ich weiß noch nicht, vielleicht ..."

7a Schule und Klasse wechseln – besprecht, welche Schwierigkeiten und welche Vorteile sich aus so einem Umzug ergeben können.

b Was für ein Typ ist wohl Jan? Was offenbart er in seiner Geschichte über sich selbst? Untersuche dazu auch seine Sprache.

c Was sagt der Text über Fränzi aus? Ist sie in ihrem Wesen Jan ähnlich oder nicht? Könnten die beiden sich gut vertragen?

8a Wie wird die Geschichte weitergehen? Überlege dazu:
- Wie schätzt du Fränzi ein: Wird sie in die Eisdiele kommen?
- Welche Signale zum Ausgang der Geschichte enthält der Text?

b Erzähle, wie Jan gespannt wartet, und schreibe die Geschichte zu Ende. Überarbeitet eure Erzählungen in Schreibkonferenzen.

Schreibkonferenz

1 Die Verfasser kopieren ihre Entwürfe für ihre Gruppe.
2 Die Gruppenmitglieder notieren „um den Aufsatz herum" ihre Ratschläge: zum Handlungsaufbau und Spannungsbogen, zu Wortwahl und Satzbau, zur Ausgestaltung mit direkter Rede und innerer Handlung.
3 Die Verfasser überarbeiten ihre Erstfassungen mithilfe dieser Ratschläge.
4 Die Verfasser lesen die überarbeitete Fassung noch einmal vor und lassen sich letzte Ratschläge geben.

Tipp: Am besten geht das, wenn die Texte mit dem PC geschrieben sind.

Der Schluss einer Erzählung

Text 7 **Der Beginn einer Freundschaft**

A Das war noch mal gut gegangen. Ziemlich erleichtert lief ich nach Hause und erzählte meinen Eltern die ganze Geschichte mit Fränzi und der Straßenbahn.

B Mir war richtig weich in den Knien und ich war noch ein bisschen benommen. Buchstäblich in letzter Sekunde hatte mich Fränzi noch von der Fahrbahn zurückgerissen. „Ich kann dich doch nicht gleich am ersten Tag von der Straßenbahn plattwalzen lassen", meinte sie trocken und grinste mich breit an.

C Nach dem überstandenen Schrecken verabredeten wir uns wieder für morgen. Ich bin ganz zuversichtlich – auch diesmal werde ich wieder Freunde finden.

9 Besprecht: Wie beurteilt ihr die drei Schlüsse: Wo liegen die Gemeinsamkeiten, wo die Unterschiede? Wie wird jeweils abgerundet?

10 *Ergebnis und Folgen – Ausblick – Rückbezug auf Thema und Überschrift*
Ordnet zu: Welche der drei Möglichkeiten der Abrundung sind in Text 7 gewählt worden? Ergeben sich Schwierigkeiten bei der Zuordnung?

4. VON BUSFAHRERN UND REITERN
Geschichten nacherzählen

Text 8 Montag früh. An der Bushaltestelle herrscht wieder ein fürchterliches Gedränge beim Einsteigen. Obwohl der Bus schon total überfüllt ist, will ein kleiner Mann noch unbedingt mitfahren. Er drängt und schiebt sich durch die Leute, aber man lässt ihn einfach nicht durch. Doch der kleine Mann gibt nicht auf.
„Sehen Sie denn nicht, dass der Bus schon mehr als voll ist!", fährt eine Frau ihn an. Und eine andere meint ärgerlich: „Sie glauben wohl, Sie sind was Besonderes. Können Sie denn nicht den nächsten Bus nehmen?"
„Nein, das geht nicht", sagt der kleine Mann ganz ruhig. „Und warum nicht, wenn ich fragen darf?" „Ich bin der Busfahrer."

1 Witze denkt man sich meistens nicht spontan aus, sondern erzählt solche, die man gehört hat und über die man selbst schon einmal gelacht hat.
Beim Witze-Erzählen kommt es darauf an, den Kern der Handlung in den wichtigsten Handlungsschritten wiederzugeben, denn sonst verdirbst du die Pointe am Schluss, also den besonderen Witz der Geschichte.

a Die folgenden Wörter aus Text 1 geben den Kern der Handlung wieder, aber sie sind durcheinandergeraten. Bringe diese Schlüsselwörter in die richtige Reihenfolge und erzähle dann den Witz nach.

ärgerliche Frau – dichtes Gedränge beim Einsteigen – kleiner Mann – Bushaltestelle – „Ich bin der Busfahrer" – unbedingt mitfahren – nächsten Bus nehmen

b Probiert es selbst: Erzählt einander Witze, die ihr kennt. Jeder schreibt anschließend in der richtigen Reihenfolge die Schlüsselwörter auf. Wer kann nach diesen Schlüsselwörtern den Witz am besten nacherzählen?

Schriftliches Nacherzählen

Text 9 **Seltsamer Spazierritt** Johann Peter Hebel

Ein Mann ritt auf einem Esel nach Hause und ließ seinen Buben zu Fuß nebenher laufen. Sie begegneten einem Wanderer, der sagte: „Das ist nicht recht, Vater, dass Ihr reitet und lasst Euren Sohn laufen. Ihr habt stärkere Glieder."

Da stieg der Vater vom Esel herab und ließ den Sohn reiten. Ein anderer Wandersmann kam vorbei und sagte: „Das ist nicht recht, Bursche, dass du reitest und lässt deinen Vater zu Fuß gehen. Du hast jüngere Beine."

Da saßen beide auf und ritten eine Strecke. Kam ein dritter Wandersmann und sagte: „Was ist das für ein Unverstand, zwei Kerle auf einem schwachen Tiere; sollte man nicht einen Stock nehmen und euch beide hinabjagen?"

Da stiegen beide ab und gingen alle drei zu Fuß, rechts und links der Vater und der Sohn und in der Mitte der Esel. Kam ein vierter Wandersmann und sagte: „Ihr seid drei kuriose Gesellen. Ist's nicht genug, wenn zwei zu Fuß gehen? Geht's nicht leichter, wenn einer von euch reitet?"

Da band der Vater dem Esel die vorderen Beine zusammen und der Sohn band ihm die hinteren Beine zusammen, zogen einen starken Baumpfahl durch, der an der Straße stand, und trugen den Esel auf der Achsel heim.

Ein Tipp: In diesem Text werden die Sinnabschnitte jeweils durch ein bestimmtes Wort eingeleitet.

2 Dieser Text wurde 1811 von Johann Peter Hebel im *Schatzkästlein des rheinischen Hausfreundes* veröffentlicht. In diesem Buch sammelte Hebel eigene Geschichten, mit denen er seinen Lesern auf unterhaltsame Weise Lebensweisheiten vermitteln wollte.

a Formuliere in einem Schlusssatz eine Lebensweisheit, die zu dieser Geschichte passt.

b Trifft sie heute noch zu? Begründe deine Meinung.

3 Um den Text nachzuerzählen, ist es wichtig, die wichtigsten Handlungsschritte zu erfassen. Untersuche dazu die Abfolge des Geschehens noch einmal genauer; unterteile dazu den Text in Sinnabschnitte und ergänze das folgende Schema.

Ausgangssituation: ← *Handlungsschritte* →

Vater reitet → … → … → … → Vater und Sohn …

4a Tina hat Hebels Geschichte (Text 9) nacherzählt. Wie beurteilt ihr diese Nacherzählung nach dem ersten Lesen?

b Nennt oder markiert (in einer Textkopie) Textstellen, die eure Einschätzung begründen. Nehmt dazu auch die nachfolgende Sachinformation zu Hilfe.

c Überarbeitet Tinas Nacherzählung. Besprecht anschließend eure Ergebnisse.

Text 10 Ein Vater reitet auf seinem Esel und sein Sohn lief nebenher. Ein Wanderer, der ihnen begegnete, sagte: „Das ist falsch, dass Sie reiten und Ihr Sohn muss laufen.“

Fehlertext!

Da stieg der Vater ab und beide gingen zu Fuß. Ein anderer Wanderer kommt vorbei und sagt: „Wieso reitet nicht einer von euch?“

Da setzte der Vater den Sohn auf den Esel. Kommt ein anderer Mann und sagt: „So ein Unsinn: Der Sohn mit den kurzen Beinen reitet und der Vater muss laufen.“

Da setzte sich auch der Vater auf den Esel und sie ritten eine Strecke. Ein vierter Wandersmann sagte: „Ihr seid komische Leute. Zwei Reiter auf einem so schwachen Esel. Man sollte euch wegjagen!“

Da bindet der Vater dem Esel die vorderen Beine zusammen und der Sohn bindet ihm die hinteren Beine zusammen, sie zogen einen starken Baumpfahl durch, der an der Straße stand, und trugen den Esel auf der Achsel heim.

Bei einer **Nacherzählung** kommt es darauf an, die **wichtigsten Handlungsschritte** der Vorlage in der **richtigen Reihenfolge** wiederzugeben. Es sollte nichts Wichtiges weggelassen, aber auch **nichts Neues hinzuerfunden** werden.
Das Geschehen wird zumeist im **Präteritum** (Tempus des Ausgangstextes) erzählt und mit **eigenen Worten formuliert.**
Zur Vorbereitung unterteilt ihr den Text zuerst in **Sinnabschnitte,** die ihr stichwortartig oder in ganzen Sätzen zusammenfassen könnt.

5 Zur Übung könnt ihr kurze Texte aus dem Arbeitsbuch suchen und diese nacherzählen.

Das hast du in diesem Kapitel gelernt:

- **Mündlich erzählen:** auf den Zuhörer achten, folgerichtig erzählen, eine Geschichte nacherzählen, nach Bildern erzählen
- **Schriftlich erzählen:** Bildergeschichten und Erlebniserzählungen schreiben
- **Mittel des Erzählens verstehen und anwenden:** Wörtliche Rede, innere Handlung und Gedankenrede
- **den Aufbau einer Erzählung verstehen:** Einleitung, Spannungsbogen und Höhepunkt, Schluss
- **eine Geschichte weitererzählen**
- **Geschichten nacherzählen** (mündlich und schriftlich)
- **Methoden:** mit anderen in der Schreibkonferenz arbeiten

Ideen und Projekte

Erzählkreis: Bildet einen Sitzkreis. Erzählt einander von Ereignissen, die euch wichtig sind und von denen ihr meint, dass sie die Mitschüler unterhaltsam finden.

Erzählstaffel: Einer hat den Erzählstab und fängt an mit 3–5 Sätzen eine Geschichte zu erzählen. Danach gibt er den Stab an den nächsten Erzähler weiter, der seinerseits 3–5 Sätze hinzufügt. Und so geht die Staffel weiter, bis ihr meint, dass die Geschichte ein passendes Ende gefunden hat. Wichtig ist natürlich, dass jeder neue Erzähler sinnvoll an die Vorgeschichte anknüpft. Denkt dabei auch an die sprachlichen und nicht sprachlichen Werkzeuge und Erzähltricks und den klaren Aufbau eurer Erzählung.

Ein Geschichtenbuch erstellen: Überlegt, was alles geschehen müsste, damit sich zwischen Jan und Fränzi eine gute Freundschaft entwickelt. Stellt eure Ideen und Einfälle zusammen und schreibt gemeinsam ein Geschichtenbuch über Jan und Fränzi. Überarbeitet eure Erzählungen in Schreibkonferenzen.

TRAINING: Nacherzählen

Eine Nacherzählung überarbeiten

Text 1 Valentin hat zu der Geschichte *Die Flucht aus dem Turmzimmer* von Hugo von Hofmannsthal (Text 2) folgende Nacherzählung geschrieben:

Fehlertext!

Ein Mann saß in einem hohen Turm fest. Er hatte den König beleidigt und wurde deswegen eingespert. Seine Frau will ihm helfen und geht zum König. Sie fleht ihn an, ihren Mann freizulassen. Aber der König lehnte ab und ließ die Frau auf die Straße werfen. Da rief ihr Mann sie zu sich. Sie mußte ihm einige Sachen bringen, damit er fliehen kann. Die Frau kommt nachts und fragte, was sie mitbringen soll. Bring mir ein langes Seil, sagte der Mann. Daran will ich mich herunterlassen. Am nächsten Tag kam die Frau und brachte dass Seil und einen Käfer. Sie befestigte das Seil am Rücken des Käfers und ließ ihn hoch krabbeln. Der Mann konnte entlich fliehen. Der König ärgerte sich darüber sehr und verfluchte den Mann und seine Frau.

1 Beurteile Valentins Nacherzählung erst einmal ohne einen Blick auf den Originaltext (Text 2). Nutze dafür die Checkliste für eine Nacherzählung: Welche Punkte der Checkliste kannst du bereits beurteilen, ohne den Originaltext zu kennen?

Checkliste Nacherzählung
- alle wichtigen Handlungsschritte und ihren Zusammenhang erfassen
- in richtiger Reihenfolge wiedergeben
- keine Figuren oder Handlungsschritte dazuerfinden
- verständliche Formulierungen (mit eigenen Worten) und anschaulich-lebendige Gestaltung (z. B. wörtliche Rede)
- Präteritum (zumeist auch Tempus der Textvorlage)
- auf Rechtschreibung und Zeichensetzung achten

2 Um die restlichen Punkte der Checkliste zu beurteilen, lies die Originalgeschichte genau durch. Markiere am Rand oder notiere im Heft, in welchen Zeilen die Originalgeschichte anders ist als die Nacherzählung.

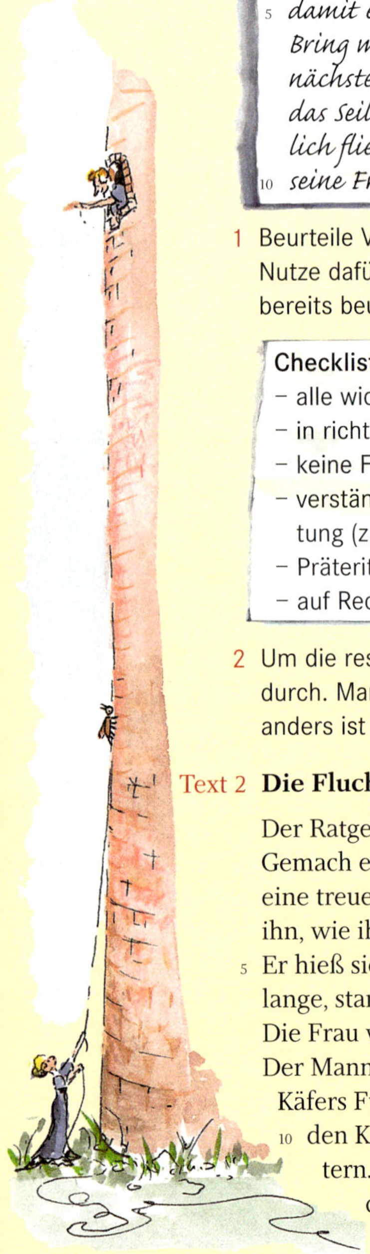

Text 2 **Die Flucht aus dem Turmzimmer** Hugo von Hofmannsthal

Der Ratgeber eines großen Königs fiel in Ungnade und der König ließ ihn im obersten Gemach eines schwindelnd hohen Turmes einsperren. Er aber, der Unglückliche, hatte eine treue Frau, die kam nachts an den Fuß des Turmes und rief nach ihm und fragte ihn, wie ihm zu helfen wäre.

Er hieß sie wiederkommen die nächste Nacht und mit sich bringen ein langes Seil, eine lange, starke Schnur, einen langen seidenen Faden, einen Käfer und ein wenig Honig. Die Frau wunderte sich sehr, aber sie gehorchte und brachte, was ihr befohlen war. Der Mann rief ihr von oben zu, den Seidenfaden fest an den Käfer zu binden, auf des Käfers Fühler einen Tropfen Honig zu tun und ihn an die Wand des Turmes zu setzen, den Kopf nach oben. Sie gehorchte und tat alles und der Käfer fing an emporzuklettern. Immer den Honig witternd, kletterte er langsam höher und höher, bis er auf der Spitze des Turmes ankam.

Da fasste ihn der Gefangene und hielt den seidenen Faden in der Hand. Dann hieß er seine Frau, an das untere Ende des seidenen Fadens die starke Schnur zu binden, und zog die Schnur empor. Und das Übrige war nicht mehr schwer.

3 Erarbeite zunächst die wichtigsten Handlungsschritte in Text 2. Ergänze dazu die folgende Tabelle, indem du die Sätze vervollständigst und so die Handlung zusammenfasst.

1. Abschnitt:
Ein König lässt seinen Ratgeber in einem hohen Turmzimmer einsperren. Seine Frau will ihm helfen.
2. Abschnitt:
In der nächsten Nacht ...
3. Abschnitt:
... Seidenfaden an den Käfer binden ...
4. Abschnitt:
... am unteren Ende des Seidenfadens das Seil ...

Hinweis: Bei der Nacherzählung benutzt man das **Präteritum.**
Wenn man einen Text oder Textabschnitte zusammenfasst, benutzt man das Präsens.

4 Jetzt kannst du Valentins Nacherzählung noch genauer mit der Originalgeschichte vergleichen. Markiere (in einer Textkopie) mit unterschiedlichen Farben
- Textstellen, in denen wichtige Handlungsschritte fehlen,
- Textstellen, in denen die Reihenfolge des Geschehens nicht richtig ist oder andere inhaltliche Fehler stecken,
- Textstellen, in denen Valentin etwas zur Originalgeschichte dazuerfunden hat.

5 Überarbeite Valentins Nacherzählung und schreibe fehlerhafte Textabschnitte neu. Denke dabei an die Hinweise der Checkliste, z. B. an das Erzähltempus Präteritum.

Einen vorgelesenen Text nacherzählen

Wenn euch ein Text als Vorlage für eine Nacherzählung vorgelesen wird, solltet ihr nicht versuchen, sofort mitzuschreiben. Dadurch konzentriert man sich zu früh auf Einzelheiten und verpasst wichtige Handlungsschritte in der Mitte und am Ende der Geschichte.
Deshalb geht ihr am besten so vor:

- Der Text wird zweimal deutlich und langsam vorgelesen.
- **Während des ersten Vorlesens:**
  Legt euren Stift aus der Hand. Vielleicht schließt ihr sogar eure Augen. Versucht euch möglichst genau vorzustellen, was in der Geschichte erzählt wird.
- **Nach dem Vorlesen:**
  Notiert euch einzelne **Stichwörter**, die für die Handlung der Geschichte wichtig sind, z. B. Ort des Geschehens, Namen der Figuren, besondere Eigenschaften oder Gegenstände. Vollständige Sätze sind an dieser Stelle noch nicht sinnvoll.
- **Nach dem zweiten Vorlesen:** Ergänzt eure Stichwörter, z. B. Gründe für ein bestimmtes Verhalten von Figuren, zentrale Aussagen (wörtliche Rede).

6 Probiert es nun selbst einmal aus. Lasst euch die folgende Geschichte (Text 3) dazu zweimal vorlesen.

Text 3 Der beste Lügner

Der Sultan von Rhodos, der sich häufig langweilte, ließ eines Tages in seiner Hauptstadt verkünden: „Wer von meinen Untertanen mir eine Geschichte erzählen kann, von der ich behaupte, sie sei eine Lüge, erhält als Preis eine Kugel aus reinem Gold."

Da sich keiner der vielen Lügner, die es in der Stadt gab, diesen reichen Lohn entgehen lassen wollte, gab es bald vor dem Tor des Palastes ein großes Gedränge. Es wurde einer nach dem anderen eingelassen. Wenn er dann vor dem Sultan stand, log er, dass sich die Balken bogen. Doch keiner hatte Glück, denn selbst als einer steif und fest behauptete, er wäre soeben vom Himmel gefallen, und ein anderer beteuerte, das Meer wäre ausgetrocknet, erklärte der Sultan mit ernster Miene: „Warum nicht? Das ist schon möglich."

Nun lebte in Rhodos ein uralter, verschmitzter Mann, den es ebenfalls nach dem Preis gelüstete. Er lud sich einen riesigen tönernen Krug auf die Schulter, trug ihn keuchend zum Palast des Sultans und bat um Einlass.

Als er bald darauf vor dem Sultan stand, fragte ihn dieser erstaunt: „Weshalb bringst du denn diesen großen Krug zu mir?"

Da sagte der listige Alte: „Ich komme zu dir, erhabener Gebieter, um eine alte Schuld einzutreiben. Mein Vater hat nämlich deinem Großvater, als der einmal in arger Bedrängnis war, eine gewaltige Summe Geldes geliehen. Er brachte sie ihm in lauter Goldstücken, die diesen Krug bis zum Rande füllten. Dein Großvater versprach zwar, die riesige Schuld so bald wie möglich zu begleichen, tat es aber bis zu seinem Tod nicht. Auch dein Vater hat das Geld nicht zurückgezahlt. Ich glaube, es ist an der Zeit, die Sache zu begleichen, die dein Großvater wie dein Vater zu tilgen unterließen."

Jetzt sprang der Sultan von seinem Sitze auf und rief empört: „Das ist eine Lüge!"

Da erwiderte der alte Mann triumphierend: „Du hast Recht, erhabener Gebieter, es ist eine Lüge. Weil du aber von meiner Geschichte behauptet hast, dass sie erlogen sei, gebührt mir nun die goldene Kugel."

Der Sultan machte zuerst ein verblüfftes Gesicht, dann aber musste er lachen. Er befahl seinem Diener, die goldene Kugel zu bringen, und reichte sie dem listigen Alten als wohlverdienten Preis.

7 Pia hat sich folgende Stichwörter nach dem ersten Vorlesen notiert.
Bring sie in eine Reihenfolge, die dem Handlungsverlauf der Geschichte entspricht.
Am besten schreibst du sie untereinander und ergänzt sie anschließend, sodass eine vollständige Ereigniskette entsteht.

Sultan alter Mann langweilt sich goldene Kugel
„Das ist schon möglich." bringt dem Sultan Gold
Lüge Krug großes Gedränge

8 Übertrage folgende Leitfragen in dein Heft und beantworte sie zu Text 3 in vollständigen Sätzen. Übrigens kannst du diese Leitfragen auch für andere Texte verwenden, die du nacherzählen willst.

- Wo und wann spielt das Geschehen?
- Welche Figuren in dieser Geschichte sind wichtig?
- Welche Absicht verfolgen die Hauptfiguren?
- Wie gehen sie dabei vor?
- Was erreichen sie dadurch am Schluss der Geschichte?

Text 4 Marvin und Lisa haben zu Text 3 eine Nacherzählung geschrieben. Hier sind zwei Ausschnitte daraus.

A

… Jeder Lügner in der Stadt wollte die goldene Kugel gewinnen und log, dass sich die Balken bogen. Aber der Sultan fand, dass alle Geschichten möglich sein könnten. So bekam keiner den Preis. …

B

… Vor dem Palast entstand ein fürchterliches Gedränge. Nur einer wurde immer zum Sultan vorgelassen. „Stellt euch vor, erhabener Gebieter, ich fuhr neulich ans Meer und sah, dass es völlig ausgetrocknet war", erzählte einer. „Warum nicht?", meinte der Sultan. „Das könnte möglich sein." So erging es jedem und der Sultan hatte viel Spaß an den lustigen Lügen. Aber so bekam keiner die goldene Kugel. …

9 Vergleicht beide Ausschnitte miteinander. Welcher Text ist anschaulicher erzählt und woran kannst du das erkennen?

10a Schreibe nun selbst auf der Grundlage deiner Ergebnisse eine Nacherzählung zu Text 3.

b Überarbeite deine Nacherzählung. Nimm dazu noch einmal die Checkliste (Seite 38) zu Hilfe. Für eine besonders anschauliche und lebendige Erzählweise beachte auch die Tipps zum Erzählen (→ Sachlexikon Deutsch).

11 **Zum Üben:**

a Suche dir selbst aus diesem Arbeitsbuch oder anderen Quellen einen kurzen Erzähltext heraus und schreibe dazu eine Nacherzählung. Nutze dazu die folgende Tabelle, in der die Arbeitsschritte zusammengestellt sind.

b Ihr könnt euch die Nacherzählungen anschließend in der Klasse vorlesen und gemeinsam beurteilen, welche am besten gelungen ist.

Arbeitsschritte für die Nacherzählung

Was ist zu tun?	Wie geht man dabei vor?
1. Originaltext im Zusammenhang auf sich wirken lassen	– genau lesen bzw. konzentriert zuhören – grobe Vorstellung vom Inhalt entwickeln → Worum geht es? (erstes Textverstehen)
2. die wichtigsten Handlungsschritte erarbeiten	– Sinnabschnitte zusammenfassen (bei schriftlicher Vorlage) – Stichwörter notieren, anschließend ordnen (bei Hörvorlage)
3. Nacherzählung schreiben	– wenn zeitlich möglich: zuerst als Entwurf (vorschreiben) – sich vorstellen, man erzählt anderen anschaulich eine Geschichte → Präteritum
4. Text überarbeiten	– Checkliste durchgehen – Ergänzungen, Korrekturen im Entwurf notieren bzw. markieren – Nacherzählung ins Reine schreiben

FANTASIEGESCHICHTEN AUS ERZÄHLKERNEN

Benny Narrator, Erfinder und verzaubernder Erzähler, besitzt einen Geschichtengenerator. Dieser muss mit Erzählkernen gefüttert und mit Narratorenöl geschmiert werden und produziert dann ohne weitere Schreibanstrengung fertige Geschichten, allerdings von unterschiedlicher Qualität.

Mit folgenden Erzählkernen füttert Benny seinen Erzählautomaten.

Text 1 Oma Dumble verlegt gern Brillen, Schlüssel usw. Die kleine Hexe Witschi, ihre Enkeltochter, markiert ohne ihr Wissen die gefährdeten Gegenstände mit einer Findefarbe, die unsichtbare Strahlen in Witschis Bewusstsein sendet.

Luis schenkt seiner Cousine einen magischen Chemiekasten, mit dessen Hilfe man ein Pflanzenwachstumsmittel brauen kann. Natürlich geht beim Experiment nicht alles glatt.

Zwerg Albin und sein Stamm werden von den Mals angegriffen, die viel größer sind als sie. Die Zwerge können aber mit einem besonderen Zauber Höhlen am Eingang und Ausgang verkleinern.

Als Jana sich gerade mit Computerspielen die Zeit vertreibt, spielt plötzlich das Gerät verrückt. Zwei Welten vermischen sich. Jana muss da wieder herauskommen.

1a Vergleiche: Was ist das Besondere an fantastischen Erzählkernen im Gegensatz zur Erlebniserzählung? Welche besondere Rolle spielen spezielle Gegenstände? Wie steht es mit den Gesetzen der Natur?

b Erfinde noch andere Erzählkerne, mit denen man Bennys Generator füttern könnte.

Die beiden folgenden Erzählungen hat Bennys Automat produziert:

Text 2 Oma war für zwei Wochen bei uns zu Besuch. Ich war sehr froh darüber, denn nun hatte ich jemand, mit dem ich reden konnte. Dass ich seit dem Mitternachtsbesuch der weißen Frau an meinem 11. Geburtstag Zauberfähigkeiten besaß, verriet ich ihr sicherheitshalber erstmal nicht. Ich hörte lieber zu, wenn Oma ihre spannenden Geschichten erzählte, von früher, wie da alles anders gewesen war. Allerdings war Oma auch etwas schrullig oder sagen wir lieber zerstreut. Immer

3 Schon seit Generationen lagen die Trollzwerge und die Mals miteinander im Streit. Aus welchem Grund dies alles angefangen hatte, wusste niemand mehr so richtig. Vielleicht hatte ja einmal ein Troll einen Mal verhauen. Zwerg Albin fand es nur ungerecht, dass die Mals sich nicht gleich große Gegner suchten. Er war mit seinem Gaul gerade wieder nachts im Wald unterwegs auf der Jagd nach einem Riesenhirsch, als er es von fern rascheln hörte. Flugs kletterte er auf

wieder suchte sie Dinge, die sie verlegt hatte – ihre Tasche, ihre Geldbörse, Brille und und und ... Sie tat mir richtig leid, wenn sie dann herumkramte, unter das Sofa guckte und vor sich hin brabbelte.

Wie konnte ich ihr nur helfen? Guter Rat war teuer, aber ich hatte ja schließlich meine Hexen-Fibel. Und tatsächlich, auf Seite 77 fand sich Abhilfe, ein Rezept für eine Findefarbe, mit der man Gegenstände bestreichen kann und die dann Strahlen aussendet, mit deren Hilfe jede Hexe den verlorenen Gegenstand orten kann. Alles andere lief einfach. Die Farbe war schnell gemixt, etwas länger dauerte es, bis ich Omas Gegenstände alle markiert hatte.

Und in der Tat, als ich am Nachmittag darauf nach Hause kam, hörte ich Oma murmeln: „Wo ist denn schon wieder mein ...“

eine Eiche und spähte mit seinem Infrarot-Glas angestrengt in die verdächtige Richtung. Tatsächlich – er konnte die alten Feinde ausmachen, wie sie sich behutsam heranpirschten.

Mit drei Riesenschritten durchquerte Albin das dichte, langgezogene Unterholz, hetzte auf sein Dorf zu und brüllte aus Leibeskräften: „Vorsicht, die Mals kommen!“ Ein aufgeregter Zwergenauflauf entstand – was sollte man nur tun? Ein panisches Gewispere allenthalben. Und schon sahen die eingeschüchterten Winzlinge, wie sich ihre Erzfeinde näherten, auf Mäusen galoppierend. Es blieb den Winzlingen nicht mehr viel Zeit. Da hatte Albin die rettende Idee: „Auf, alle zur Höhle!“ ...

2 Wie beurteilst du die beiden Erzählungen? Wo hat Bennys „Narratorenöl“ gewirkt, wo hat es versagt?

3 **Innere Glaubwürdigkeit**
Was bedeutet dieser Begriff im Zusammenhang mit der Fantasieerzählung?
Beispiele zur Klärung:
- Ein Elefant kann nicht auf einem Fahrrad fahren, es sei denn, das Fahrrad ist groß genug für ihn.
- Eine Maus braucht mehr als drei Schritte um eine Straße zu überqueren, es sei denn, die Maus ist eine Riesenmaus, sie hat Sieben-Meilen-Stiefel an, die Straße ist eine kleine Mäusestraße oder ...

4a Überprüfe: In welcher Geschichte wird gegen die innere Glaubwürdigkeit verstoßen?
b Verändere die Geschichte so, dass sie glaubwürdig wird.
c Erzähle eine der beiden Geschichten zu Ende.

5 **Fantastische Geschichten erzählen**
- Du kannst die anderen Erzählkerne von Benny nehmen und sie – leider ohne Automat – in zauberhafte Geschichten verwandeln. Sicherlich fallen dir auch noch eigene Erzählkerne ein.
- Vielleicht willst du erzählen, wie es war, als die kleine Hexe Besuch von der weißen Frau bekommen hat und die Hexenfibel und ihre magischen Fähigkeiten geschenkt bekam.
- Bildet Gruppen, teilt die Erzählkerne auf und schreibt packende Geschichten. Denkt daran, sie nach dem ersten Aufschreiben in einer Schreibkonferenz zu überarbeiten.
- Heftet eure Geschichten zu einem Zauberbuch zusammen und illustriert sie. Sicherlich interessieren sich die Mitschüler der Parallelklasse oder eure Eltern für eure Werke.

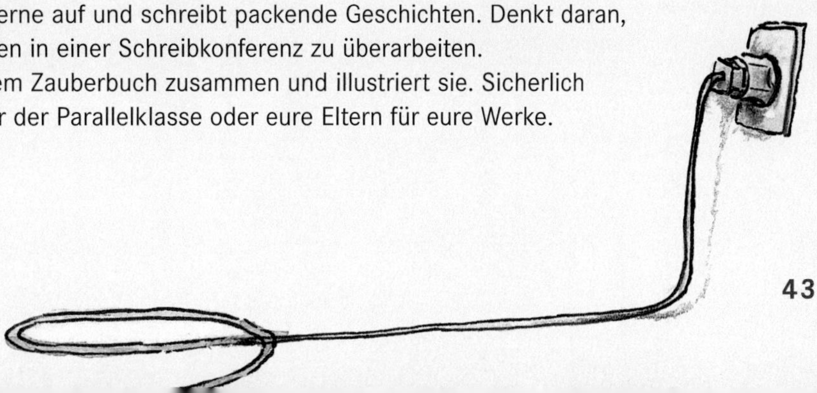

We kehr for you
Wir bringen das in Ordnung
SULO

Beschreiben und berichten

Wie gefallen euch die Plakate?

Diskutiert: Warum ist der Beruf des Müllmannes so schlecht angesehen? Auf welche Weise kann eine Werbekampagne helfen, das Image der Müllmänner zu verbessern?

Wer macht an eurer Schule sauber?

Gestaltet eine Imagekampagne für die Schulreinigung. Entwerft dazu Werbeslogans, Plakate und / oder schreibt einen Artikel für die Schülerzeitung.

1. EIN BLICK AUS DEM WELTRAUM
Erzählen, berichten, beschreiben

Text 1 **Der fremde Planet** PAUL MAAR

„Ama Bend, du solltest den unbekannten Planeten im Raumquadrat 47/3/1 anfliegen und ihn beobachten. Hast du es geschafft?"

„Ich habe den Planeten 3800 Zeiteinheiten lang beobachten können."

„Und? Gibt es Lebewesen dort? Intelligente Lebewesen?"

„Es gibt Lebewesen dort. Vielleicht berichte ich der Reihe nach."

„Bitte!"

„Der Planet ist größer als alle bekannten Planeten unseres Systems. Und er kreist um einen noch viel größeren Planeten, der starke Strahlen aussendet."

„Strahlen?", fragte der Koordinator erstaunt. „Bist du sicher?"

„Vollkommen sicher! Ich konnte die Strahlen mit meinen Instrumenten deutlich messen. Diese Strahlen haben eine große Wirkung auf die Bewohner des Planeten: Wenn sie von den Strahlen getroffen werden, werden sie lebhaft und bewegen sich schnell. Bleiben die Strahlen aus, weil der Planet sich weitergedreht hat, so werden sie bewegungslos."

„Völlig bewegungslos?", fragte der Koordinator dazwischen.

„Fast bewegungslos. Sie ziehen sich in flache Behälter zurück, die mit einem Gespinst bedeckt sind. Dort verharren sie, bis die Strahlen des großen Planeten sie wieder treffen."

„Und wie sehen diese Lebewesen aus?"

„Sie haben einen ungegliederten, trockenen Rumpf, der sich an einem Ende stark verdünnt und dann in einem kugelförmigen Fortsatz endet. Außerdem gehen von diesem Rumpf vier plumpe Stängel ab, die einen kreisförmigen Querschnitt haben. Mit diesen Stängeln bewegen sie sich."

„Sie sind also Vierfüßler?", fragte der Koordinator.

„Es sind keine Füße in unserem Sinn", überlegte Ama Bend. „Aber der Einfachheit halber können wir von Vierfüßern sprechen. In der ersten Zeit ihres Lebens bewegen sie sich auf ihren vier Stängeln fort und halten den kugelförmigen Fortsatz nach vorn gestreckt. Später bewegen sie sich hauptsächlich auf zwei Stängelbeinen und halten die beiden anderen seitlich am Rumpf herunter. Sie tragen dann den kugelförmigen Fortsatz oben. Seitlich an dieser Kugel befinden sich zwei dünne Häutchen in einer halbkugelförmigen Vertiefung. Werden diese Häutchen durch auftreffende Luftwellen in Schwingung versetzt, so erzeugen diese Lebewesen ebenfalls Schwingungen in ihrem Rumpf und lassen sie durch eine Öffnung in der Kugel entweichen."

„Hast du herausgefunden, warum sie das tun?"

„Mir scheint, sie verständigen sich auf diese Weise. Übrigens haben diese Lebewesen die Gewohnheit, ihren Rumpf und Teile ihrer Beinstängel mit einem Gespinst zu überziehen. Dieses Gespinst nehmen sie zum Teil von der Oberfläche anderer, vierfüßiger Lebewesen. Zum Teil stellen sie das Gespinst auch aus dünnen Fäden her, die sie aus Metallröhren pressen."

„Tun sie das, um sich warmzuhalten?", fragte der Koordinator.

„Ich habe nicht herausfinden können, wozu es gut sein soll. Sie tragen das Gespinst auch dann, wenn die Lufttemperatur so hoch ist, dass es ihnen unangenehm sein muss."

„Vielleicht wohnen sie darinnen?"

„Nein, auch das kann nicht sein. Sie wohnen in würfelförmigen Behältern, die oben spitz zugehen. Unten ist ein viereckiges Loch, durch das sie in den Behälter gelangen. Sie haben die Gewohnheit, ganz viele dieser Behälter nebeneinanderzustellen. Auf diese Weise wird eines Tages der ganze Planet zugebaut sein."

„Das klingt verrückt! Hast du herausgefunden, was sie damit bezwecken?"

„Leider nicht. – Zu bestimmten Zeiteinheiten findet man die Lebewesen fast alle in besonders großen Behältern. Sie stehen nebeneinander und machen alle die gleichen Bewegungen mit den Vorderbeinen. Auf ein bestimmtes Signal verlassen alle die großen Behälter und ziehen sich zurück in ihre eigenen, kleinen Behälter. Da sie das seltsamerweise alle gleichzeitig tun, herrscht ein großes Gedränge und sie kommen nur langsam vorwärts.

Wenn sie endlich in ihrem eigenen, kleinen Behälter angekommen sind, tun sie wieder alle das Gleiche: Sie lassen sich auf ein Holzgestell nieder, das mit Gespinst bedeckt ist, und nehmen Strahlen auf, die aus einem Kasten kommen. Dieser Kasten besteht aus dünn geschnittenem Baum und ist mit Metallteilen gefüllt."

„Das klingt alles rätselhaft. Man kann noch nicht erkennen, ob es intelligente Wesen sind oder nicht."

„Die meisten ihrer Handlungen bleiben mir unverständlich. Ich kann sie nur beschreiben. Wenn sie ein bestimmtes Alter erreicht haben, benutzen sie ihre Beinstängel nur noch selten als Fortbewegungsmittel. Sie stellen kleine Behälter aus gewalztem Metall her, die sich selbstständig fortbewegen. Die Planetbewohner steigen in diese Metallbehälter und rasen auf andere Behälter zu. Meistens gelingt es ihnen, dicht daran vorbeizurasen. Manchmal gelingt es ihnen auch nicht. In diesem Fall platzen die Metallbehälter auf. Die Lebewesen, die in den Behältern sind, werden dadurch lange Zeit bewegungslos, manche sogar für immer."

„Das ist doch völlig verrückt!"

[...]

1a Wie heißt der Planet, den Ama Bend beobachtet hat? Welche Hinweise deuten darauf hin?

b Benenne die „merkwürdigen" Dinge, die Ama beobachtet hat.

Text 2 Zu meinem Entsetzen raste der blaue Metallbehälter mit zwei Lebewesen plötzlich in eine andere Richtung, ein schrecklich quietschendes Geräusch ertönte, der hässliche Metallbehälter drehte sich mehrfach um sich selbst und blieb stehen. „Glück gehabt", dachte ich, denn ich stand zwei sichere Wegeinheiten entfernt, sodass ich trotz meines Schreckens stehen blieb und weiter beobachtete. Mit lautem Geheul und blinkenden Lichtern näherte sich ein weiterer Metallbehälter ...

2 Vergleiche Text 2 mit der Darstellung in Text 1 (Z. 62–66) und benenne die Unterschiede.

a Welches Tempus verwendet Ama jeweils?

b Welcher Text erzeugt Spannung, welcher soll eher sachlich sein? An welchen Wörtern kannst du das erkennen?

c „Ich kann sie nur beschreiben ..." sagt Ama Bend (Z. 59) in Text 1. Was tut er dann in Text 2?

d Welche Sprechabsichten kannst du also jeweils erschließen?

3 An welchen anderen Stellen von Text 1 beschreibt Ama noch? Suche weitere Textbeispiele. Begründe deine Auswahl.

Text 3 In Zeiteinheit 34 200 kam ein blauer Metallbehälter mit zwei Insassen wegen zu hoher Geschwindigkeit von der vorgesehenen Fahrtrichtung ab, ein quietschendes Geräusch ertönte, der Metallbehälter drehte sich mehrfach um seine Längsachse und blieb schließlich stehen. 900 Zeiteinheiten später näherte sich ein weiterer Metallbehälter ...

4 In Text 3 wird nicht erzählt und nicht beschrieben, sondern berichtet. Vergleiche den Bericht mit den beiden anderen Texten. Übertrage die Tabelle in dein Heft und fülle sie aus. Fachbegriffe in der Tabelle, die du noch nicht kennst, kannst du im *Sachlexikon Deutsch* nachschlagen.

	Text 1: ?	Text 2: Erzählung	Text 3: ?
Wortwahl	*	anschaulich	*
Tempus	*	Präteritum	*
Sprechabsicht	*	unterhalten	*
Ereignis	*	einmalig	*

Text 4 [...] „Es kommt noch verrückter: Diese Lebewesen sind gezwungen, die Lufthülle ihres Planeten in winzigen Teilchen in sich aufzunehmen und wieder abzugeben. Viele der Lebewesen beschäftigen sich nun viele Zeiteinheiten lang damit, der Lufthülle durch hohe Röhren Kohlenstoff, Schwefel und andere schädliche Gase zuzusetzen. Dadurch fällt ihnen und den anderen Lebewesen die Aufnahme der Luft schwerer."

„Erzählst du die Wahrheit?", fragte der Koordinator ungläubig.

„Ich lüge nie", sagte Ama Bend und schwieg gekränkt.

„Ich entschuldige mich", sagte der Koordinator.

Ama Bend setzte seinen Bericht fort: „Viele Lebewesen sind nur damit beschäftigt, bestimmte kleine Behälter aus Metall herzustellen ..."

„Du meinst die, in denen sie sich fortbewegen?"

„Nein, nein. Sie sind kleiner und haben eine andere Aufgabe. Es gibt davon verschiedene Arten, die mit verschiedenen Stoffen gefüllt sind.

Da gibt es welche, die haben die Aufgabe, das Metall zum Platzen zu bringen. In diesem Fall fliegen die Metallteile durch die Lufthülle des Planeten, reißen Löcher in die Lebewesen und machen sie für immer bewegungslos. Andere Metallbehälter erzeugen eine Luftverdichtung, die so stark ist, dass die Wohnbehälter einstürzen und die Lebewesen zerquetschen.

Wieder andere erzeugen so hohe Temperaturen, dass die Lebewesen verkohlen. Dann gibt es welche ..."

„Genug! Aufhören!" Der Gedankenstrom des Koordinators war so stark, dass er schmerzte. „Es ist mir egal, ob die Lebewesen intelligent sind oder nicht. Eines ist sicher: Sie sind verrückt! Sie sind wahnsinnig! Ich will von diesem irrsinnigen Planeten nichts mehr hören. Wir werden ihn zum Sperrgebiet erklären, um andere intelligente Lebewesen vor ihm zu schützen. Keiner soll mit ihm Verbindung aufnehmen!"

„Sehr gut", antwortete Ama Bend erleichtert. „Ich wollte den gleichen Vorschlag machen."

5 a Warum hält der Koordinator die Erdbewohner für verrückt?

b Wie beurteilst du seine Entscheidung am Schluss?

6 „Vielleicht berichte ich der Reihe nach.“ (Text 1, Zeile 5) - „Ich kann sie nur beschreiben.“ (Text 1, Zeile 59) - „Erzählst du die Wahrheit?“ (Text 4, Zeile 6)

a Du hast schon einige Merkmale des Erzählens, Berichtens und Beschreibens kennengelernt. Überprüfe: Wird an den genannten Textstellen wirklich erzählt, berichtet, beschrieben?

b Wird in Geschichten immer nur erzählt oder wird auch beschrieben und berichtet? Tauscht eure Erfahrungen aus.

7 Auch im Alltag mischen sich *erzählen*, *beschreiben* und *berichten* oft. Überlege: Wann beschreibst du eher, wann berichtest oder erzählst du eher etwas?

8 Wie würde Ama Bend das Verhalten der Menschen beschreiben, Dinge herzustellen und sie dann wegzuwerfen, also Müll zu produzieren? Erweitere die Geschichte.

9 Wie stellst du dir das Leben auf Ama Bends Planet vor? Stell dir vor, du bist mit einem Raumschiff dorthin geflogen und beschreibst jetzt den Planeten und die Bewohner. Nutze deine Ergebnisse aus Aufgabe 4 (S. 48).

2. WIE KANN MAN MÜLL VERMEIDEN? Sich informieren, Sachverhalte beschreiben

1 Wenn du etwas beschreibst, hast du die Absicht, deine Zuhörer oder Leser zu informieren. Manchmal musst du dir dazu zunächst Informationen beschaffen. Nenne mögliche Informationsquellen und beurteile sie:
- Ist die Informationsquelle problemlos zu erreichen (Verfügbarkeit)?
- Enthält die Informationsquelle genügend Informationen (Ergiebigkeit)?
- Sind die Informationen zuverlässig, kann man ihnen trauen (Zuverlässigkeit)?

2 Wie viele Tintenpatronen verbrauchst du ungefähr pro Woche? Rechne diese Zahl auf ein Jahr hoch.

Wenn jeder Schüler in Deutschland im Jahr 20 Tintenpatronen verbraucht, ergibt das eine Müllmenge von ca. 200 Tonnen. Das entspricht einem Gewicht von rund 50 Elefanten.

3a Erkundigt euch bei eurem Hausmeister, wie viel Müll in eurer Schule anfällt. Rechne diese Menge auf ein Jahr hoch und stelle die Zahl anschaulich in einem Bild oder in einer Grafik dar.

b Beschreibt in einer Bildunterschrift, was auf deinem Bild oder der Grafik zu sehen ist.

4 Bildet Erkundungsteams und untersucht die Pausenhalle, den Schulhof, Aufenthaltsräume. Gibt es spezielle Stellen, an denen sich besonders viel Müll sammelt? Befragt dazu auch das Reinigungspersonal. Stellt eure Ergebnisse der Klasse vor.

5 Woher kommt eigentlich der ganze Müll? Beobachtet zunächst euer eigenes Verhalten und weitet dann eure Untersuchung aus. Hier sind einige Vorschläge:
- Führt einen Tag oder eine Woche lang ein Mülltagebuch. Schreibt genau auf, was ihr in der Klasse, auf dem Schulhof etc. wegwerft.
- Untersucht eure Schultaschen: Hefte/Papier (Umweltschutzpapier/weißes, wasserstoffgebleichtes Papier/weißes, chlorgebleichtes Papier); Schreibmaterialien (Holzstifte ohne Lackierung/mit Lackierung/Filzstifte/Kugelschreiber mit Ersatzminen/Einwegkugelschreiber, etc.); Pausenfrühstück (Brot in Dose/in Papier/in Alufolie, Getränk in auffüllbarer Flasche/Pfandflasche/Einwegflasche/Dose/Trinkpäckchen).
- Bittet eure Schulleiterin/euren Schulleiter, eine Befragung eurer Mitschüler durchführen zu dürfen. Erstellt dazu einen kurzen Fragebogen (z. B. zum Pausenfrühstück) und befragt ein bis zwei Klassen. Wertet eure Ergebnisse gemeinsam aus.
- Falls eure Schule einen Kiosk besitzt, könnt ihr auch dort das Angebot untersuchen (z. B. Anteil und Art der Einwegverpackungen).
- Fragt im Sekretariat nach, wie viel Papier pro Jahr in eurer Schule verbraucht wird und welches Papier verwendet wird.

6 Präsentiert eure Untersuchungsergebnisse möglichst anschaulich vor der Klasse. Beschreibt anhand konkreter Beispiele, wie ihr an eurer Schule Müll vermeiden könnt.

7 Verwendest du Recyclingpapier? Diskutiert: Welche Argumente sprechen dafür, welche dagegen?

Text 5 Schon im Jahre 1366 verordnete der Rat von Venedig, dass Altpapier wieder zur Papiermühle gebracht werden sollte, um dort wieder verwendet zu werden. Allerdings war die Qualität des gewonnenen Papiers so schlecht, dass man es nur zur Herstellung von Pappe verwenden konnte. Erst 408 Jahre später entwickelte Dr. Justus Claproth ein Verfahren zur Herstellung besseren Recyclingpapiers. Mithilfe von Terpentinöl und einem fetten Ton konnten nun die Druckfarben aus dem Papierbrei entfernt werden. Altpapier wurde jedoch in Deutschland kaum wieder verwertet. Im Gegensatz dazu stellten die Amerikaner und Engländer bereits Ende des 19. Jahrhunderts fast ein Fünftel ihres Papiers aus Altpapier her, wobei aus dem Altpapier hauptsächlich Pappe hergestellt wurde. Viele Jahrzehnte später, 1952, wurde in den Vereinigten Staaten ein Verfahren entwickelt, das es möglich machte, Altpapier in großem Umfang zu hochwertigem Schreibpapier aufzuarbeiten. Dazu mussten aber viele chemische Hilfsstoffe eingesetzt werden. Erst 20 Jahre später wurde in der Schweiz ein umweltverträglicheres Verfahren entwickelt, bei dem die alte Druckerfarbe auf mechanischem Wege so fein im Papierbrei verteilt wurde, dass sie nicht mehr störend wirkte. Dabei erhielt das Papier jedoch eine dunkelgraue Färbung, sodass es nicht als Schreibpapier geeignet war. Eine erneute Qualitätsverbesserung bei der Herstellung gelang 1995 einem Wissenschaftlerteam aus den Vereinigten Staaten und Kanada. Heutzutage wird das aufbereitete Altpapier hauptsächlich in Bereichen eingesetzt, in denen weniger hohe Qualitätsanforderungen an das Papier gestellt werden, z.B. bei der Zeitungs- oder Hygienepapierherstellung. Aber auch die Verwendung als Schreib- und Kopierpapier hat in den letzten Jahren zugenommen.

8 Besprecht und klärt: Was wisst ihr über Papierherstellung? Nehmt auch die unten stehende Abbildung zu Hilfe, sie veranschaulicht den Vorgang der Papierherstellung.

9 Untersuche den Sachtext genauer:

a Klärt zunächst gemeinsam Wörter und Textstellen, die ihr nicht versteht. Nutzt bei Unklarheiten ein Wörterbuch.

b Suche eine passende Überschrift für den Text.

c Gliedere den Text in Abschnitte, das geht gut am PC, und schreibe für jeden Abschnitt eine passende Überschrift auf.

d Gib nun zu jedem Abschnitt den Inhalt mit eigenen Worten wieder.

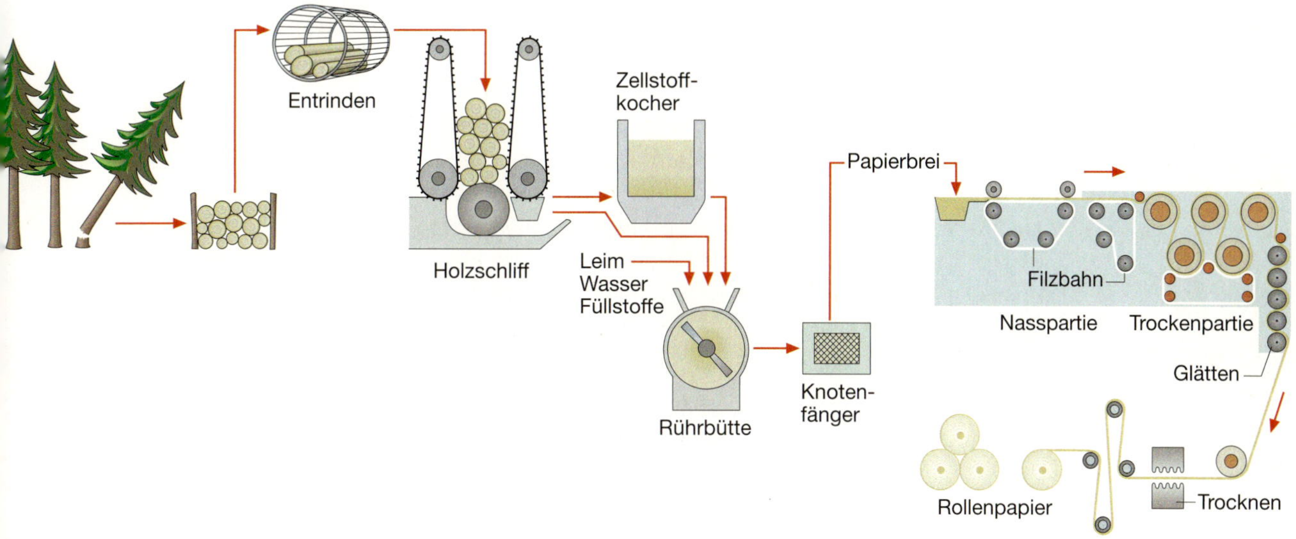

3. NICHTS ALS RESTE?
Vorgänge beschreiben: Bauanleitungen

Text 6 Die Bauanleitungen für zwei der abgebildeten Musikinstrumente sind durcheinandergeraten:

Für dein erstes Saiteninstrument brauchst du einen festen Pappkarton. Zunächst bohrst du durch jeden Kronenkorken ein Loch. Mit dem Messer schneidest du drei Seiten dieses Rechtecks ein; nur die Seite, die am nächsten zum Rand des Kartons liegt, bleibt fest. Das geschieht am einfachsten mit einer Ahle oder mit einem dickeren Nagel, den du mit einem Hammer durch das Blech treibst. Sehr geeignet sind Schuhkartons. Mit ihm zeichnest du zunächst etwa 5 cm vom Rand entfernt ein schmales Rechteck. Du brauchst einige Kronenkorken, eine Astgabel und festes Band. Außerdem sind einige Gummibänder nötig und beim Bauen ein scharfes Papiermesser und ein Stift. Schöner klingt es allerdings, wenn du noch ein weiteres, rundes Loch in den Karton schneidest, das unter den gespannten Gummibändern liegen soll. Nun knotest du das Band an der einen Seite der Astgabel fest und reihst dann die durchlöcherten Kronenkorken auf diesem Band auf, als wenn du eine Kette herstellst. Das zweite Ende des Bandes wird an der anderen Seite der Astgabel befestigt. Den Pappstreifen knickst du nun nach oben und spannst einige Gummibänder über diesen Steg um den Karton herum. Schon kann man auf den Gummisaiten Musik machen. Es sollte nicht zu lose hängen; spanne es ein wenig. Die Kronenkorken sollen nicht den ganzen Platz zwischen der Astgabel füllen; sie müssen auf dem Band noch ein wenig tanzen können, wenn du die Rassel bewegst.

1 Entwirre die beiden Bauanleitungen und sortiere sie:
- Schreibe die zu einer Bauanleitung gehörenden Sätze jeweils auf zwei verschiedene Seiten deines Heftes.
- Die richtige Reihenfolge kannst du durch Nummern deutlich machen.
- Entscheide dich für eines der Instrumente und schreibe die Bauanleitung auf.
  Ein Tipp: Die Bauanleitung für die Rassel beginnt so:
  „Du brauchst einige Kronenkorken, eine Astgabel und festes Band. Zunächst bohrst du in jeden Kronenkorken ein Loch. Das geschieht am einfachsten mit einer Ahle oder mit einem dickeren Nagel, den du mit einem Hammer durch das Blech treibst. Nun knotest du ..."
- Veranschauliche deine geschriebene Bauanleitung, indem du die einzelnen Schritte als Schaubild darstellst.

2 Um die Qualität einer Bauanleitung zu überprüfen, kannst du sie ausführen, d.h. eines der Instrumente bauen. Wenn etwas nicht gut funktioniert, solltest du deine Anleitung ergänzen oder noch besondere Tipps hinzufügen.

3 Bauanleitungen gehören zu den Vorgangsbeschreibungen. Fülle die Lücken in der folgenden Sachinformation mit den richtigen Lösungen aus dem Wortspeicher:

Einen Vorgang beschreiben
Bei einer Vorgangsbeschreibung wird kein einmaliges Ereignis oder Erlebnis mitgeteilt, sondern ein (1) beschrieben.
Deshalb ist es wichtig, die einzelnen Schritte des Vorgangs
- (2), (3),
- (4) sowie
- (5)

zu beschreiben, damit der Leser oder Zuhörer (Adressat) sich den Vorgang (6) vorstellen und ihn tatsächlich selbst (7) kann.
Die Zeitform (Tempus) der Vorgangsbeschreibung ist das **Präsens** (die Gegenwart), weil du damit ausdrückst, dass etwas so **immer wieder** oder **zu jeder Zeit** geschehen kann.

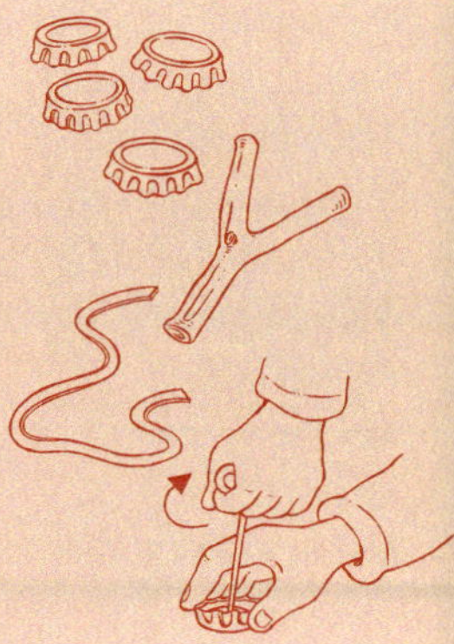

1 ungewöhnliches Ereignis / wiederholbarer Vorgang / technisches Gerät
2 nacheinander / bald / mehrmals
3 zum Höhepunkt führend / in der richtigen Reihenfolge / dem Dümmsten zu erklären
4 genau und vollständig / mit Fachausdrücken gespickt / besonders gut ausgeschmückt
5 spannend / fantasievoll / anschaulich
6 ein bisschen / wirklich / irgendwie
7 genauso gut verstehen / wiederholen / ausgestalten

Text 7 **Eine einfache Rumbarassel**

In solche Rasseln kannst du ganz unterschiedliche Materialien hineingeben, dann klingen sie sehr unterschiedlich. Dann kann man auch ein Ratespiel spielen. Die Reiskörner oder Haselnüsse oder Abschnitte von Strohhalmen oder Holzperlen kommen in die beiden Joghurtbecher. Diese werden dann mit den Pappdeckeln verschlossen. Dann klebst du die beiden Becher an ihren Fußböden zusammen. Hier hältst du dann beim Spielen die Rassel mit Daumen und Zeigefinger fest, damit der Klangkörper beim Schütteln frei ist. Das klingt dann viel besser!

4 Diese Bauanleitung ist noch nicht sehr hilfreich. Verbessere sie: Beginne mit den benötigten Materialien und halte dich dann an die Hilfen in der Sachinformation.

5a Kennst du die „Dann – dann – Krankheit“, die besonders oft auftritt, wenn man das zeitliche Nacheinander deutlich machen will? Welche Heilungsmöglichkeiten siehst du?

b Mit den Wörtern aus dem Werkzeugkasten kannst du Eintönigkeit vermeiden. Verbessere mit ihnen deine Beschreibung, wo es nötig ist.

4. MÜLL AUS DEM STADTSEE – Berichten

Text 8

TAUCHTRAINING MIT NEBENEFFEKT
Sporttaucher des TCR reinigen Stadtsee

Rendsburg (ab) Das Training des Tauch-Clubs Rendsburg zum Saisonauftakt am vergangenen Sonnabend hatte einen nützlichen Nebeneffekt: Statt zum ersten Freilufttraining in die nahe gelegene Eider zu steigen, tauchten die Sportler im Stadtsee ab und zogen einen riesigen Berg Müll an die Oberfläche.
Neben zerschlagenen Flaschen, Blechdosen und Fahrrädern entdeckten sie auch eine noch wohlerhaltene Parkbank auf dem Grund des Sees.

W-Fragen:
Was ist geschehen?
Wer war beteiligt?
Wann geschah es?
Wo geschah es?
Wie hat es sich abgespielt?
Welche Folgen hatte es?
Woher stammt die Information?

1 So stand es in der Zeitung.
a Fühlst du dich gut informiert oder hast du noch Fragen zu diesem Ereignis?
b Ein Bericht sollte W-Fragen beantworten. Prüfe, welche W-Fragen beantwortet werden und welche nicht oder nur ungenau.

2a Lies die folgenden Zusatzinformationen (Daten) aus Interviews und Aufzeichnungen des Reporters genau durch und entscheide, was für einen vollständigen Bericht wichtig ist und was nicht. Denke dabei an die W-Fragen, aber auch an die Interessen der Leser.
b Überlege, welche Reihenfolge sich für die Wiedergabe des Geschehens anbietet.
c Erweitere die Zeitungsmeldung (Text 8) mithilfe der ausgewählten Zusatzinformationen so, dass ein vollständiger Bericht vom Taucheinsatz am Stadtsee entsteht.
d Achte auf das Tempus (→ Sachlexikon Deutsch: Wortarten); in einem Bericht wird in der Regel das Präteritum verwendet, weil das Ereignis bereits vergangen ist.

Text 9

A) *Die Idee hatte Bernd Ewers, Leiter der Jugendgruppe des TCR, dem beim Angeln im See schon mehrfach Haken abhandengekommen waren, weil sie sich an schweren Abfallteilen verfangen hatten.*

B) *Ewers: „Durch unsere Aktion konnten wir mehrere Fliegen mit einer Klappe schlagen: Für die Jugendlichen war der Tauchgang nicht nur ein willkommenes Training unter verschärften Bedingungen, sondern gleichzeitig eine gemeinnützige Aktion; der Stadt ersparen wir hohe Kosten und schließlich konnten wir so zum Umweltschutz beitragen und auch den Anglern zukünftigen Ärger ersparen.“*

C) *Mit Vergnügen hatte der zuständige Stadtrat dem Vorschlag von Ewers zugestimmt und den Tauchgang im Stadtsee genehmigt.*

D) *Der städtische Reinigungsbetrieb wurde von den begeisterten Stadtverantwortlichen angewiesen, den gefischten Müll zu entsorgen. Der bereitgestellte Laster fasste dann nicht einmal den ganzen Müllberg und musste ein zweites Mal anrücken.*

E) *12 Jugendliche stiegen am Sonnabend zusammen mit ihrem Gruppenleiter in das ungewohnte Element. Die professionelle Tauchkleidung schützte sie diesmal nicht nur vor der Kälte, sondern auch vor dem Schlamm, der sich am Grund des Sees gebildet hat.*

F) *Klaus: „Immer wenn wir zu schnell vorgingen oder wenn wir größere Schrottteile aus dem Boden zogen, wirbelten wir so viel Dreck auf, dass eine Weiterarbeit an dieser Stelle vorerst nicht möglich war.“*

G) *Von morgens 09.00 bis nachmittags um 15.00 Uhr waren die Jugendlichen im Einsatz. Eltern lieferten zwischendurch warme Verpflegung.*

H) *Neben zahlreichen unbedacht fortgeworfenen Flaschen und Dosen zogen die freiwilligen Helfer auch Fahrradreifen, zwei Einkaufswagen des nahe gelegenen Supermarktes und schließlich sogar eine schwere Parkbank ans Tageslicht.*

I) Dora: „Als ich die Parkbank entdeckt hatte, wussten wir zunächst gar nicht, wie wir sie herausziehen sollten. Da hat Herr Ewers dann eine Art Flaschenzug am Laster befestigt. Und so haben wir auch diese Aufgabe gelöst."

J) Auch im kommenden Jahr will die Gruppe ihre Tauchsaison auf diese Weise beginnen.

3a Du weißt, worauf es beim Berichten ankommt, und kannst die folgende Sachinformation sicherlich leicht in deinem Heft ergänzen.

b Beschreiben und berichten: Worin liegen die Unterschiede und welche Gemeinsamkeiten gibt es?

Einen Bericht schreiben

Ein Bericht **informiert sachlich** über **Ablauf und Ergebnis** (1). Die Zeitform (Tempus) ist deshalb das (2).

Ein Bericht sollte so (3) wie nötig und so (4) wie möglich sein. Konzentriere dich deshalb auf (5) und beantworte die **W-Fragen:** In einer kurzen Einleitung nennst du bereits (6) (Wer? Was? Wann? Wo?). Der Hauptteil sollte den **Ablauf** des Geschehens (7) darstellen und dabei auch beantworten, (8) die einzelnen Schritte abgelaufen sind. Am Schluss kannst du noch das Ergebnis formulieren, z. B. welche Folgen das Geschehen hatte.

1 eines vergangenen Ereignisses / eines wiederholbaren Vorgangs / einer Erzählung
2 Präsens / Präteritum / Futur
3 schnell / spannend / genau
4 knapp / ausführlich / spannend
5 jede Kleinigkeit / erfundene Zusatzinformationen / die wichtigsten Tatsachen
6 offene Fragen / die wichtigsten Informationen / deinen Namen
7 in zeitlicher Reihenfolge / durcheinander / vom Ergebnis zum Anfang
8 wo / warum / wie

4a Bringt selbst Zeitungsberichte mit und prüft – am besten in Gruppen –, ob ihr vollständige Berichte findet, die auf alle W-Fragen Antworten liefern.

b Die Fähigkeit, genau hinzusehen und über Ereignisse sachlich und genau zu berichten, ist in vielen Situationen hilfreich. Besprecht, wann ihr diese Fähigkeit gebrauchen könnt.

Das hast du in diesem Kapitel gelernt:

- Unterschiede zwischen erzählen, berichten und beschreiben erkennen
- **Beschreiben:** Beschreibende Sachtexte analysieren, eine Vorgangsbeschreibung verfassen
- **Berichten:** Zeitungsberichte analysieren, einen Zeitungsbericht verfassen

Ideen und Projekte

Veranstaltet einen Aktionstag zum Thema „Müllvermeidung an der Schule":
- Sammelt Ideen (z. B. Zeugnisse für die Sauberkeit der Klassenzimmer vergeben, Informationen über umweltfreundliche Schulmaterialien, ein Müllmonster zur Abschreckung ...)
- Sprecht Lehrerinnen und Lehrer an und bittet sie um Unterstützung.
- Informiert euch (im Internet) über Möglichkeiten der Müllvermeidung bzw. -verwertung.
- Schreibt einen Brief an die Redaktion eurer Lokalzeitung, in dem ihr sie über euer Vorhaben informiert und um Berichterstattung bittet.

TRAINING: Vorgänge beschreiben

Text 1 **Recycling von Weißblech**

Die wichtigsten Verpackungsaufgaben für Weißblech sind Konservendosen, Schraubdeckel, Kronkorken sowie Wände und Böden von Getränkedosen. Da Weißblech aus Stahl besteht, lässt es sich in einer Sortieranlage von anderen Leichtverpackungen ganz einfach magnetisch abscheiden. [...]

Am Ende dienen diese gewalzten Bleche beispielsweise als Ausgangsmaterial für Karosserieteile oder neue Konservendosen: So schließt sich hier der Wertstoffkreislauf.

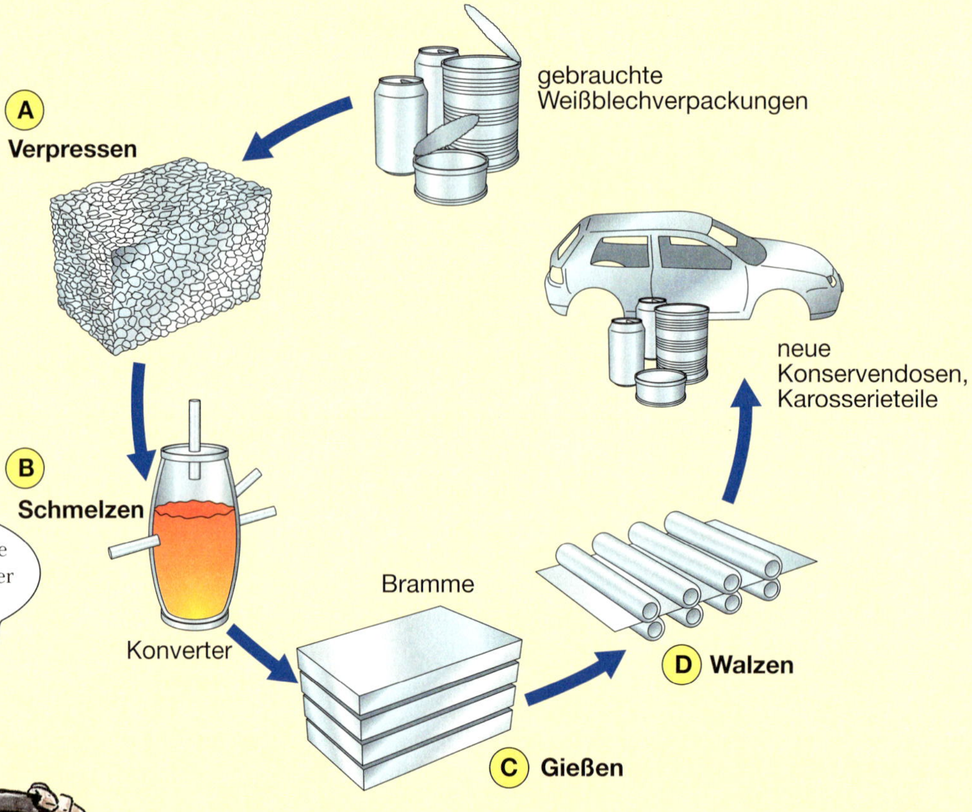

1 Erläutere: Was bedeutet „Wertstoffkreislauf“ (Z. 6) und was bedeutet „Recycling“ (Überschrift)?

2 Die Beschreibung des Recyclings von Weißblech ist nicht vollständig. Erläutere mündlich den Mittelteil auf Grundlage des Ablaufschemas.

3 Bei Beschreibungen sind Fachbegriffe oft unverzichtbar, wenn man sich exakt ausdrücken will. Wendest du dich aber an Nicht-Fachleute, musst du diese Fachbegriffe erläutern. Nutze die folgenden Informationen, wenn du sie brauchst, um deine Beschreibung des Recyclings von Weißblech allgemein verständlich zu machen.

Text 2 **Aus einem Lexikon**

Konvẹrter (Tiegel): ein kippbarer Schmelzofen mit feuerfester Auskleidung, bei dem Verunreinigungselemente durch Einblasen von Luft oder Sauerstoff durch chemische Prozesse ausgeschieden werden.
Bramme: quaderförmiges Gussstück
Quader: viereckiger Block (alle 6 Seiten sind Rechtecke)

4a Schreibe nun deine Beschreibung auf, stell dir als Adressaten deine Mitschüler vor.

b Überprüft eure Beschreibungen selbst oder in Schreibkonferenzen. Achtet besonders auf
- **Vollständigkeit, Genauigkeit** und **Verständlichkeit.** Ist die Beschreibung ohne die Ablaufskizze für Mitschüler zu verstehen?
- **Wortwiederholungen, ungenaue Ausdrücke:** Lassen sich eventuelle Wiederholungen durch andere Formulierungen ersetzen? Was müsste besser ausgedrückt werden?
- das **Tempus**: Wird durchgängig das Präsens verwendet?

5 Trainiert das Beschreiben noch einmal anhand der Ablaufskizze zum Recycling von Altpapier. Die Beschreibung sollte ohne die Skizze verständlich sein. Geht dabei so vor wie bei der Beschreibung des Recyclings von Weißblech.

Text 3 **Recyling von Papier/Pappe/Karton**

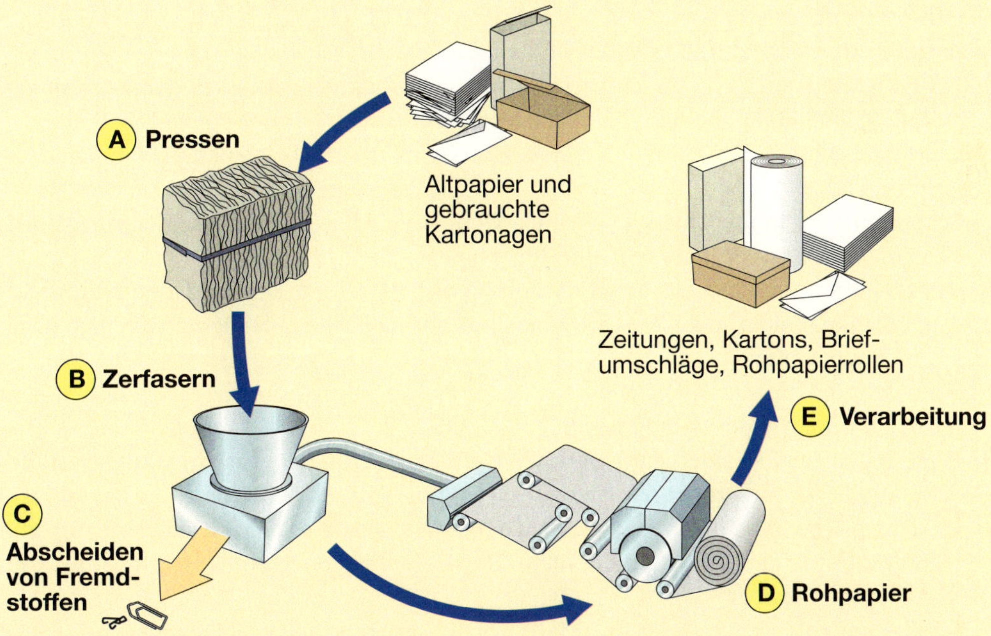

6 Informiert euch in Gruppen über das Recycling anderer Wertstoffe und beschreibt es auf einem Plakat, mit dem ihr die ganze Klasse informiert. Für diesen Zweck lohnt es sich, die Beschreibung durch eine Ablaufskizze zu ergänzen.

TRAINING: Berichten

1 Nach der großen Pause gibt es Ärger: Was ist eigentlich passiert? Und wer hat Schuld? Markiere beim ersten Lesen im Text oder in einer Textkopie alle Informationen, die dir für die Beantwortung dieser Fragen wichtig erscheinen.

Text 1 **„Aber nun ist er kaputt!"**

Als der Pausengong ertönt, machen sich auch die Schülerinnen und Schüler der 5b auf den Weg in den Klassenraum – einige sehr eilig, andere zögerlicher.

Marie und Clara spielen an der Tischtennisplatte noch so lange weiter, bis der Ball im Netz hängen bleibt. Dann greifen sie ihre Schultaschen und rasen los. Malte ist schon auf dem Weg, er träumt anscheinend vor sich hin. Mia ist in eine sehr ernsthafte Diskussion mit ihrer besten Freundin Maike aus der Parallelklasse vertieft. Sie reden über die Holsteiner Stute, die gestern auf der Wiese fehlgetreten ist. Bei der Jungengruppe, in der sich auch Chris befindet, geht es noch um Fußball. Sie sind alle erhitzt, aber sehr froh, dass sie in dieser Pause gegen die Mannschaft der 5a bestehen konnten – unentschieden! Sie sind zufrieden und haben es deshalb nicht so sehr eilig. Und im Gang stauen sich die Schüler sowieso wie immer nach großen Pausen.

Plötzlich stolpert Chris nach einem Schubser. Er dreht sich um, taumelt und fällt fast hin. Hätte da nicht Malte gestanden! Chris will sich an ihm festklammern, doch Malte ist völlig überrascht, weicht aus und torkelt selber. Dann liegen beide einen Augenblick übereinander auf dem Boden. Beinahe wären auch noch Marie und Clara über die beiden gestürzt. Chris schimpft laut vor sich hin, kommt aber schnell wieder hoch. Malte ist noch immer verdutzt und rappelt sich langsamer wieder auf.

Als Frau Mienkau, die Klassenlehrerin der 5b, den Raum betritt, ist es dort noch ungewöhnlich laut. Malte Steiner wendet sich sofort an sie: „Chris hat meinen Walkman kaputtgemacht! Der war noch ganz neu; zum Geburtstag hab' ich den bekommen. Muss er mir doch ...?"

Schon unterbricht ihn Chris: „Du spinnst wohl. Außerdem bist du ja selber schuld! Ich kann doch nicht wissen, was du alles im Schulranzen hast!"

„Ist ganz egal. Du darfst mich nicht schubsen und umreißen. Den musst du bezahlen!"

„Stell dich mal nicht so an. Das war eine ganz normale Rempelei. Ich wollte dich doch gar nicht umstoßen. Kann ich was dafür, dass es im Gang so eng ist?"

„Und getreten hast du mich auch noch. Meine Jacke ist ganz dreckig. Aber den Walkman musst du zahlen. Oder deine Eltern."

„Von wegen. Die bezahlen gar nichts. Ich weiß auch gar nicht, was ein Walkman in der Schule soll. Und außerdem bin ich beim Reinstürmen auch gerempelt worden und dann gestolpert. Ich wollte dich nicht umschubsen. Musst schon selber ein bisschen aufpassen."

„Aber nun ist er kaputt. Geht nicht mehr. Der Deckel hat auch einen Sprung. Muss Chris doch bezahlen, oder?"

Mit der letzten Frage wendet sich Malte wieder direkt an seine Klassenlehrerin ...

2 Die Klassenlehrerin bittet zunächst die Mitschülerinnen und Mitschüler zu berichten, was genau vorgefallen ist. Stellt die Situation in einem Rollenspiel dar: Eine Schülerin oder ein Schüler berichtet der Lehrerin mündlich, was vorgefallen ist. Achtet auf die W-Fragen.

3 Wie ist in diesem Fall zu entscheiden: Diskutiert, wie Frau Mienkau auf Maltes Frage am Schluss von Text 1 antworten soll.

Text 2 **Aus Claras mündlichem Bericht:**

Malte hat geschrien, dass Chris ihn geschubst und sogar noch getreten habe. Er müsse also den Walkman bezahlen. Chris hat sich gegen diese Vorwürfe gleich gewehrt. Malte solle sich nicht so anstellen; das sei eine ganz normale Rempelei auf dem engen Gang gewesen. Er habe Malte nicht umstoßen wollen.

4 Du weißt: Wörtliche Rede gehört nicht in einen Bericht.
Vergleiche dazu die Wirkung von Claras Wiedergabe mit dem entsprechenden Ausschnitt aus dem Streitgespräch.

5 Stell dir vor: Chris fürchtet, dass sich Maltes Eltern gleich bei seinen melden werden. Er ist aber für den Nachmittag zu Clara eingeladen. Deshalb ruft er zu Hause an; auf dem Anrufbeantworter hinterlässt er einen Kurzbericht von dem Vorfall.
Formuliere diesen Kurzbericht:
- Überlege, welche Informationen er im Vergleich zu einem Bericht an Frau Mienkau weglassen kann.
- Was muss er seinen Eltern zusätzlich sagen, was die Schüler Frau Mienkau nicht mitteilen mussten?

6 Formuliere anstelle eines Schülers einen schriftlichen Bericht für die Lehrerin.

a Gehe am besten in vier Schritten vor:
- Schreibe die W-Fragen untereinander in dein Heft und beantworte sie anhand der Informationen aus Text 1.
- Entscheide, welche Informationen für die Lehrerin besonders wichtig sind.
- Formuliere einen Einleitungssatz; hier kannst du bereits die Antwort auf folgende W-Fragen unterbringen: Wer war vor allem beteiligt? Was ist passiert (Hauptereignis)? Wann und wo ist es geschehen (Zeit und Ort)?
- Stelle dann den Ablauf in zeitlicher Reihenfolge dar, soweit er aus dem Text deutlich wird. Wie ist das Geschehen abgelaufen? Welche Folgen hatte es?

b Überarbeite deinen Bericht anhand der folgenden Checkliste. Ihr könnt auch in Schreibkonferenzen arbeiten oder eure Berichte austauschen und euch gegenseitig Verbesserungsvorschläge machen.

Checkliste für einen guten Bericht

- Sind die **W-Fragen** beantwortet? Grundinformationen (Wer? Was? Wann? Wo?) können schon im **Einleitungssatz** mitgeteilt werden.
- Ist im **Hauptteil** in der zeitlichen Reihenfolge des Geschehens sachlich und genau berichtet? Hier werden vor allem die W-Fragen „Wie?“ und „Welche Folgen?“ beantwortet.
- Ist der **Empfänger** (der Adressat) des Berichts berücksichtigt? Welche Einzelheiten dargestellt werden müssen, welche man vielleicht auch weglassen kann, hängt von den Interessen, aber auch vom Vorwissen des Adressaten ab.
- Ist die richtige **Zeitform** (Tempus) des Berichts, das Präteritum, gewählt? Da immer über vergangene Ereignisse berichtet wird, wird auch in den Zeitformen der Vergangenheit berichtet.
- Wurde wörtliche Rede umgeformt, also nicht direkt, sondern indirekt wiedergegeben (**indirekte Rede**)? Die indirekte Wiedergabe zeigt:
  - Die Redebeiträge sind zum Zeitpunkt des Berichts vergangen.
  - Der Berichterstatter ist nicht mehr mittendrin, sondern hat bereits Abstand zum Geschehen gewonnen und teilt die Meinung der Sprecher nicht unbedingt.

DER RECHTSCHREIBFUCHS

Regeln – Tipps – Training

Der Rechtschreib-Fuchs macht sich in seinem Tagebuch Notizen über die verschiedenen Abenteuer, die er erlebt hat. Mit welchen verschiedenen Schwierigkeiten der Rechtschreibung hat er dabei zu kämpfen?
Füchse sind schlau. Welche Hilfsmittel setzt der Rechtschreib-Fuchs ein, um fehlerfreie Texte zu schreiben?
Welche Rechtschreibhilfen kennt und benutzt ihr?

1. BIENEN, BAHREN, SÜSSE BEEREN LANGE VOKALE

Text 1 **Der schlaue Fuchs im Bienenkorb**

Es wird erzählt, Till Eulenspiegel habe sich schon in früher Kindheit über ehrbare Leute lustig gemacht. Er soll ihnen voller Übermut lange Nasen gedreht und Grimassen gezogen haben. Viele seien deshalb über den boshaften Buben in Wut geraten.
Eines Tages wurde er von seinem Paten mit Vater und Mutter zum Kirchweihfest eingeladen. Dort gab es gebratene Hähnchen, Gebäck und Kuchen mit süßen Beeren. Sogar von dem Bier naschte Till. Daraufhin war ihm nicht ganz wohl und wegen des allgemeinen Gejohles sehnte er sich nach einem geruhsamen Ort. Er wählte sich auf einer Wiese neben einem Gemüsebeet einen großen, leeren Bienenkorb. Dort legte er sich gähnend nieder und fiel in tiefen Schlaf. Währenddessen kamen auf leisen Sohlen zwei Diebe des Weges. Sie wollten wegen des Honigs einen Bienenkorb stehlen und entschieden sich für den schwersten, ohne zu ahnen, dass Till darin schlief. Das Schurkenpaar lud die Fuhre auf eine Tragbahre.
Allmählich erwachte Till durch das Schaukeln und Stoßen aus seinen Träumen. Im Nu erfasste er die Lage und strahlte vor Behagen und Vergnügen, den beiden Räubern einen Schelmenstreich spielen zu können. Ohne einen Ton von sich zu geben, hob der schlaue Fuchs den Deckel des Korbs an und zog den Dieb an dessen langer Mähne. „Auweh!", rief der Erboste zu seinem hinteren Kumpanen. „Ich trage die schwere Last und du ziehst mich an den Haaren?
Wage das nicht noch einmal, sonst werde ich dir mit meinen Fäusten eins auf die Nase geben!" [...]

Die Selbstlaute *a-e-i-o-u* heißen Vokale.

1a Beschreibe mit eigenen Worten die Situation, in der Till sich befindet.
b Erfinde eine passende Fortsetzung zu dieser Geschichte.

2a Lies den Text laut vor und achte dabei auf eine deutliche und korrekte Aussprache der einzelnen Wörter.
b Ist dir aufgefallen, dass viele der Wörter lange (gedehnte) Vokale (Selbstlaute: a-e-i-o-u) und Umlaute (ä-ö-ü) haben: z. B. *Bienen, ehrbar, Übermut …?* Teilt euch in Gruppen auf und schreibt jeweils alle Wörter mit langem Vokal oder Umlaut heraus.
c Untersuche die Wörter genauer: In welchen Wörtern deutet die Schreibweise darauf hin, dass die Vokale und Umlaute lang gesprochen werden?

Text 2 Lisa, Tobias und Max gehören zu einer Gruppe, die alle Wörter mit langem *a* herausgeschrieben hat.

MAX: *… habe, geraten, Nasen, … Vater, ahnen, Schurkenpaar, strahlte, Haare …?* Und auf welche Weise zeigt jetzt die Schreibweise das lange a dieser Wörter?
TOBIAS: Bei „Schurkenpaar" und „Haare" ist die Sache doch ziemlich klar …!
LISA: Und bei *ahnen* und *strahlte* eigentlich auch …
MAX: Wenn man genauer hinsieht, schon. Aber was ist mit *habe* und *geraten* und *Nasen* und *Vater*? Welches Dehnungsmerkmal gibt es in diesen Fällen?

3a Was ist Tobias und Lisa klar geworden?

b Welche – kurze – Antwort könnt ihr Max geben?

4a Übertrage die folgende Tabelle in dein Heft. Ergänze dabei die Kopfzeile mit den Dehnungsmerkmalen. Achtung: *ie* bildet einen Sonderfall bei Wörtern mit langem *i*!

b Jede Gruppe (vgl. S. 62, Aufgabe 2b) sortiert ihre Liste nach folgendem Muster in die Tabelle ein. Unterstreicht das jeweilige Dehnungsmerkmal.

Wörter mit langen Vokalen/Umlauten			
* Dehnungszeichen	mit *+h	mit *ie*	mit *verdoppelung
habe	ahnen	*	Haare
den	ehrbar	*	Beeren
Grimassen	*	viele	*
gezogen	wohl	*	*
Buben	*	*	*
Übermut	*	*	*
*	erzählt	*	*

5 Schreibe alle Wörter mit Doppellauten (Diphthonge: *ei – au – äu – eu*) heraus und trage sie in deine Tabelle ein. Was fällt dir auf?

6 Schreibe die Sachinformation in dein Heft und ergänze die Lücken.

Einen betonten **langen** Vokal oder Umlaut kennzeichnet man
- oft gar nicht (z. B. *);
- durch ein * (z. B. ahnen, *);
- selten durch eine * (z. B. Beere, *).

Langes *i* schreibt man meist * (z. B. *).
Diphthonge haben nie ein *.

7a Ergänze die folgenden Substantive/Nomen um die fehlenden Vokale und Umlaute und trage sie in deine Tabelle ein. Bei einigen Wörtern gibt es mehrere Möglichkeiten. Vorsicht: Vier Wörter haben keinen langen Vokal oder Umlaut! Notiere sie getrennt von den übrigen.

b Liste die Wörter in alphabetischer Reihenfolge auf.

Dehnung, N*rung, B*t, R*men, Zw*bel, N*del, S*le, Sch*rm, B*rne, S*l, St*l, Bef*l, Bl*me, S*b, Fl*ß, S*ne, Apfels*ne, M*r, Kr*n, M*nung, Z*n, Schn*, Erz*lung, W*re, H*fen, S*n, Kl*, Mediz*n, Gef*l, W*l, T*r, Einl*dung, K*le, Gl*s, W*ge, Gef*r, St*rm, Z*l, W*nung, Masch*ne, W*rheit.

c Die meisten der aufgelisteten Substantive/Nomen gehören zu Wortfamilien mit denselben Dehnungsmerkmalen. Ergänze deine Eintragungen um verwandte Substantive/Nomen, Verben und Adjektive.

Beispiel: Dehnung, Ausdehnung, sich dehnen, dehnbar, ausgedehnt.

Manchmal ändert sich allerdings der Vokal zum Umlaut:

Beispiel: Zahl: Auszählung, zählen, zählbar.

2. BLITZSCHNELL AUS DEM FELL: Kurze Vokale

Ist Till Eulenspiegel für seine Schelmenstreiche berühmt, so gilt dies ebenso für die unglaublichen Abenteuer des Barons Münchhausen.

Text 3 **Wie sich der Fuchs selbst das Fell abzog**

Was man in manchem Winter für Glück haben kann! Einmal traf ich bei einer Jagd in Russland in der Dämmerung auf einen stattlichen schwarzen Fuchs. Ich stieg aus dem Sattel meines Hengstes und pirschte mich an. Es wäre wirklich jammerschade gewesen, wenn ich seinen kostbaren dunklen Pelz mit einer Schrotladung durchlöchert hätte. Da der Fuchs dicht neben einer Tanne hockte, lud ich schnell statt einer Kugel einen Brettnagel in meine Flinte. Mein Treffer saß so glücklich, dass ich seine Schwanzspitze fest an den Stamm des Baumes nagelte. Durch den donnernden Hall des Schusses fuhr dem Fuchs so sehr der Schrecken in die Knochen, dass er wie ein Blitz davonjagte – allerdings ohne seinen Pelz, den er zurücklassen musste.

1a Warum wurde früher Jagd auf Pelztiere gemacht?

b Kennt ihr noch weitere Geschichten des Lügenbarons, z. B. wie er sich am eigenen Zopf aus einem Sumpf zieht oder eines Morgens sein Pferd an einer Kirchturmspitze entdeckt? Wer von euch kann eine dieser Geschichten nacherzählen?

2a Im Unterschied zu Text 1 weist dieser Text viele Wörter mit **kurzen** Vokalen und Umlauten auf. Schreibe sie heraus (z. B. *Fuchs, Fell, …*). Wenn du dir nicht sicher bist, sprich die Wörter laut und deutlich aus oder erprobe mehrere Möglichkeiten *(Fuuuuchs?? Feeeeell???)*.

b Lisa, Max und Tobias haben einige der kurzvokaligen Wörter aus Text 3 herausgeschrieben. Dabei sind drei Gruppen entstanden:

kann, Sattel, statt, lassen *Fuchs, Wald, schwarz* *in*

Welche Regelmäßigkeiten könnt ihr in den jeweiligen Gruppen bei den Konsonanten erkennen, die den betonten kurzen Vokalen folgen? Verwendet den folgenden Tipp dazu, um selbst eine Regel zu formulieren.

Mitlaute (z. B. *b-c-d-f-g-h-…*) nennt man **Konsonanten.**

Konsonantenhäufung: Mehrere verschiedene Konsonanten folgen aufeinander.
Konsonantenverdoppelung: Zwei gleiche Konsonanten folgen aufeinander.

c Welche der drei Gruppen in Aufgabe 2a kann man nicht mit Konsonantenhäufung oder Konsonantenverdoppelung erklären?

Auch wenn man es nicht auf den ersten Blick sieht: Für Wörter wie *Blitz* oder *Glück* gilt dasselbe wie für *kann* oder *statt,* denn *tz* und *ck* ersetzen eigentlich *zz* und *kk.* Sie stehen nur nach ***kurzen*** Vokalen oder Umlauten (z. B. in wi*tz*ig oder bli*ck*en), aber nie nach langen Vokalen (dann heißt es z. B. du*z*en oder blö*k*en) und nie nach Konsonanten (dann heißt es z. B. wür*z*ig oder blin*k*en).

3a Bilde mindestens zwanzig Wörter aus den folgenden **kurzen** Vokalen und den nachfolgenden Konsonantenverdoppelungen oder *tz* und *ck*.

kurze Vokale	Konsonantenverdoppelung / tz / ck	Wortende
a, ä		
e	*bb, ff, ll, mm, nn, pp, rr, ss, tt*	*e*
i	*tz*	*en*
o, ö	*ck*	*er*
u, ü		*ern*

Beispiele: *Bälle (B-ä-ll-e), Ebbe, rennen, ... Katze, Witz, ... Socke, blicken ...*

b Ordne die Wörter alphabetisch.

4 Tragt gemeinsam Reimwörter mit kurzen Vokalen zusammen und macht lustige Sätze, z. B.
- Forellen schnellen ohne Dellen in die Wellen.
- Der Kalle prallt mit Geknalle in die Falle.
- Die kecke Schnecke versteckt ihr Heck im Dreck.

3. FA✻ANENFÜ✻E IM NA✻EN GRA✻ s-Laute

Text 4 **Der Fasan und der Fuchs**

Ein Fasan saß sicher hinter einem großen Nussbaum. Da streifte ein Fuchs durchs nasse Gras und ersann eine List. „Gut siehst du aus!", sagte er zu dem Fasan. „Deine Füße sind wie Rosen und dein Gefieder glänzt in der Abendsonne wie Gold. Aber lass mich dir einen Hinweis geben: Wenn du schliefest, wärest du noch schöner." Der Fasan glaubte ihm und schloss die Augen. Gleich stieß der Fuchs vor und fasste ihn am Hals. Da sagte der Fasan einsichtig: „Ich weiß, wegen meiner eitlen Aufgeblasenheit habe ich mein grausames Los verdient. Und ich bewundere deine Gerissenheit. Bitte sag mir doch, wie du heißt! Dann kannst du kurzen Prozess machen und mich auffressen." Als nun der Fuchs dem Fasan seinen Namen sagen wollte, ...

1a Erfinde einen passenden Schluss.

b Welche Lehre kann man aus deiner Geschichte ziehen?

c Was hat der Text mit einem Märchen gemeinsam?

Text 5 **s-Laute**

MAX: Es gibt drei Schreibweisen von s-Lauten: *s, ss* und *ß*.

LISA: Die s-Laute am Wortanfang machen keine Schwierigkeiten. Da kann immer nur ein einfaches *s* stehen, denn es gibt keine Wörter, die mit *ss* oder mit *ß* anfangen.

TOBIAS: Und s-Laute nach einem Konsonanten werden auch immer nur mit *s* geschrieben, wie zum Beispiel in *Fuchs, Hals, durchs* oder *als* ...

MAX: Bleiben also nur noch die s-Laute in der Wortmitte und am Wortende, die nach einem Vokal stehen ...

2 Schreibe die Überschrift dieses Teilkapitels in dein Heft ab und setze die richtigen s-Laute in die Lücken ein.

s-Laute in der Wortmitte

3 Lisa, Max und Tobias schreiben zunächst alle Wörter aus Text 4 untereinander, in deren Wortmitte ein s-Laut nach einem Vokal steht.

s, ss und ß nach einem Vokal im Wortinnern		
s	*ss*	*ß*
Fasan	*Gerissenheit*	*stießen*

a Übertrage die begonnene Tabelle in dein Heft und ergänze sie.

b Sprich die Wörter laut und deutlich: Welche Regelmäßigkeiten kannst du feststellen?
Nachdem die drei Rechtschreibfüchse das Rätsel geknackt haben, beschließen sie, ihren Klassenkameraden nicht alles fix und fertig vorzusetzen. Schließlich sollen die anderen auch selbst denken und verstehen.

c Die wichtige Unterscheidung zwischen stimmhaftem und stimmlosem s-Laut gibt es auch im Englischen. Nenne Beispiele oder frage deine Lehrerin oder deinen Lehrer.

S in der Wortmitte

Bei Wörtern wie *Fasan* oder *Rosen* spricht man den s-Laut weich und ✻,
bei Wörtern wie *gerissen* oder *Füße* spricht man den s-Laut scharf und ✻.

✻ s-Laute wie in *Fasan* oder *Rosen* schreibt man immer *s*!

✻ s-Laute schreibt man *ss*, wenn sie nach ✻ Vokal oder Umlaut stehen (z. B. *gerissen*); *ß*, wenn sie nach ✻ Vokal, Diphthong (Doppellaut) oder Umlaut stehen (z. B. *Füße*).

kurzem – langem – stimmhaft – stimmhafte – stimmlos – stimmlose

4 Schreibe die Regeln in dein Heft, ergänze die passenden Wörter aus dem Wortspeicher.

5 Wende die Regeln an und trage die Wörter in die Tabelle aus Aufgabe 3 ein.

verdro✻en, Rie✻e, au✻en, mü✻en, Per✻on, Fa✻ung, Stra✻e, gela✻en, Me✻er, Ma✻ern, Ka✻e, Grö✻e, Kä✻e, Blä✻e, schlie✻en, le✻en, la✻en, Be✻en, eingie✻en, e✻en, Brau✻e.

s-Laute am Wortende

Text 6 MAX: Und was ist mit den s-Lauten am Wortende?

LISA: Nach kurzem Vokal gilt dieselbe Regel, die wir schon gefunden haben. Das sieht man ja an *schoss* und *Prozess.*

TOBIAS: Ja, aber was ist bei *saß* und *Gras*, bei *weiß* und *Hinweis*? Bei allen Wörtern steht ein stimmloser s-Laut nach langem Vokal. Wie soll man da ohne nähere Hinweise wissen, ob man *s* oder *ß* schreibt?

6 **Selbst Regeln formulieren**

a Welche Regel meint Lisa bei *schoss* und *Prozess*?

b Seht euch Tobias Aussage noch einmal genau an – und zwar Wort für Wort!
Wisst ihr die Lösung? Könnt ihr ihm *Hinweise* geben, warum *weiß* mit *ß* und *Hinweis* mit *s* geschrieben wird? Wenn nicht, bildet unterschiedliche Formen der Wörter. Was fällt euch auf? Formuliert die Regeln – wie in Aufgabe 3 – in ganzen Sätzen.

7 *s, ss* oder *ß*? Suche die richtigen Lösungen, indem du die Substantive/Nomen, Adjektive und Verben auf die jeweils angegebene Weise verlängerst.

a Schreibe die folgenden Substantive/Nomen zusammen mit ihren Pluralformen in dein Heft.

Schlu✻, Strau✻, Proze✻, Bewei✻, Schlo✻, Gru✻, Lo✻, Gebi✻, Krei✻, Nu✻, Gra✻, Wach✻, Hau✻, Trauerklo✻, Ro✻, Grei✻, Spa✻, Fu✻, Ma✻, Sto✻, Pa✻, Glei✻, Gu✻.

b Übertrage die folgenden Sätze in dein Heft und ergänze die fehlenden s-Laute.
Verwende das jeweilige Adjektiv zunächst vor einem Substantiv/Nomen.
Beispiel: die weiße Wand → Die Wand ist wei**ß**.

Die Not war gro✻.
Du siehst bla✻ aus.
Das Beispiel ist kra✻.
Der Trick ist fie✻.
Die Läuferin kam atemlo✻ ins Ziel.
Der Hund war na✻.

c Vervollständige die Sätze in deinem Heft.
Notiere zunächst jeweils den Infinitiv (Grundform) der Verben.
Beispiel: zerreißen: Ich zeri**ss** den Zettel.

Gestern la✻ ich ein Buch.
Grü✻ deine Eltern von mir.
Er verlie✻ das Haus um neun.
Die Katze fra✻ die Maus.
Ich verga✻ die Verabredung.
Lie✻ mir bitte etwas vor.

d Ändere anschließend die Personal- oder Tempusform der Verben.
Beispiel: Ich wu**ss**te, was du dachtest. Wi**ss**t ihr, was ich denke?

8 Einige Kurzwörter wie *Bus*, *es*, Adverbien (*morgens*) und Substantive/Nomen mit der Nachsilbe *-nis* (*Ereignis*) schreibt man am Wortende mit *s*. Suche jeweils weitere Beispiele.

Dass man das wissen muss! – *das* oder *dass*

Text 7 Das Abkommen zwischen Fuchs und Huhn

„Mein lieber Fuchs“, begann das Huhn, „ich wollte dir den Vorschlag machen, dass wir Frieden schließen. Ständige Feindschaft und Furcht erlauben nicht das Leben, das wir uns wünschen. Und wer kann das schon auf Dauer durchhalten? Darum lass uns das Abkommen schließen, dass wir fortan Freunde sind!“
„Das Angebot, das du mir machst, hört sich nett an“, erwiderte das Füchslein und verzog das Maul zu einem Grinsen, „auch wenn ich nicht recht sehe, dass mir das Ganze etwas bringt. Doch das Abkommen soll auf ewig gelten – zumindest so lange, bis ich das nächste Mal Hunger bekomme.“

9a Warum macht das Huhn dem Fuchs ein Friedensangebot?

b Wie beurteilst du die Zustimmung des Fuchses?

10 Überprüfe an Text 7 mit der Ersatzprobe jedes einzelne *das/dass*.
- Ist es der Begleiter eines Substantivs/Nomens (z. B. *das* Buch)?
- Bezieht es sich auf ein vorausgegangenes Substantiv/Nomen und kannst du für *das* auch *welches* einsetzen (**Ersatzprobe**)? (z. B.: Ich lese in dem Buch, *das/welches* du mir gegeben hast.)
- Weist es auf einen bestimmten Sachverhalt hin und kannst du für *das* auch *dieses* einsetzen? (z. B.: Wer hat sich *das/dieses* nur ausgedacht?)

Wenn du dir nicht sicher bist, ob du *das* oder *dass* schreiben musst, mache die Ersatzprobe!
Kannst du *dieses* oder *welches* einsetzen, schreibe *das*!

12 Mache die Ersatzprobe und schreibe die folgenden Sätze fehlerfrei in dein Heft.

Ein spannendes Buch zu lesen, macht Spaß. ✻ weiß jeder.
ist eines, ✻ von tollen Abenteuern handelt.
ist ✻, was ich mir jetzt am sehnlichsten wünsche.

Peter sieht ✻ rote Fahrrad, ✻ Helene gehört.
,✻ die Ampel gerade auf Rot umspringt.
✻ alles nicht ein.

Sofie erkennt ✻ gestohlene Halstuch wieder.
,✻ sie mit ihrem Verdacht Unrecht hatte.
,✻ ✻ ein großer Fehler war.

4. EIN BLAUES WUNDER IM GRÜNEN
Großschreibung

1 Der folgende Text ist nur in Großbuchstaben abgedruckt. Lies ihn dir halblaut vor und schreibe ihn in korrekter Groß- und Kleinschreibung in dein Heft. Beachte darüber hinaus:
- Bei Großschreibung wird *ß* meist als *ss* geschrieben. Bei korrekter Groß- und Kleinschreibung muss der Text jedoch zwei Wörter mit *ß* enthalten.
- Bei allen z-Lauten steht im Text nur ein ✻. Setze beim Schreiben in dein Heft *z* bzw. *tz* ein.

Text 8 **RABE UND FUCHS**

EIN RABE HATTE EINEN KÄSE GESTOHLEN. ER FLOG DAMIT INS GRÜNE UND SE✻TE SICH AUF EINEN HOHEN BAUM, UM DORT SEIN LECKERES MAHL ZU VERSPEISEN. SEIN ✻UFRIEDENES KRÄCH✻EN UND SEIN LAUTES SCHMA✻EN WAREN VON WEITEM ZU HÖREN UND LOCKTEN EINEN FUCHS AN, DER AUF SEINER WANDERSCHAFT ✻UFÄLLIG VORBEIKAM. „DU WIRST GLEICH DEIN BLAUES WUNDER ERLEBEN", DACHTE ER. VOLLER HINTERHÄLTIGKEIT BEGANN ER DEM RABEN, DER UNERREICHBAR ÜBER IHM SASS, ZU SCHMEICHELN: „ACH, LIEBSTER RABE, WAS BIST DU DOCH FÜR EIN WUNDERBARER VOGEL! DEIN SCHÖNES SINGEN HAT MICH VER✻AUBERT UND ÜBERTRIFFT NOCH DAS GLÄN✻EN DEINES GEFIEDERS!" DIESE ANERKENNUNG GEFIEL DEM RABEN IN SEINER DUMMHEIT SO SEHR, DASS ER SICH NICHT LANGE BITTEN LIESS UND SEINEN SCHNABEL WEIT AUFSPERRTE, UM DEN LISTIGEN FUCHS MIT SEINER HEISEREN UND KRA✻IGEN STIMME ZU ERFREUEN. DABEI FIEL IHM DER KÄSE AUS DEM LANGEN SCHNABEL. RASCH SCHNAPPTE SICH DER FUCHS DIE BEUTE. SOGLEICH BEREUTE DER RABE SEIN EITLES TUN UND VERFIEL IN BEKÜMMERNIS. DER FUCHS ABER WÜNSCHTE IHM VOLLER BOSHEIT ALLES GUTE UND VERSCHWAND HINTER EINER BÖSCHUNG.

2a Denk dir eine andere passende Überschrift für den Text aus.

b Erfinde eine Fortsetzung, in der nicht nur der Rabe, sondern auch der Fuchs „der Dumme" ist. Vergleicht eure Fortsetzungen in der Klasse.

3 Tragt beim Vergleich eurer Abschriften in der Klasse zusammen:
- Nach welchen Regeln habt ihr manche Wörter klein-, andere großgeschrieben?
- Bei welchen Wörtern hattet ihr Schwierigkeiten, bei welchen habt ihr Fehler gemacht?

4a Unterstreiche in deiner Abschrift alle Substantive/Nomen, Verben und Adjektive mit verschiedenen Farben.
An welchen typischen Begleitern und Suffixen (Nachsilben) kann man Substantive/Nomen erkennen? Nenne Beispiele.

b Sicher weißt du schon, wie Verben und Adjektive gewöhnlich geschrieben werden (groß oder klein)? Beschreibe anhand von Beispielen: Woran kann man sie jeweils erkennen?

c In Text 8 sind Ausnahmen bei der Groß- und Kleinschreibung von Verben und Adjektiven zu finden. Markiere sie gesondert und versuche Gründe für diese Ausnahmen zu finden. Vergleiche z. B.: er *s*chmatzt – sein lautes ***S***chmatzen, die *g*rüne Wiese – ins ***G***rüne

5 Vervollständige in deinem Heft die folgende Sachinformation:

Kleingeschrieben werden immer alle ✻ (z. B. *schmatzen*) und ✻ (z. B. *grün*). ✻ stehen häufig vor ✻ und beschreiben deren Eigenschaften (z. B. ein *lautes Geräusch*).

Großgeschrieben werden nur ✻ (z. B. *Ein* Rabe hatte .... *Er* flog damit ....) und ✻ (z. B. *Rabe, Käse, Baum*). ✻ kann man oft an ihren ✻ erkennen (z. B. *ein Rabe, der Käse, ein Baum*).
Nicht nur ✻ (z. B. *grün, gut*), sondern auch ✻ (z. B. *schmatzen, krächzen*) können sich in ✻ mit ✻ verwandeln und werden dann großgeschrieben (z. B. *ins* ***G****rüne, alles* ***G****ute/lautes* ***S****chmatzen, sein zufriedenes* ***K****rächzen).*

Adjektive (3x), Begleitern (2x), Substantive/Nomen (3x), Substantiven/Nomen (1x), Satzanfänge (1x), Verben (2x)

6 Groß oder klein? Schreibe die Sätze in korrekter Form in dein Heft.

Sie ist weder arm noch REICH.
Einen REICHEN stört das nicht.
Wir sind REICH an Erfahrung.
Es gibt wenig GUTES zu berichten.
Das GUTE daran lässt mich hoffen.
Alles hat sein GUTES.
Das hast du GUT gemacht.
So viel GUTES hätte ich nicht erwartet.

7 Werden die nachfolgenden Formen von *warten* groß- oder kleingeschrieben?

Wir ✻ besser hier!
Sein ✻ belastet alle.
✻ doch einfach!
Sie ✻ noch eine Weile.
Das ✻ macht mich verrückt.
Im ✻ bin ich groß.

8 Groß oder klein? Setze die in Klammern stehenden Verben jeweils in korrekter Groß- oder Kleinschreibung in deinem Heft ein.

a [3x *schreiben*]: Max ✻ gerne spannende Geschichten. Das ✻ macht ihm einfach Spaß, denn beim ✻ schlüpft er in die Rolle seines Helden.

b [3x *reisen*]: Am liebsten würde Anna immer mit dem Flugzeug ✻. Aber sie ✻ nie ohne ihren Hund. Denn ohne ihn wäre das Ganze einfach kein richtiges ✻.

5. MÖGEN BRAUNBÄREN EIGENTLICH BLAUBEEREN? Gleich und ähnlich klingende Laute

Vokale und Diphthonge

1a In den folgenden Sätzen fehlen bei einzelnen Wörtern *e, ee* oder *ä*. Lies dir die Wörter laut und deutlich vor und setze dann in deinem Heft den oder die richtigen Buchstaben ein:
- Vogelb✻ren sind gef✻hrlich; Braunb✻ren manchmal auch.
- Mir ist kalt. Ich glaube, ich bekomme eine Erk✻ltung. Ich fühlte mich morgens schon ziemlich schl✻cht und schwach. Aber jetzt fühle ich mich noch schw✻cher und schl✻chter.

b Hast du die richtige Schreibung auf Anhieb gewusst oder musstest du erst überlegen? Wie hast du die richtige Lösung gefunden?

Oft hilft schon deutliches Sprechen weiter (*Beeren* und *Bären*). Und fast immer hilft die Ableitung vom Stammwort weiter, da Wörter mit *ä* meist von Wörtern mit *a* abgeleitet sind (*Erkältung* < *kalt, geschwächt* < *schwach*).
Besonderer Hinweis: ä wird niemals verdoppelt (*Saal* > *Säle*)!

2a Damit die Wortanfänge mit den jeweils gegenüber wartenden Wortenden verknüpft werden können, müssen sie zunächst durch die *e/ä-Schleuse*. Schreibe die vollständigen Wörter in dein Heft und notiere dir Ableitungen, wo immer es geht (Beispiel: *Bäcker* < *backen*).

b Ordne die Wörter alphabetisch, damit ihr sie in der Klasse besser vergleichen könnt.

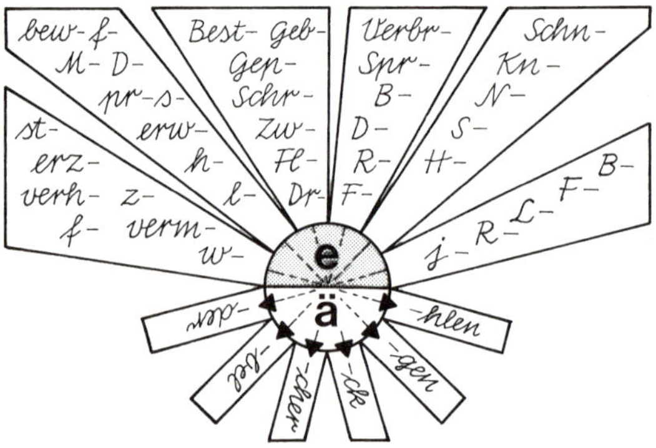

3a Ähnlich geht es bei der Unterscheidung von Wörtern mit *eu* und *äu*. Wörter mit *äu* sind von Wörtern mit *au* abgeleitet (*die Räume* < *der Raum*)!
Wenn du die beiden Scheiben des Wörterkarussells verdrehst, ergibt sich eine ganze Menge von Wörtern mit *eu* und *äu*.
Vorsicht: Bilde, wo immer möglich, das Stammwort in der Grundform, denn danach richtet sich die Schreibung (**Prinzip der Stammschreibung**; Beispiel: *Gäule* < *Gaul*).

b Sortiere die Wörter nach Substantiven/Nomen, Verben und Adjektiven.

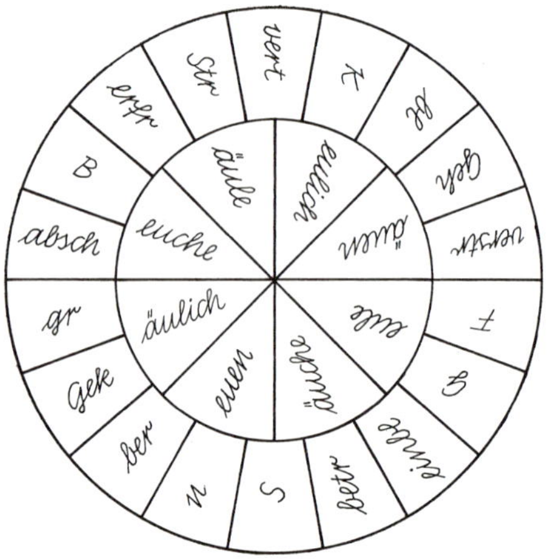

4 Auch *ei* und *ai* klingen gleich; du kannst diese Wörter nicht ableiten, aber es gibt nur ganz wenige Wörter mit *ai*: *Mais, Saite* (bei Musikinstrumenten), *Waise* (elternloses Kind), *Laib* (Brot), *Laie*, *Laich*, *Kaiser, Mai, Kai, Hai, Rain* (Feldrain), *Taifun, Hain*.

a Wenn du die Bedeutung einzelner Wörter nicht kennst, schlage in einem Wörterbuch nach und berichte der Klasse von deinem Ergebnis.

b Schreibe einen Text, in dem du viele Wörter mit *ai* benutzt. Im Partnerdiktat könnt ihr nun eure Kenntnisse testen.

Konsonanten

5a Welche jeweils ähnlich klingenden Konsonanten fehlen in den Wörtern? Ergänze im Heft.
Das Vögelchen ganz munter pie✻t, wenn man ihm nur sein Futter gi✻t.
Der Elefan✻ dort an der Wan✻ kam angerann✻ aus fernem Lan✻.
Als ich den Frosch grimmi✻ fra✻te, warum er so aufdringli✻ qua✻te, erschra✻ er.

b Vergleicht eure Ergebnisse. Besprecht, in welchen Fällen ihr unsicher wart und wie ihr zu den richtigen Lösungen gelangt seid.

6 Max, Lisa und Tobias haben folgende Übersicht begonnen:

Problemfall	Lösung	Tipp
pie(b/p?)	*piepen*	*Bei Verben entweder ...*
erschra(g/k?)	*wir erschraken*	*oder ...*
Elefan(d/t?)	*zwei Elefanten*	*Bei Substantiven/Nomen ...*
grimmi(ch/g?)	*ein grimmiger Blick*	*Auch bei Adjektiven und Adverbien ...*

a Übertrage die Übersicht in dein Heft. Ergänze die noch fehlenden Problemfälle zusammen mit den entsprechenden Lösungen.

b Vervollständige die Sätze in der letzten Spalte im Heft, damit daraus echte Tipps werden.

7 Wende die Tipps an und notiere dir die folgenden Wörter in korrekter Schreibung. Liste sie dann in alphabetischer Reihenfolge jeweils in Spalten untereinander auf und ergänze jedes Wort mit dem „Lösungs-Wort" (das Grab > die Gräber; er hupt < hupen):

b oder ***p*?**
das Gra✻, gel✻, der Sta✻, eingefär✻t, plum✻, sie lo✻t ihn, er hu✻t laut, der Tra✻, das Kal✻, sie glau✻t, die Grille zir✻t, ihr ü✻t

d oder ***t*?**
das Kin✻, der Bestan✻, eingeklemm✻, das Rin✻, angespann✻, der Lieferan✻, die Wan✻, das Ban✻, der Musikan✻, der Wal✻, das Medikamen✻, der Ra✻, gesun✻, abgebrann✻, das Hem✻, die Han✻, al✻, das Elemen✻, der Fein✻, angelein✻, der Ei✻, der Ran✻, wei✻, der Cen✻, das Lan✻, zar✻, der Win✻, frem✻, der Sala✻, bun✻, das Boo✻, das Gel✻, er spinn✻

g*, *k oder ***ch*?**
das Gelen✻, die Ban✻, der Empfan✻, es bra✻, der Bela✻, en✻, der Zwan✻, der Stri✻, eigenwilli✻, das Geschen✻, billi✻, eigentli✻, der Zwei✻, der Betra✻, der Tei✻, sie verlan✻t, der Schran✻, gifti✻, dana✻, lan✻, körperli✻, der Bürgerstei✻, der Gesan✻, sie kla✻t, es flie✻t, der Berei✻

8 Hinter den Buchstabenfolgen verbergen sich Wörter mit *b* oder *p*, deren Schreibweise man mit keiner Regel erklären kann. Wenn du die Buchstabenfolgen entschlüsselt hast, trage sie in korrekter Groß- und Kleinschreibung in zwei Spalten ein.

SIPG	*STOB*	*BERSE*	*PREZET*	*BREHST*
BO	*HCSBÜH*	*SPLOK*	*SPLISCH*	*NEMPKERL*
SPRINK	*PRUSI*	*NOLKBAUCH*	*BRESK*	*MEPTBRESE*

6. WORT-TREN-NUNG Worttrennung

1 *SCHAFBRILLENKOFFER?*
WINTERBALLWOLLE?
FUSSMUSIKMANTEL?
SONNENSCHURBÜGEL?
INSTRUMENTENSPIELE-FUTTER?

Reicht am Ende der Zeile der Platz nicht mehr für das ganze Wort, werden Wörter beim Trennen in ihre Bestandteile zerlegt. Hier aber ist beim Zusammensetzen der Wörter etwas schiefgelaufen. Trenne die Wörter wieder in ihre Bestandteile und füge dann die richtigen Teile zusammen.

2 Löse das folgende Silbenrätsel (in Klammern: Anzahl der Silben).
- Übertrage die Silben aus dem Silbenspeicher in dein Heft und streiche sie durch, wenn du das gesuchte Wort zusammengesetzt hast.
- Setze Trennstriche zwischen die Silben der Lösungswörter. Natürlich darf jede Silbe nur einmal benutzt werden.

a Die bekommst du in der Schule auf. (4)
In ihr bewahrt man ein Mittel zur Körperreinigung auf. (4)
Er schützt vor neugierigen Blicken. (2)

b Man braucht sie zum Schneiden. (2)
Man braucht sie zum Laufen. (2)
In ihr stehen Blumen. (2)

c Isst du ihn täglich, keine Krankheit quält dich. (2)
Man trinkt es, benutzt es zum Waschen. (2)
Leckere Orangen sind ✻. (2)

Ap, auf, Bei, ben, do, fel, fen, ga, hang, Haus, ne, saf, Sche, se, se, Sei, ser, re, tig, Va, Vor, Was.

3 Ergänze nun die Regeln passend zu den von dir zu a, b und c gefundenen Lösungswörtern.
a Generell werden Wörter nach ✻silben getrennt. Wichtig: ✻ sprechen!
b Ein Konsonant zwischen zwei ✻ kommt auf die ✻ Zeile.
c Stehen zwischen Vokalen ✻ Konsonanten, so kommt der ✻ von ihnen auf die ✻ Zeile.

4 **Untrennbar** sind *ch, ck* und *sch;* diese Laute können immer nur als ganze Silben abgetrennt werden wie z. B. *-che, -cker* oder *-schen.*
Leider hat der Computer im folgenden Fall alle getrennten Silben in zwei Datenspeicher abgeladen. Versuche, die Silben wieder zu Substantiven/Nomen zusammenzusetzen.

Pa-, Ra-, Lo-, Bro-, Ho-, So-, Ku-, Fla-, Brü-, Dru-, Ha-, Ko-, Be-, Flo-, Su-, Peit-, Du-, Glu-, Tu-, Rö-, Tau-, Wo-, Rut-, Ja-, Sa-, Glo-, Bä-, Dra-, Ta-

-che, -cher, -chen, -cke, -cker, -cken, -sche

Das hast du in diesem Kapitel gelernt:

- Schreibweisen bei lang und kurz gesprochenen Vokalen
- Schreibung der s-Laute, auch bei *das* und *dass*
- Großschreibung von Wörtern
- Schreibweise bei Lauten, die gleich oder ähnlich klingen
- Trennung von Wörtern

Ideen und Projekte

Notiere dir zu einzelnen Vokalen verschiedene langvokalige Reimwörter und mache ein lustiges **Gedicht** daraus.

Beispiel: Vokal *a* – normal, Qual, Wal, Kanal, ...
Was macht der Wal da im Lokal? Ist das normal?
Er trägt einen Schal, sonst ist er kahl.
Doch der Saal ist zu schmal, er wird schon ganz fahl.
Er leidet Qualen, drum ruft er: „Zahlen!"
Dann schwimmt er langsam im Kanal zum nächsten Hospital.

„Stadt, Land, Fluss" einmal anders ...
- Bildet Gruppen von etwa 5 Personen. Alle bereiten ein Blatt Papier vor, auf dem sich nebeneinander sechs Spalten befinden – für jeden Vokal und für die Punktrechnung eine.
- In die Spalten werden jeweils Wörter mit langem Vokal eingetragen. Den Anfangsbuchstaben legt ihr jeweils wie bei „Stadt, Land, Fluss" fest.
- Dann geht's los! Wer hat am Schluss die meisten Punkte?

a	e	i	o	u	Punkte
braten (5)	*Beet* (5)	*Biene* (5)	*Boot* (5)	*Bluse* (5)	25
fahren	*Fee*	*fliehen*	*	*	

Das s-Laut-Spiel
- Bildet Vierer-Gruppen und bastelt einen **Vokal-Würfel**.
- Beginnt eine neue Seite in euren Heften und schreibt untereinander in jeweils einer neuen Zeile links außen die folgenden Buchstabenfolgen: *B, Bl, Br, D, F, Fl, Fr, G, Gr, H, K, Kl, M, N, P, R, S, St, T, V* und *W*. So beginnen die Substantive/Nomen, die ihr bilden sollt.
- Ein Mitspieler würfelt mit dem Vokal-Würfel – z. B. *o/ö*. Jetzt muss jeder für sich möglichst viele Wörter mit *o* oder *ö* und einem s-Laut finden.
  Beispiel: *B + o + ss = Boss, Bosse; Fl + o + ß = Floß, Fl + ö + ß = Flöße.*
- Wer zuerst alle Wortanfänge ergänzt hat, ruft „Stopp!" Dann wird bei jedem überprüft, ob alle Wörter richtig geschrieben wurden. Für jedes richtige Wort gibt es einen Punkt. Sieger ist derjenige, der die meisten Punkte erzielt.

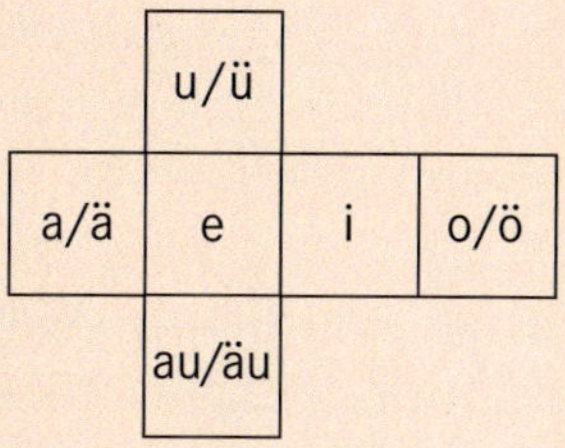

ÜBEN NACH FEHLERSCHWERPUNKTEN

Wie finde ich meine Fehlerschwerpunkte heraus?

1 Eure Lehrerin oder euer Lehrer diktiert euch den folgenden Text. Knickt zuvor das Blatt senkrecht und beschreibt nur den linken Teil des Blattes.

Text 1 **Die Prinzessin auf der Erbse**

Es war einmal ein Prinz, der wollte eine wirkliche Prinzessin heiraten. Der Verzweifelte konnte einfach nicht die Richtige finden, obwohl er sehr reich war und obwohl er zwischen vielen Bräuten auswählen konnte. Die eine schien ihm nicht vornehm genug, die andere gefiel ihm nicht wegen ihrer Blässe. Eines Abends aber, als es blitzte und donnerte, klopfte jemand an das Schlosstor. Der König öffnete selbst und draußen stand ein unglückliches Mädchen, das völlig durchnässt war. Es sah so jämmerlich aus, dass man Mitleid mit ihm haben musste. Das Wasser stürzte ihm aus dem Haar, das ihm in Strähnen auf die Schultern hing.

„Ich bin eine Prinzessin“, meinte die Zitternde leise.

„Das lässt sich herausfinden!“, sagte der König und fasste einen Plan. ...

2 Welchen Plan fasste der König? Erzählt das Märchen nach oder erfindet selbst einen Schluss.

3 Tauscht die Hefte und korrigiert das Diktat eurer Nachbarin oder eures Nachbarn. Streicht dabei nicht nur die falsch geschriebenen Wörter an, sondern notiert auch die korrekte Schreibweise, z. B.

Es war einmal ein Printz	*Prinz*
... der verzweifelte konte ...	*Der Verzweifelte konnte*

4 Fertigt nach dem Vorbild auf der folgenden Seite ein Korrekturblatt an. (Vielleicht erstellt ihr auch gleich mit dem PC eine Kopiervorlage für die ganze Klasse?)

a Wie ihr seht, sind die einzelnen Fehlerschwerpunkte durchnummeriert. Verseht nun eure eigenen im Übungsdiktat angestrichenen Fehler mit der entsprechenden Kennzahl:
- bei *Printz* (statt *Prinz*) tragt ihr eine 3 ein.
- Da bei *konte* (statt *konnte*) die Regel für Konsonantenverdoppelung nach kurzem Vokal nicht beachtet wurde, wird der Fehler mit einer 2 versehen.
- Bei *der verzweifelte* (statt *Der Verzweifelte*) handelt es sich um einen Verstoß gegen die Großschreibungsregeln, also bekommt der Fehler eine 6.

Es war einmal ein Printz ...	*Prinz 3*
... der verzweifelte konte ...	*Der Verzweifelte konnte 6, 2*

Wenn ihr Schwierigkeiten habt, die Fehlerart zu bestimmen, fragt eure Lehrerin oder euren Lehrer.

b Fülle anschließend das Korrekturblatt folgendermaßen aus:
- Trage bei den verschiedenen Fehlerschwerpunkten die Anzahl der von dir gemachten Fehler ein.
- Kreuze die drei Bereiche mit den meisten Fehlern in der rechten Spalte an. Vermerke unten die Anzahl der sonstigen Fehler.

	Name	Klasse					Datum
	Korrekturblatt zu:						
	Fehlerschwerpunkt	Fehleranzahl in deinen Arbeiten					Arbeite folgende Abschnitte und Übungen im Rechtschreibkapitel noch einmal durch:
		Nr. 1	Nr. 2	Nr. 3	Nr. 4	Nr. 5	
1	**Langvokale** (z. B. *Haar, wählen*) falsch geschrieben						Kapitel 1
2	**Konsonantenhäufung** (z. B. *Schulter*) bzw. -verdoppelung (z. B. *konnte*) nach **kurzem Vokal** nicht beachtet						Kapitel 2
3	Fehler bei **z/tz** (z. B. *Prinz, blitzte*) und **k/ck** (z. B. *krank, unglücklich*)						Kapitel 2
4	falsche Schreibung der **s-Laute** (z. B. *Blässe, draußen*)						Kapitel 3
5	***das*** und ***dass*** verwechselt						Kapitel 3
6	Fehler bei **Groß-** (z. B. die ***R****ichtige*) und **Kleinschreibung** (z. B. die *andere*)						Kapitel 4
7	Fehler bei ***ähnlich klingenden Lauten*** (ä/e – äu/eu: z. B. *jämmerlich, Bräute*)						Kapitel 5
8	Fehler bei ***Silbentrennung*** (z. B. *Prin-zes-sin*)						Kapitel 6
9	Sonstige Fehler						

Abc-Ringbuch: Rechtschreibschwächen beseitigen

5 Auf deinem Korrekturblatt kannst du feststellen, wo deine Fehlerschwerpunkte liegen. Es gibt mehrere Möglichkeiten, zielgerichtet zu üben und deine Rechtschreibung zu verbessern.

- Du kannst das entsprechende Kapitel im Buch noch einmal durcharbeiten.
- Du kannst den Einführungstext des betreffenden Kapitels abschreiben oder dir diktieren lassen und anschließend verbessern.
- Am besten gehst du so vor:
  - Du legst dir ein Ringbuch im Format DIN A5 an.
  - Jedes falsch geschriebene Wort schreibst du oben links auf ein eigenes Blatt; nach den Anfangsbuchstaben kannst du die Seiten des Ringbuchs sortieren.
  - Ganz wichtig: Ergänze die Wörter, die dir Schwierigkeiten bereiten, um weitere Wortverwandte bzw. ähnlich gebildete Wörter, z. B.:

Prinz:	die Prinzen, die Prinzessin, das Prinzenpaar …
konnte:	können, gekonnt, ein Könner, kann …
der Verzweifelte:	die Verzweifelte, die Richtige, die Glückliche …

  - Lass dir die Wörter diktieren oder wirf nur einen kurzen Blick auf das entsprechende Blatt und schreibe die Wörter aus dem Gedächtnis auf – und zwar am besten zunächst täglich, dann wöchentlich und schließlich monatlich, bis du sie fehlerfrei beherrschst.

NACHSCHLAG-RALLYE: Wörterbuch

In Lisas Fantasieerzählung über die Landung Außerirdischer verglüht ein „Satellit“ (oder ein *Sahtelit? Sattellied?*). Und Tobias rätselt noch über dem Brief an seine Oma, ob es „ich biegte“ oder „ich bog“ heißt.

Text 1 TOBIAS: Hier hilft nur ein Wörterbuch. Doch wie findet man das, was man sucht?
LISA: Ist doch eigentlich ganz einfach. Jedes Wörterbuch ist alphabetisch aufgebaut ...

Aufwärmrunde: Das Abc in der Startaufstellung

Text 2 *abcde* und *f*, stellt euch auf im Buchstabentreff!
ghijk und *l*, diese Folge lernt man schnell.
mnopq und *r*, bislang stellt sich keiner quer.
stuvw und *x*, das geht fix.
Das *y* und noch das *z*, jetzt ist das Alphabet komplett.

Vorm *z* das *y*, so steht's im Lexikon.
Davor das *xwvut*, jetzt wird's schwer – o jemine!
srqponm, langsam werde ich plemplem.
lkjih und g, bald habe ich's geschafft, juchhee!
fedcb und *a*, nun sind wir da!

1 Damit du die gesuchten Begriffe schnell und gezielt im Wörterbuch findest, musst du fit im Alphabet sein – und am besten nicht nur vorwärts, sondern auch rückwärts.

a Kennt ihr andere Abc-Merkreime? Dann tragt sie vor oder erfindet selbst ein Abc-Gedicht.

b Schreibt auf einer Seite alle Buchstaben des Abc untereinander und ergänzt diese Anfangsbuchstaben zu einem Wort. Bei *x* und *y* hilft euch ein Wörterbuch.

Trainingsrunde: Welche Position nehmen die Wörter ein?

2 Schreibe zehn Wörter mit verschiedenen Anfangsbuchstaben auf einzelne Zettel. Tausche sie mit deiner Nachbarin oder mit deinem Nachbarn aus und ordne sie in der richtigen alphabetischen Reihenfolge. Wer ist am schnellsten?

3a Übertrage die folgende Tabelle in dein Heft:

Aasgeier	Becher	verabreden
absagen	Bedarf	verblüffen
achtzehn	Beet	verdanken

b Untersucht die Wortreihen. Wie ordnet man Wörter, die mit dem gleichen Anfangsbuchstaben beginnen? Formuliert eine Regel.

c Ordnet die Wörter in der richtigen Reihenfolge in die Tabelle ein:

aufrecht, Adresse, Aktie, Afrika, Ast, alt, Ampel, Atem, ahnen, Art, Appetit, Angler
begegnen, bekennen, bessern, beherrschen, bellen, beweisen, befördern, bejubeln
verulken, verwirren, verschicken, verwildern, vergeben, verlassen, verwickeln

4 Hinweis: Die Umlaute *ä, ö, ü und äu* werden wie normale Vokale behandelt (also *ä* wie ***a***)!
Bringe die folgenden Wortreihen in die richtige Reihenfolge:

Sägeblatt, Siegel, Segel, Sage
auslosen, auslöffeln, ausliefern, auslassen
grün, grau, gruselig, gründlich
täuschen, tausendfach, Tauschhandel, taub

5 Bildet Gruppen und denkt euch selber Übungen wie in den Aufgaben 3 und 4 aus. Lasst sie von anderen Gruppen lösen.

Start: Jetzt wird's ernst

6 Überprüfe mit einem Wörterbuch: Welche Schreibweise ist richtig?
Zwischen welchen **Leitwörtern** findet ihr die richtige Schreibweise? (Leitwörter stehen links oben und rechts oben bei aufgeschlagenen Seiten. Sie erleichtern dir das Suchen, indem sie das erste und das letzte der Wörter angeben, die auf diesen Seiten erfasst sind.)

Apperat – Aparat – Apparat
Injeniör – Inschenieur – Ingenieur
Brombeere – Brommbeere – Brombäre
Produktion – Producktion – Prohduktion
Feilchen – Pfeilchen – Veilchen
Bewustsein – Bewußtsein – Bewusstsein

Als Lisa und Tobias in einem Wörterbuch nachschlagen, stellen sie fest, dass die Einträge nicht nur über die richtige Schreibweise Auskunft geben:

Text 3 Lisa: **Sa/tel/lit**, der; -en, en: Das bedeutet, das Wort besteht aus den Silben Sa-tel-lit. Im Genitiv Singular heißt es „des Satelliten" und der Nominativ Plural „die Satelliten".
Tobias: Bei Verben muss man immer den Infinitiv nachschlagen. Unter „biegen" steht: du bogst; du bögest; gebogen; bieg[e]! Also heißt es auch „ich bog". Aber was bedeuten die anderen Einträge?

7 Könnt ihr Tobias helfen? Was geben die anderen Einträge an?

Wer wird Sieger bei der Nachschlag-Rallye?

Bei einer Rallye wird Sieger, wer an mehreren Stationen verschiedene Einzelprüfungen besteht und dann als Erster die Ziellinie erreicht. Bildet Teams und rüstet euch alle mit den gleichen Wörterbüchern aus, um mit ihrer Hilfe die folgenden Aufgaben zu lösen. Notiert als Beweis jedes Mal die Seitenzahl im Wörterbuch, auf der ihr das entsprechende Wort gefunden habt. Also dann: Auf die Plätze – fertig – los!

Welche Schreibweise ist die richtige?
Räuma – Rheuma – Reuma
Attmosphäre – Atmosfere – Atmosphäre
Hüazintte – Hyazinnte – Hyazinthe

Wie heißen die Pluralformen von: *Atlas, Spaß, Labor, Onkel?*

Wie heißt die 2. Person, Singular, Präteritum von:
genießen, fechten, kneifen?

Was bedeutet das Wort:
Observatorium, Ornithologie, Internist, Orthographie?

EINFACH UNGLAUBLICH!

Märchen und Sagen

ES WAR EINMAL...

...da begab es sich, dass...

...und sie lebten glücklich bis an ihr Lebensende.

...das kluge Mädchen...

IM JAHRE 902...

Welche der Figuren könnt ihr eindeutig Märchen und Sagen zuordnen?
Welche nicht?
Was versteht man eigentlich unter einem Märchen und einer Sage?
Erzählt Märchen und Sagen, die ihr kennt.

1. FANTASTISCHE UNTERHALTUNG: Märchen

Text 1 **Ein sehr kurzes Märchen**

Michael Ende

Hänsel und Knödel,
die gingen in den Wald.
Nach längerem Getrödel
rief Hänsel plötzlich: „Halt!“

Ihr alle kennt die Fabel*,
des Schicksals dunklen Lauf:
Der Hänsel nahm die Gabel
und aß den Knödel auf.

* Fabel, hier: Handlung

2 **Märchenhafte Rettung einer Scheintoten**

Von unseren Reportern Jacob und Wilhelm Grimm

Wie erst jetzt bekannt wurde, ist ein für scheintot gehaltenes Mädchen von einem jungen Adligen überraschend wieder zum Leben erweckt worden. Das auffallend hellhäutige Mädchen litt unter einer ihr zugefügten Vergiftung. Der verbrecherischen Tat überführt wurde die Stiefmutter, die aus bisher ungeklärten Gründen bereits mehrere Anschläge auf das Leben des Opfers verübt hatte. Aufklärungsbedürftig ist derzeit auch noch, welche Rolle mehrere kleinwüchsige Waldarbeiter bei dem ganzen Vorfall spielten.
Nach letzten Meldungen hat das Mädchen den jungen Adligen inzwischen geheiratet. Auch hierbei kam es jedoch zu dramatischen Ereignissen, als die Stiefmutter der Braut während der Feierlichkeiten durch plötzliche Überhitzung den Tod fand.

1 Sicherlich hast du sofort erkannt, welche Märchen hier bearbeitet worden sind.
a Erzähle die Originalversionen der beiden Märchen nach oder lies sie vor.
b Was wurde bei den Texten 1 und 2 inhaltlich verändert?
c Was sagen euch die Namen der beiden „Reporter“ Jacob und Wilhelm Grimm? Schlage im Lexikon nach, was dort über die Brüder Grimm steht. Trage deine Ergebnisse der Klasse vor.

2a In Text 2 wurde ein Märchen zu einem ganz anderen Text umgeformt. Wie nennt man solche Texte?
b Beschreibe die Unterschiede zwischen Original und Bearbeitung. Achte z. B. dabei darauf:
– Wie ist der Anfang des Märchens sprachlich gestaltet? Wie der Anfang des Berichts?

Es war einmal …: Merkmale von Märchen

Text 3 **Die Kristallkugel** Jacob und Wilhelm Grimm

[...] Nachdem seine beiden geliebten Brüder in wilde Tiere verwandelt worden waren, fürchtete der dritte Sohn, dass auch ihn das gleiche Schicksal ereilen werde, darum ging er heimlich fort. Er hatte von einer verwunschenen Königstochter gehört, die auf dem Schloss der goldenen Sonne auf ihre Erlösung hoffte. Schon manch junger Edelmann hatte sich um ihre Rettung bemüht, doch alle waren gescheitert und eines jämmerlichen Todes gestorben. Aber da sein Herz ohne Furcht war, so machte sich der Jüngling unverdrossen auf die Suche nach dem Weg zum Schloss. Die Zeit verging, ohne dass er seinem

Ziel näher gekommen war, da gelangte er in einen großen Wald. Der Jüngling war nicht wenig überrascht, als er in der Ferne zwei Riesen erblickte, die ihn mit der Hand herbeiwinkten. „Wir streiten darum, wem von uns dieser Hut gehören soll!", klagten sie. „Wir sind beide gleich stark, so kann keiner den anderen überwältigen. Aber da die kleinen Menschen klüger sind als wir, sollst du die Entscheidung treffen." „Wie könnt ihr euch nur um einen alten Hut streiten?", fragte der Jüngling verwundert. „Du ahnst ja nicht, was er für Eigenschaften hat. Es ist ein Zauberhut! Wer den aufsetzt, der kann sich hinwünschen, wohin er will." [...]

3 Erzähle einen Anfang für dieses Märchen. Damit dein Anfang zu Text 3 passt, überlege dir vorher: Woher stammt der mutige Jüngling? In welche wilden Tiere wurden seine Brüder verwandelt? Von wem? Und aus welchem Grund?

4 Wie könnte das Märchen weitergehen? Bevor du dich ans Schreiben machst, sind auch hier einige Fragen zu beachten, damit deine Fortsetzung gelingt:
- Wie löst der Jüngling den Streit der Riesen um den Zauberhut?
- Wie sieht das Schloss der goldenen Sonne aus?
- Was ist der verwunschenen Königstochter zugestoßen?
- Welche Gefahren muss derjenige überstehen, der sie retten will?
- Welche Rolle könnten die in wilde Tiere verwandelten Brüder des Jünglings für den Fortgang des Märchens spielen?
- Welche Bedeutung könnte die Kristallkugel für den Ausgang des Märchens haben?

Die Klasse 5c hat die Aufgabe erhalten, Informationen über Märchen zusammenzutragen. Tobias hat im Internet geforscht und sich dabei ein paar Notizen gemacht.

Märchen
- *sehr alte, zunächst nur mündlich von Generation zu Generation überlieferte Erzählform*
- *dienten oft der volkstümlichen Unterhaltung von Kindern und Erwachsenen*
- *erst im 18. Jahrhundert als Volksmärchen aufgeschrieben und gesammelt*
- *bekannteste Märchensammlungen von den Brüdern Grimm, Ludwig Bechstein und Ludwig Richter*

5 Formuliere die Notizen in deinem Heft zu einem zusammenhängenden Text um.

6 Was meinst du:
a Warum wurden Märchen früher mündlich weitererzählt?
b Wieso dienten Märchen auch Erwachsenen zur Unterhaltung?

2. ACH WIE GUT, DASS NIEMAND WEISS
Märchen untersuchen

Text 4 **Rumpelstilzchen** Jacob und Wilhelm Grimm

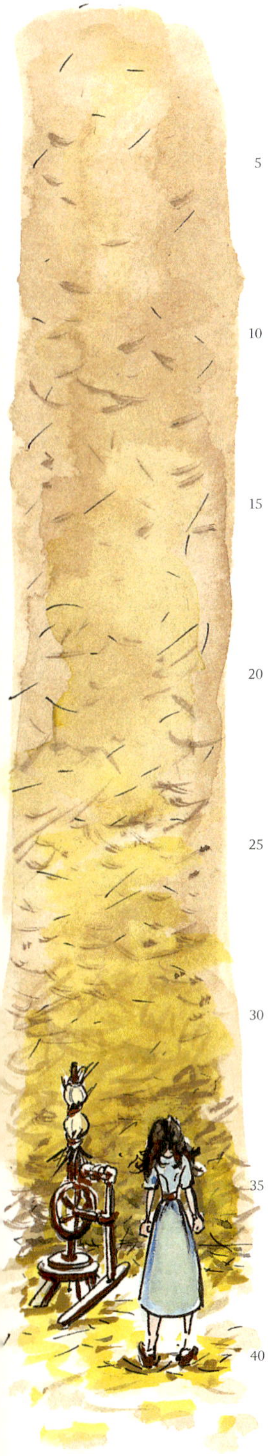

Es war einmal ein Müller, der war arm, aber er hatte eine schöne Tochter. Nun traf es sich, dass er mit dem König zu sprechen kam, und um sich ein Ansehen zu geben, sagte er zu ihm: „Ich habe eine Tochter, die kann Stroh zu Gold spinnen." Der König sprach zum Müller: „Das ist eine Kunst, die mir wohl gefällt, wenn deine Tochter so geschickt ist, wie du sagst, so bring sie morgen in mein Schloss, da will ich sie auf die Probe stellen." Als nun das Mädchen zu ihm gebracht ward, führte er es in eine Kammer, die ganz voll Stroh lag, gab ihr Rad und Haspel und sprach: „Jetzt mache dich an die Arbeit und wenn du diese Nacht durch bis morgen früh dieses Stroh nicht zu Gold versponnen hast, so musst du sterben." Darauf schloss er die Kammer selbst zu und sie blieb allein darin. Da saß nun die arme Müllerstochter und wusste um ihr Leben keinen Rat; sie verstand gar nichts davon, wie man Stroh zu Gold spinnen konnte, und ihre Angst ward immer größer, dass sie endlich zu weinen anfing. Da ging auf einmal die Türe auf und es trat ein kleines Männchen herein und sprach: „Guten Abend, Jungfer Müllerin, warum weint Sie so sehr?" „Ach", antwortete das Mädchen, „ich soll Stroh zu Gold spinnen und verstehe das nicht." Sprach das Männchen: „Was gibst du mir, wenn ich dir's spinne?" „Mein Halsband", sagte das Mädchen. Das Männchen nahm das Halsband, setzte sich vor das Rädchen und schnurr, schnurr, schnurr, dreimal gezogen, war die Spule voll. Dann steckte es eine andere auf und schnurr, schnurr, schnurr, dreimal gezogen, war auch die zweite voll: Und so ging's fort bis zum Morgen, da war alles Stroh versponnen und alle Spulen waren voll Gold. Bei Sonnenaufgang kam schon der König und als er das Gold erblickte, erstaunte er und freute sich, aber sein Herz ward nur noch goldgieriger. Er ließ die Müllerstochter in eine andere Kammer voll Stroh bringen, die noch viel größer war, und befahl ihr, das auch in einer Nacht zu spinnen, wenn ihr das Leben lieb wäre. Das Mädchen wusste sich nicht zu helfen und weinte, da ging abermals die Türe auf und das kleine Männchen erschien und sprach: „Was gibst du mir, wenn ich dir das Stroh zu Gold spinne?" „Meinen Ring von dem Finger", antwortete das Mädchen. Das Männchen nahm den Ring, fing wieder an zu schnurren mit dem Rade, und hatte bis zum Morgen alles Stroh zu glänzendem Gold gesponnen. Der König freute sich über die Maßen bei dem Anblick, war aber noch immer nicht Goldes satt, sondern ließ die Müllerstochter in eine noch größere Kammer voll Stroh bringen und sprach: „Die musst du noch in dieser Nacht verspinnen: Gelingt dir's aber, so sollst du meine Gemahlin werden." „Wenn's auch eine Müllerstochter ist", dachte er, „eine reichere Frau finde ich in der ganzen Welt nicht." Als das Mädchen allein war, kam das Männlein zum dritten Mal und sprach: „Was gibst du mir, wenn ich dir noch diesmal das Stroh spinne?" „Ich habe nichts mehr, das ich geben könnte", antwortete das Mädchen. „So versprich mir, wenn du Königin wirst, dein erstes Kind." „Wer weiß, wie das noch geht", dachte die Müllerstochter und wusste sich auch in der Not nicht anders zu helfen, sie versprach also dem Männchen, was es verlangte, und das Männchen spann dafür noch einmal das Stroh zu Gold. Und als am Morgen der König kam und alles fand, wie er gewünscht hatte, so hielt er Hochzeit mit ihr und die schöne Müllerstochter ward eine Königin. Über ein Jahr brachte sie ein schönes Kind zur Welt und dachte gar nicht mehr an das Männchen: Da trat es plötzlich in ihre Kammer und sprach: „Nun gib mir, was du versprochen hast." Die Königin erschrak und bot dem

Männchen alle Reichtümer des Königreichs an, wenn es ihr das Kind lassen wollte; aber das Männchen sprach: „Nein, etwas Lebendes ist mir lieber als alle Schätze der Welt." Da fing die Königin so an zu jammern und zu weinen, dass das Männchen Mitleiden mit ihr hatte. „Drei Tage will ich dir Zeit lassen", sprach er, „wenn du bis dahin meinen Namen weißt, so sollst du dein Kind behalten." Nun besann sich die Königin die ganze Nacht über auf alle Namen, die sie jemals gehört hatte, und schickte einen Boten über Land, der sollte sich erkundigen weit und breit, was es sonst noch für Namen gäbe. Als am andern Tag das Männchen kam, fing sie an mit Kaspar, Melchior, Balzer und sagte alle Namen, die sie wusste, nach der Reihe her, aber bei jedem sprach das Männlein: „So heiß' ich nicht." Den zweiten Tag ließ sie in der Nachbarschaft herumfragen, wie die Leute da genannt würden, und sagte dem Männlein die ungewöhnlichsten und seltsamsten Namen vor: „Heißt du vielleicht Rippenbiest oder Hammelswade oder Schnürbein?" Aber es antwortete immer: „So heiß' ich nicht." Den dritten Tag kam der Bote zurück und erzählte: „Neue Namen habe ich keinen einzigen finden können, aber wie ich an einen hohen Berg um die Waldecke kam, wo Fuchs und Hase sich gute Nacht sagen, so sah ich ein kleines Haus und vor dem Haus brannte ein Feuer und um das Feuer sprang ein gar zu lächerliches Männchen, hüpfte auf einem Bein und schrie:

„Heute back' ich, morgen brau' ich,
Übermorgen hol' ich der Königin ihr Kind;
Ach, wie gut ist, dass niemand weiß,
Dass ich Rumpelstilzchen heiß'!"

Da könnt ihr denken, wie die Königin froh war, als sie den Namen hörte, und als bald hernach das Männlein hereintrat und fragte: „Nun, Frau Königin, wie heiß' ich?", fragte sie erst: „Heißest du Kunz?" „Nein." „Heißest du Heinz?" „Nein." „Heißt du etwa Rumpelstilzchen?" „Das hat dir der Teufel gesagt, das hat dir der Teufel gesagt", schrie das Männlein und stieß mit dem rechten Fuß vor Zorn so tief in die Erde, dass es bis an den Leib hineinfuhr, dann packte es in seiner Wut den linken Fuß mit beiden Händen und riss sich selbst mitten entzwei.

1 Lisa hat sich das Märchen aus dem Internet heruntergeladen. Dabei sind leider die Absatzformatierungen verloren gegangen.

a Unterteile den Text in Handlungsabschnitte. Der Text selbst gibt dazu Hinweise: Achte auf Textsignale wie „nun", „am andern Tag ...".

b Notiere für jeden Handlungsabschnitt eine passende Überschrift.

c Vergleicht eure Ergebnisse und begründet eure Lösung.

Text 5 FLORIAN: Ich habe nur in drei große Abschnitte wie bei einer Erlebniserzählung unterteilt: Einleitung, Hauptteil, Schluss.

ANNETTE: Dann passt doch besser Ausgangslage – Problem – Lösung.

LISA: Aber die Müllerstochter hat doch mehr als ein Problem!

2 Nehmt Stellung zu den Äußerungen der Schüler.

3 Viele Märchen haben nicht nur einen ähnlichen Aufbau, sondern ähneln sich auch in anderen Merkmalen.

a Welche typischen Märchenmerkmale kennst du bereits?

b Überprüfe am Text, ob Rumpelstilzchen ein typisches Märchen ist.

Text 6 Lisa hat in einem Lexikon unter dem Stichwort „Märchen“ folgenden Eintrag gefunden:

Märchen

Ort und Zeit der Handlung werden nicht genau bestimmt *. Die handelnden Personen sind schwarz-weiß gezeichnet *. Der Held oder die Heldin muss auf abenteuerliche Weise häufig eine schwierige Situation bewältigen *. Dabei spielen Riesen, Hexen, Feen und andere Zauberwesen eine wichtige Rolle. Durch sie kommt es zu wunderbaren Begebenheiten, die für den Helden oder die Heldin entweder hilfreich oder hinderlich sind *. Am Ende werden die Guten belohnt und die Bösen bestraft. Märchen enden meist mit formelhaften Wendungen *.

4 Lisa hat sich ein paar Beispiele notiert, um die Aussagen aus dem Lexikonartikel zu veranschaulichen. Nur, welches Beispiel passt zu welcher Aussage? Schreibe Text 6 ab und setze in Klammern anstelle der Sternchen jeweils eine der folgenden Erläuterungen ein:

eine Mutprobe bestehen – Und wenn sie nicht gestorben sind ... – Es war einmal ... – Menschen werden in Tiere verwandelt, jemandem werden Zauberkräfte verliehen – entweder gut oder böse, mutig oder feige, dumm oder klug

5 Überprüft an Text 4, ob und wie die genannten Merkmale ausgestaltet sind.

a Welche der im Lexikontext genannten Merkmale treffen auf Rumpelstilzchen zu, welche nicht?

b Überprüfe auch an anderen Märchen, inwiefern diese Merkmale jeweils zutreffen.

6 Untersuche Eigenschaften und Verhaltensweisen der drei Hauptpersonen; ergänze die Tabelle in deinem Heft.

Person	Verhaltensweisen	Eigenschaften (Charakter)
König	– will Gold	geldgierig
	– *	*

3. NUR FÜR KLEINE KINDER? Märchen bearbeiten, Märchen umschreiben

Text 7 Hier ist ein etwas anderer Schluss des Märchens von ROSEMARIE KÜNZLER:

[...] Als der König das Gold erblickte, freute er sich mächtig, war aber noch nicht zufrieden. Er brachte die Müllerstochter in eine noch größere Strohkammer und sagte: „Wenn du mir bis morgen dieses Stroh zu Gold spinnst, sollst du meine Frau werden.“ Als das Mädchen allein war, kam das Männchen zum dritten Mal. Es fragte: „Was gibst du mir, wenn ich dir helfe?“ Aber die Müllerstochter hatte nichts mehr zu verschenken.

„So versprich mir, wenn du Königin wirst, dein erstes Kind!“

Da fiel es dem Mädchen wie Schuppen von den Augen. „Du spinnst!“, rief das Mädchen dem Männchen zu. „Niemals werde ich diesen abscheulichen König heiraten! Niemals würde ich mein Kind hergeben!“

„Ich spinne nicht! Ich spinne nie mehr!“, schrie das Männlein wütend. „Ich habe umsonst gesponnen!“ Das Männlein stieß mit dem rechten Fuß vor Zorn so tief in die Erde, dass die Kammertür aufsprang. Da lief die Müllerstochter in die weite Welt hinaus und war gerettet.

1a Erkläre den unterschiedlichen Gebrauch des Wortes *spinnen.*
b Worin unterscheidet sich dieser Schluss des Märchens von der Originalfassung?
c Welche Fassung gefällt dir besser? Begründe deine Meinung.

Text 8 Auch die Jugendbuchautorin IRMELA BRENDER hat sich Gedanken über das Märchen gemacht:

Im Märchen, sagen die Leute, siegt das Gute und das Böse wird bestraft und am Schluss hat alles seine Ordnung. Man muss nicht alles glauben, was die Leute sagen. Man muss selber nachdenken. Zum Beispiel über Rumpelstilzchen. Das hat mir immer leidgetan. Denn wie ist es ihm ergangen? Da hat es der Müllerstochter geholfen, die in eine Kammer voll Stroh gesperrt worden war und das Stroh zu Gold spinnen sollte, nur weil sie einen verlogenen Vater hatte, der behauptete, sie könne das. Nichts konnte sie außer weinen und klagen und dem Rumpelstilzchen zuerst ein Halsband und dann einen Ring geben zum Dank dafür, dass Rumpelstilzchen das ganze Stroh zu Gold gesponnen hatte. Man muss sich das mal vorstellen – eine ganze Kammer voll Stroh spinnt Rumpelstilzchen zu Gold und bekommt dafür ein Ringlein – das hätte es sich in zehn Minuten mühelos selbst gesponnen.
[...] Dabei kann man sich leicht vorstellen, dass alles viel besser und gerechter hätte enden können. Dieses Rumpelstilzchen war ein einsamer Wicht, „ein lächerliches Männchen“ wird es im Märchen genannt, aber beim Goldspinnen war es nicht lächerlich, da wurde es gebraucht! Was das Männchen an Arbeit vollbrachte, das war ein Königreich wert, und es ist anzunehmen, dass Rumpelstilzchen das wusste. Aber glücklich war es deshalb nicht. Es wollte etwas Lebendiges haben, einen Freund, einen Menschen, der mit ihm lachte und mit ihm traurig war [...].

2a Wie ist Irmela Brenders Aussage in den ersten beiden Sätzen zu verstehen?
b Wieso hat das Rumpelstilzchen der Autorin „leidgetan“?
c Und wie beurteilt Irmela Brender die Müllerstochter und deren Vater?
Schreibe aus der Sicht Rumpelstilzchens einen Brief an die Müllerstochter, in dem Rumpelstilzchen seine Forderung nach dem Kind erklärt.

3 Ist das Rumpelstilzchen nur ein wütendes, selbstsüchtiges Männlein oder verdient es eher unser Mitleid, weil es nur einen Freund sucht? Welche Meinung kommt deinem Verständnis am nächsten? Begründe deine Antwort.

4a „Dabei kann man sich leicht vorstellen, dass alles viel besser und gerechter hätte enden können.“ – Erfinde selbst einen Schluss, der deiner Meinung nach „gerecht“ ist.
b Stellt eure Fassungen in der Klasse vor. Sicherlich habt ihr nicht alle dieselbe Vorstellung von „Gerechtigkeit“. Besprecht die Unterschiede.

5 „Das kleine Mädchen und der Wolf“ – eine moderne Fassung eines bekannten Märchens.
a Welches bekannte Märchen könnte hier gemeint sein?
b Eine oder einer von euch kann es bestimmt erzählen. Die anderen können ja helfen und ergänzen!
c Lest nun die Fassung von James Thurber (Text 9, S. 86), ihr könnt dabei im Text oder auf einer Kopie markieren, was anders ist als im Original.

Text 9 Das kleine Mädchen und der Wolf JAMES THURBER

Eines Nachmittags saß ein großer Wolf in einem finsteren Wald und wartete, dass ein kleines Mädchen mit einem Korb voller Lebensmittel für ihre Großmutter des Weges käme. Endlich kam auch ein kleines Mädchen des Weges und sie trug einen Korb voller Lebensmittel. „Bringst du den Korb zu deiner Großmutter?“, fragte der Wolf. Das kleine Mädchen sagte ja, und nun erkundigte sich der Wolf, wo die Großmutter wohne. Das kleine Mädchen gab ihm Auskunft und er verschwand in den Wald.

Als das kleine Mädchen das Haus ihrer Großmutter betrat, sah sie, dass jemand im Bett lag, der ein Nachthemd und eine Nachthaube trug. Sie war noch keine drei Schritte auf das Bett zugegangen, da merkte sie, dass es nicht die Großmutter war, sondern der Wolf, denn selbst in einer Nachthaube sieht ein Wolf einer Großmutter nicht ähnlicher als der Metro-Goldwyn-Löwe[1] dem Präsidenten der Vereinigten Staaten. Also nahm das kleine Mädchen eine Browning[2] aus ihrem Korb und schoss den Wolf tot.

Moral: Es ist heutzutage nicht mehr so leicht wie ehedem, kleinen Mädchen etwas vorzumachen.

1) **Metro-Goldwyn-Mayer:** amerikanisches Filmstudio, Filmproduktions- und Verleihgesellschaft. In den dreißiger und vierziger Jahren des 20. Jh.s erfolgreichste Produktionsgesellschaft des Hollywoodkinos. Ihr Markenzeichen ist der Kopf eines brüllenden Löwen.
2) **Browning:** kleine Schusswaffe, nach ihrem amerikanischen Erfinder benannt.

6 In seiner Moral (= Lehre) erklärt der Verfasser selbst, dass ein „modernes“ Rotkäppchen sich anders verhält als im Märchen.

a Worin liegt der Unterschied zwischen dem Rotkäppchen im Märchen und in der Neufassung von James Thurber? Am besten findet ihr die Unterschiede heraus, wenn ihr euch in die Figur des Rotkäppchens hineinversetzt:
- Rotkäppchen wird interviewt: „Warum bist du auf den Wolf nicht hereingefallen oder warum hast du den Wolf erschossen?“
- Rotkäppchen schreibt ihrer Freundin: *Mein Erlebnis mit dem Wolf ...*

b Informiere dich im Internet oder in einem Autorenlexikon über James Thurber.
- Wann und wo hat er gelebt?
- Worüber und was hat er hauptsächlich geschrieben?

c Diskutiert, was James Thurber damit meinen könnte, wenn er am Schluss schreibt: „Es ist heutzutage nicht mehr so leicht wie ehedem, kleinen Mädchen etwas vorzumachen.“

Text 10 Kuttel Daddeldu erzählt seinen Kindern das Märchen von Rotkäppchen
JOACHIM RINGELNATZ

Also Kinners, wenn ihr mal fünf Minuten lang das Maul halten könnt, dann will ich euch die Geschichte vom Rotkäppchen erzählen, wenn ich mir das noch zusammenreimen kann. Der alte Kapitän Muckelmann hat mir das vorerzählt, als ich noch so klein und so dumm war, wie ihr jetzt seid. Und Kapitän Muckelmann hat nie gelogen.

Also lissen tu mi[1]. Da war mal ein kleines Mädchen. Das wurde Rotkäppchen angetitelt – genannt heißt das. Weil es Tag und Nacht eine rote Kappe auf dem Kopfe hatte. Das war ein schönes Mädchen, so rot wie Blut und so weiß wie Schnee und so schwarz wie Ebenholz. [...] Und eines Tages schickte die Mutter sie durch den Wald zur Großmutter; die war natürlich krank. [...] „Rotkäppchen“, sagte die Mutter noch extra, „geh nicht vom Wege ab, denn im Wald gibt's wilde Wölfe!“ (Das Ganze muss sich bei Nikolajew oder sonst wo in Sibirien abgespielt haben.) Rotkäppchen versprach alles und ging los. Und

1) engl. **listen to me:** Hört mir zu!

im Walde begegnete ihr der Wolf. Der fragte: „Rotkäppchen, wo gehst du denn hin?“ Und da erzählte sie ihm alles, was ihr schon wisst. Und er fragte: „Wo wohnt denn deine Großmutter?“

Und sie sagte ihm das ganz genau: „Schwiegerstraße dreizehn zur ebenen Erde.“ Und da zeigte der Wolf dem Kinde saftige Himbeeren und Erdbeeren und lockte sie so vom Wege ab in den tiefen Wald. Und während sie fleißig Beeren pflückte, lief der Wolf mit vollen Segeln nach der Schwiegerstraße Numero dreizehn und klopfte zur ebenen Erde bei der Großmutter an die Tür.

Die Großmutter war ein misstrauisches, altes Weib mit vielen Zahnlücken. Deshalb fragte sie barsch: „Wer klopft da an mein Häuschen?“

Und da antwortete der Wolf draußen mit verstellter Stimme: „Ich bin es, Dornröschen!“

Und da rief die Alte: „Herein!“ Und da fegte der Wolf ins Zimmer hinein. Und da zog sich die Alte ihre Nachtjacke an und setzte ihre Nachthaube auf und fraß den Wolf mit Haut und Haar auf. [...] Also lief [Rotkäppchen] nun in die Schwiegerstraße. Und da sah sie, dass ihre Großmutter ganz dick aufgedunsen war. Und Rotkäppchen fragte: „Großmutter, warum hast du denn so große Augen?“ Und die Großmutter antwortete: „Damit ich dich besser sehen kann!“

Und da fragte Rotkäppchen weiter: „Großmutter, warum hast du denn so große Ohren?“ Und die Großmutter antwortete: „Damit ich dich besser hören kann!“

Und da fragte Rotkäppchen weiter: „Großmutter, warum hast du denn so einen großen Mund?“ Nun ist das ja auch nicht recht, wenn Kinder so was zu einer erwachsenen Großmutter sagen. Also da wurde die Alte fuchsteufelswild und brachte kein Wort mehr heraus, sondern fraß das arme Rotkäppchen mit Haut und Haar auf. Und dann schnarchte sie wie ein Walfisch. Und draußen ging gerade der Jäger vorbei.

Und der wunderte sich, wieso ein Walfisch in die Schwiegerstraße käme. Und da lud er seine Flinte und zog sein langes Messer aus der Scheide und trat, ohne anzuklopfen, in die Stube. Und da sah er zu seinem Schrecken statt einen Walfisch die aufgedunsene Großmutter im Bett. Und – diavolo caracho! – Da schlag einer lang an Deck hin! – Es ist kaum zu glauben! – Hat doch das alte gefräßige Weib auch noch den Jäger aufgefressen. – Ja, da glotzt ihr Gören und sperrt das Maul auf, als käme da noch was. – Aber schert euch jetzt mal aus dem Wind, sonst mach ich euch Beine.

Mir ist schon sowieso die Kehle ganz trocken von den dummen Geschichten, die doch alle nur erlogen und erstunken sind.

Marsch fort! Lasst euren Vater jetzt eins trinken, ihr – überflüssige Fischbrut!

7 Welchen Beruf könnte der Erzähler, Kuttel Daddeldu, haben? Woran kann man das erkennen?

8 Hat Kuttel Daddeldu seinen Kindern den Kern des Märchens, so wie ihr es von den Brüdern Grimm kennt, richtig erzählt? Fertige eine Tabelle an und vergleiche. Wenn du das Originalmärchen nicht genau kennst, besorge dir den Text, dann wird deine Tabelle noch genauer.

„Rotkäppchen“ nach den Brüdern Grimm	„Rotkäppchen“ nach Kuttel Daddeldu
– ? – die Großmutter wohnt „im Wald, unter den drei großen Eichbäumen“ – der Wolf zeigt Rotkäppchen Blumen ...	– „so rot wie Blut und so weiß wie Schnee und so schwarz wie Ebenholz“ – die Großmutter wohnt „Schwiegerstraße dreizehn zur ebenen Erde“ – der Wolf zeigt Rotkäppchen „saftige Himbeeren und Erdbeeren“

9 Schreibe selbst neue Märchen, indem du alte Originalmärchen benutzt und veränderst oder kreativ „weiterspinnst“:
- neue Abenteuer des tapferen Schneiderleins in der Gegenwart
- die Bremer Stadtmusikanten als Rockband
- ein moderner Froschkönig
- Tischlein deck dich als Mikrowelle

Vielleicht hast du noch andere Ideen?

4. VON PFERDEN, FERKELN, TAUBEN UND RIESEN Sagen

1 Welche Sagen kennst du? Erzähle sie nach.

Text 11 **Das schwarze Pferd**

Es war im Jahr 1590, als sich in einer Nacht in der Stunde zwischen elf und zwölf Uhr in Königsberg[1] ein schwarzes feuriges Pferd mit brennenden Augen zeigte, das lief in allen Gassen mit erschrecklichem Geräusch auf und nieder und sprang dergestalt, dass die Häuser gebebt und Feuer aus den Steinen gesprungen. Andern Morgens fand man das Bernekowsche innere Tor offen und das Pferd in dem Raum zwischen diesem und dem äußeren Tor liegen; sobald aber der Torwärter dazukam, sprang es in die Höhe und verschwand. Dieses Pferd ist vielleicht der Satan selber gewesen, denn am selben Tage abends gegen zehn Uhr brach in einem Haus der Stadt Feuer aus, welches er vielleicht angeblasen, um der Stadt eine große Feuersbrunst anzurichten.

1) heute Kaliningrad, Russland

2 Vergleiche die Sage über „Das schwarze Pferd“ mit einem Märchen.

a Worin unterscheidet sich die Sage von einem Märchen? Untersuche hierzu vor allem den Anfang von Text 11.

b Was hat die Sage über „Das schwarze Pferd“ mit einem Märchen gemeinsam?

Text 12 **Woher die Orte ihren Namen haben**

Als der Flecken Wyk auf Föhr erbaut wurde, konnten die Leute sich gar nicht darüber einig werden, welchen Namen der Ort bekommen sollte. Als man noch so darüber stritt, kam ein Ferkel dahergelaufen, das fünf Meilen weit von Tondern mit der Flut weggetrieben war. Es lief mitten unter die Streitenden und schrie mit lauter Stimme: „Wyk, wyk, wyk!“ Da stimmten alle vergnügt ein und riefen: „Wyk soll der Ort heißen“, und so wurde er fortan genannt.

Text 13 **Die Entstehung des Siebengebirges**

In uralter Zeit lag oberhalb von Königswinter ein großer See, der zur Zeit der Schneeschmelze oft Schaden anrichtete. Die Uferbewohner aus der Eifel und vom Westerwald fassten daher den Plan, ihn abzuleiten. Da dies Werk aber Menschenkraft überstieg, wandten sie sich an die Riesen, denen sie hohen Lohn versprachen. Sieben von ihnen kamen. Sie trugen gewaltige Schaufeln auf den Schultern und machten sich alsbald an die Arbeit. Nach ein paar Tagen hatten sie schon eine tiefe Scharte in das Gebirge gegraben. In die Vertiefung drang das Wasser und vollendete das Werk der Riesen. Der See floss ab. Wo früher seine Fluten gespült hatten, lag nun fruchtbares Land. Die dankbaren Uferbewohner schleppten den Lohn für die Riesen herbei. Diese teilten ihn brüderlich und jeder von ihnen schob seinen Anteil in den Reisesack. Ehe sie Abschied nahmen, klopften sie noch Erdreich und Gestein, die an den Spaten hafteten, ab. Dadurch entstanden sieben Berge, die man noch heute am rechten Rheinufer sehen kann.

Text 14 **Das Taubenbrünnlein zu Feuchtwangen**

[...] An den Abhängen des Sulzachtales, in dichten Fichtenwäldern, soll Kaiser Karl der Große einstmals Jagd gehalten haben. Vom Fieber überfallen, habe er sich matt und müde auf einen Fichtenstock gesetzt. Durstig zum Sterben konnte er kein Wasser bekommen, wie sehr es sich seine Jagdgenossen und die ausgesendeten Boten angelegen sein ließen. Sieh da! Da flog eine Wildtaube aus dem Gesträuch auf. Sie suchten den Ort auf und fanden da reines frisches Quellwasser im Busche aus verborgenem Gestein herausfließen. Dem müden, kranken Kaiser war geholfen: Er trank nach Herzenslust und wurde heil und munter. Zum Danke habe er eine Kirche und ein Kloster da zu bauen gelobt. So entstand im feuchten Gelände der Sulzach Feuchtwangen. Noch immer hat das Taubenbrünnlein am Fuße des Klosterberges klares Wasser und nach der Volksmeinung liegt auch der Fichtenstock, auf dem der Kaiser saß, vom Alter versteinert, unter dem Hochaltar der Stiftskirche zu Feuchtwangen. [...]

3 Untersuche die Überschriften und die Textanfänge genauer: Welche Absicht verfolgen die Sagen? Was wollen die Sagenerzähler mit diesen Angaben deutlich machen?

4 Besprecht: Von welcher Beobachtung gehen die Sagenerzähler jeweils aus? Warum wird in Sagen eine Geschichte erzählt, statt sachliche Erklärungen zu geben?
Sucht eine Sage aus eurer Heimat und überprüft, ob sie genauso vorgeht wie die Texte 11–14.

5 Prüfe eine der Sagen noch einmal genauer:

a Enthält die Sage nachprüfbare Tatsachen (Wirklichkeit), ausgedachte Handlungen und Ereignisse (Dichtung) oder beides?

b Worauf musst du also achten, wenn du selbst eine Sage erfinden willst? Du kannst es natürlich auch ausprobieren und selbst eine Sage schreiben.

6 Übertrage die Sachinformation in dein Heft und schließe dabei die Lücken mithilfe des Wortspeichers.

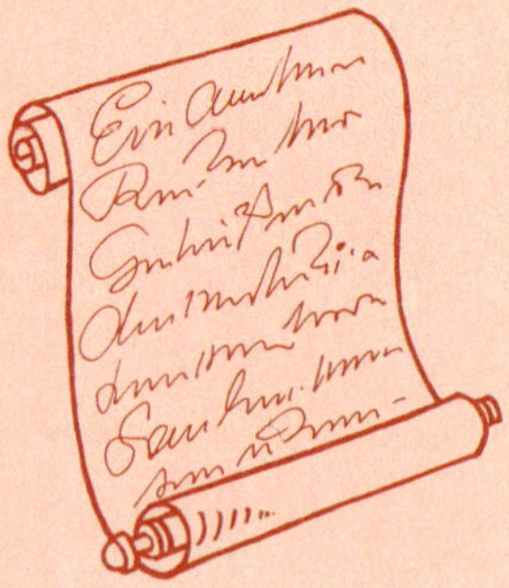

Sagen

Wie Märchen zählen auch **Sagen** zu alten, ✲ überlieferten (weitergesagten) Erzählungen, die erst später in schriftlicher Form gesammelt wurden. Und wie Märchen handeln Sagen oftmals von unglaublichen Geschehnissen und ✲, an denen nicht nur Menschen, sondern häufig auch ✲ beteiligt sind. Anders konnten sich die Leute damals bestimmte Aufsehen erregende ✲ (wie Feuersbrünste oder Seuchen), natürliche Gegebenheiten ✲ oder die Errichtung und ✲ von bedeutenden Bauwerken und Städten in ihrer Heimat nicht ✲. Man nennt diese Sagen deshalb auch **Heimatsagen**. Da Sagen jedoch den Anspruch erheben, einen wahren geschichtlichen Tatsachenkern zu haben, werden im Unterschied zum Märchen zumindest ✲ und manchmal auch ✲ des „sagenhaften“ Geschehens genauer bezeichnet.

Ereignisse – erklären – wie Berge, Täler und Schluchten, Flüsse und Seen – mündlich – Namensgebung – der Ort – Tiere und übernatürliche Wesen – Wundern – der Zeitpunkt

7 Sicher gibt es auch in eurer Gegend einen interessanten Stein, einen Baum oder irgendeine andere auffällige Naturerscheinung, für die ihr eine „sagenhafte Erklärung“ liefern könnt?

Das hast du in diesem Kapitel gelernt:

Märchen:
- Typische Merkmale eines Märchens
- Wirkung von Veränderungen alter Märchen
- Märchenbearbeitungen in Jugendbüchern und Filmen
- Märchen selbst schreiben, weiterschreiben und verändern

Sagen:
- Typische Merkmale von Sagen
- Sagen, die Merkwürdiges erklären (Heimatsagen), selbst schreiben

Ideen und Projekte

Märchen verändern

- Erzählt in der Klasse Märchen nach, zum Beispiel „Die Prinzessin auf der Erbse“ (Hans Christian Andersen), das „Märchen von einem, der auszog, das Fürchten zu lernen“ (Brüder Grimm), „Das Märchen vom Schlaraffenland“ (Ludwig Bechstein) oder „Drei Wünsche“ (Johann Peter Hebel).
- Bevor ihr euch an die Arbeit macht, überlegt zunächst gemeinsam, auf welche unterschiedlichen Weisen man Märchen bearbeiten kann: Erzählt das Märchen aus einer anderen Sicht; ihr könntet z. B. die Heldin oder den Helden weitere Prüfungen bestehen lassen oder das Verhalten der handelnden Figuren verändern. Ihr könntet die Schauplätze wechseln oder Zauberwesen hinzuerfinden, die Einfluss auf die Handlung nehmen.
- Weitere Möglichkeiten: Arbeitet ein Märchen zu einer Zeitungsnachricht (vgl. Text 2) oder zu einem (lustigen?) Gedicht um (vgl. Text 1).

Märchenprojekt: Selbst Märchen schreiben und vortragen

- Erfindet „moderne Märchen“, die in der heutigen Zeit spielen. Illustriert die ausgearbeiteten Texte mit Bildern.
- Stellt einen Märchen-Comic zusammen.
- Führt eure Märchen als Puppenspiel auf und untermalt die Vorstellung mit vorher aufgenommenen Hintergrundgeräuschen (Kettenklirren, heulender Wind ...).

Märchenkarten

Wie ein Zaubertrank oder ein Hexengebräu braucht ein gutes Märchen die richtigen Zutaten. Die haltet ihr am besten auf verschiedenen, entsprechend gestalteten Rezeptkarten fest. Wie bei einem Quartett bestehen die Kartenreihen aus typischen
- Ausgangsproblemen: verirrt im Wald, Befreiung einer gefangenen Prinzessin oder eines Prinzen, ...
- Märchenfiguren und Zauberwesen: z. B. Prinzessin, böse Hexe, gute Fee, Drache, ...
- Hindernissen: Verwandlung in einen Gegenstand oder ein Tier, Kampf mit ...
- Schauplätzen der Handlung: finsterer Wald, Königsschloss, Hexenhaus, ...
- magischen Gegenständen: Hexenbesen, Zauberstab, ...

Fertigt zu jeder Kategorie mindestens 8 Karten an.
Jetzt könnt ihr spielen (denkt euch Spiele aus): Zieh von jedem Stapel eine Karte und erzähle; spielt in Gruppen, erzählt nacheinander, ...

TEXTE UNTERSUCHEN

Wenn man eine Geschichte verstehen will, muss man ihren **Aufbau**, den **Inhalt, Verhalten** und Eigenschaften der **Figuren** und auffällige **sprachliche Gestaltungsmittel** untersuchen.

1 Überschriften geben meist Hinweise auf den Inhalt und zum Verständnis eines Textes. Welche Erwartungen weckt der Titel bei dir? Wovon könnte der Text handeln?

Text 1 **Die gerupfte Gans** aus Anatolien

Es lebte einst ein Padischah[1], der liebte es, verkleidet auszugehen und sich mit den Menschen seines Volkes zu unterhalten, ohne sich zu erkennen zu geben. Eines Tages, als er in Begleitung eines Wesirs[2] wieder so unterwegs war, kam er an ein Haus, in dem ein junges Mädchen am Fenster saß und stickte. Dem Mädchen gefielen der Herr und sein Begleiter, es lud beide ein und servierte ihnen Tee.
Fragte der Padischah: „Kind, wo ist deine Mutter?“
Antwortete das Mädchen: „Ausgegangen, aus einem zwei zu machen.“
Fragte der Padischah: „Und wo ist dein Vater?“
Antwortete das Mädchen: „Ausgegangen, aus wenigem viel zu machen.“
Sagte er: „Schön ist dein Haus, nur der Schornstein so schief.“
Entgegnete sie: „Der Schornstein ist schief und doch steigt der Rauch gerade auf.“
Der Padischah lachte: „Wenn ich dir eine Gans schicke, rupfst du sie auch?“
„Das will ich wohl tun“, antwortete sie.
Darauf verabschiedete sich der Padischah und verließ mit seinem Wesir das Haus. Als sie ein Weilchen gegangen waren, sagte der Wesir: „Herr, ich verstehe nicht, was Ihr daran findet, mit dem gemeinen Volk zu verkehren. Ihr solltet in Eurem Palast und unter Euresgleichen bleiben.“
Das ärgerte den Padischah und er sprach: „Hast du denn überhaupt verstanden, worüber ich mit dem Mädchen geredet habe? Kannst du mir sagen, was ihre Antworten bedeuten?“
Der Wesir wusste nichts darauf zu entgegnen. Das machte den Padischah noch ärgerlicher. [...]

1) **Padischah:** Herrschertitel 2) **Wesir:** Minister

2 Besprecht eure ersten Eindrücke. Welche Fragen habt ihr an den Text?

3 Untersuche nach dem ersten Eindruck den Text genauer, um herauszufinden, ob sich der erste Eindruck bestätigt und wie die Fragen an den Text zu beantworten sind.

a **Aufbau und Handlungsschritte:** Unterteile den Text in Abschnitte und finde für jeden Abschnitt eine Überschrift.
– Welcher Abschnitt ist dir klar, in welchem Abschnitt entstehen die meisten Fragen?

b **Figuren (Handlungsträger):** Welche Verhaltensweisen und Charaktereigenschaften zeigen sie? Untersuche auch die Lebensumstände der Figuren und die Beweggründe für ihr Handeln.

c **Auffallende Gestaltungsmittel:** Der Text endet ohne Klärung der rätselhaften Vorgänge. Das Mädchen und der Padischah sprechen in Bildern. Was könnten sie damit meinen?

4 Könnte der Text an dieser Stelle enden? Begründe deine Auffassung.

Text 2 [...] „Ich gebe dir drei Tage Zeit“, sagte er, „wenn du mir dann nicht erklären kannst, was das Mädchen gemeint hat, bist du die längste Zeit Wesir an meinem Hof gewesen!“ Der Wesir wusste sich nicht zu helfen und ging tags darauf zu dem Mädchen und bat

es, ihm zu verraten, worüber es mit dem Padischah gesprochen hatte.
Sagte das Mädchen: „Ich will dir gern helfen, aber für jede Antwort musst du mir hundert Goldstücke geben."
Der Wesir willigte ein und zählte ihm vierhundert Goldtaler hin.
Sagte sie: „Meine Mutter ist Hebamme, sie ist gegangen, aus einem zwei zu machen. Mein Vater ist Bauer, er macht aus wenigem viel."
Der Wesir raufte sich die Haare vor Ärger, dass er nicht selbst darauf gekommen war, dann fragte er: „Aber was hast du damit gemeint, dass der Schornstein schief ist, der Rauch aber gerade aufsteigt?"
„Ganz einfach", entgegnete sie, „der Padischah hat bemerkt, dass ich schiele, und gesagt, der Schornstein sei schief, ich habe geantwortet, dass der Rauch gerade aufsteigt, denn ich sehe gut."
Der Wesir ärgerte sich noch mehr, aber er musste dem Mädchen noch eine Frage stellen.
„Und warum wollte dir mein Herr eine Gans schicken und wissen, ob du sie rupfen kannst?", wollte er wissen.
„Die Gans bist du", sagte das Mädchen lachend und strich die Goldstücke ein.

5 Häufig werden alle offenen Fragen erst durch den Schluss eines Textes beantwortet.
a Erkläre die Auflösung des rätselhaften Gesprächs mit eigenen Worten:
Wie macht eine Hebamme „aus einem zwei" und ein Bauer „aus wenigem viel"?
b Welche Lehre will der Padischah dem Wesir erteilen?
c An welcher Textstelle wird die Absicht des Padischahs klar?
d Welcher Zusammenhang besteht zwischen der Überschrift und dem Schluss?

6 Jetzt kennst du den ganzen Text: Überprüfe deine Ergebnisse aus den Aufgaben 2 und 3. Welche Fragen sind geklärt? Was kannst du zu Aufgabe 3 ergänzen?

7 Fasse deine Untersuchungsergebnisse zusammen: Was sagt die Geschichte nach deinem Verständnis aus?
– ..., dass man für Dummheit zahlen muss?
– ..., dass einen Witz und Klugheit weiterbringen? Oder ...

Text 3 Eine gute Möglichkeit, einen Text besser zu verstehen, besteht darin, sich in eine der handelnden Figuren zu versetzen und das Geschehen aus deren Sicht darzustellen, zum Beispiel aus Sicht des Mädchens.

Eines Tages kam ein seltsamer Mann an unserem Haus vorbei. Er war einfach gekleidet, aber sein Begleiter wirkte wie ein mächtiger Mann. Und er gehorchte dem einfachen Mann. Das kam mir komisch vor, so als ob der einfache Mann viel mächtiger war, als er scheinen wollte. Das seltsame Paar gefiel mir, deshalb bat ich beide herein und servierte ihnen Tee, obwohl meine Eltern nicht da waren. Der einfach gekleidete Mann war sehr freundlich zu mir. Als er mich nach meinen Eltern fragte, beschloss ich, mir einen Spaß mit ihnen zu machen und die beiden auf die Probe zu stellen. [...]

8a Vergleiche den Text aus der Sicht des Mädchens mit der Originalfassung.
Wie hat sich die ursprüngliche Geschichte verändert?
b Setze den Text aus der Sicht des Mädchens fort.

9 Schreibe das Märchen in die Ich-Form um, und zwar entweder aus Sicht des Padischahs oder des Wesirs. Vergiss nicht, die Gedanken und Überlegungen der jeweiligen Figur zu erzählen.

MÄRCHEN ERZÄHLEN AUS ANDERER SICHT

1 Ihr kennt das Märchen von Rotkäppchen und dem Wolf. Wenn ihr euch nicht alle sicher seid, welche Figuren vorkommen und wie die Handlung verläuft, erzählt das Märchen oder lest es noch einmal vor.

2 Im folgenden Text von Ludwig Tieck ist der Wolf etwas anders dargestellt als im Märchen.
- Wie schätzt der Wolf seine Situation ein?
- Worüber beschwert er sich?
- Welche Gründe für sein Verhalten (Motive) werden deutlich?

Text 1 **Leben und Tod des kleinen Rotkäppchens** LUDWIG TIECK (1800)

Dickicht im Walde
Der Wolf
Muss nun hier in den dichtesten Gesträuchen
Wie ein Vertriebener auf und nieder schleichen,
Und bin verstoßen und ausgetrieben.
Da ist kein Wesen, das mich möchte lieben;
Keiner kömmt mir nah, keiner mag mir traun,
Sie alle mit Abscheu auf mich schaun.
Und warum wird mir dies alles getan?
Weil ich nicht heucheln und schmeicheln kann.
Weil ich mich nicht erniedern will zum Knecht,
So denkt ein jeder von mir schlecht.–
Wie oft bin ich gekränkt und verkannt,
Und umgetrieben von Land zu Land,
Vergeblich suchend die Sympathie,
Wohl Schläge fand ich, doch nimmermehr die;
Nach mir geworfen, mit Pulver geschossen,
Und Fallen gestellt, und dergleichen Possen[1];
Man schrie, wo ich mich ließ sehn bei Tageshelle:
Da geht der Wolf! Den nehmt beim Felle!
Und dennoch reden sie von Toleranz[2]
[...].

1) **Possen:** grober, lustiger Streich, den man jemandem spielt
2) **Toleranz:** großzügiges Dulden anderer Meinungen und Lebensweisen

3 Der Verfasser schreibt aus der Sicht (Perspektive) des Wolfes, also des Bösewichts aus dem Märchen der Brüder Grimm.
Wie würden Rotkäppchen oder die Großmutter die Ereignisse darstellen und den Wolf einschätzen? Probiert es in einem Rollenspiel aus:
- Einer ist Rotkäppchen und fängt an: *„Der Wolf begegnete mir zuerst ...“*
- Die Großmutter könnte so beginnen: *„Ich lag krank und schwach im Bett ...“*
- Und was könnten der Jäger oder die Eltern Rotkäppchens erzählen?

4 Schreibe nun in der Ich-Form das Märchen „Rotkäppchen“ aus der Sicht des Wolfes und überlege, wie der Wolf wohl den Schluss des Märchens erzählen könnte?
Die Sachinformation kann dir helfen, deinen Text zu überprüfen.

Erzählen aus anderer Sicht (Perspektive)

- Du **versetzt dich ganz in eine der Figuren**, aus deren Sicht du erzählen willst. Stell dir vor: Ich bin jetzt diese Figur:
  - Was sehe ich, was höre oder rieche ich? Was tue ich, was weiß ich und was kann ich gar nicht wissen (**äußere Handlung**)?
  - Woran denke ich, was empfinde ich in den unterschiedlichen Situationen? – Was ist mir wichtig, was ist mir egal? Wie sehe ich mich und die anderen? (**innere Handlung**)
- Du notierst dir die **Antwort zu diesen Fragen in Stichworten** und liest noch einmal in der Originalgeschichte nach, denn du darfst
  - nichts Wichtiges vergessen (z. B. dass der Wolf die Großmutter „gefressen" hat)
  - nichts verfälschen (z. B. nicht schreiben, dass Rotkäppchen den Wolf erschossen hat)
  - nichts dazuerfinden, was in der Originalgeschichte bereits anders steht, ihr also widerspricht
- Jetzt kannst du die Geschichte aus der Sicht der gewählten Figur aufschreiben; gebt euch gegenseitig – z. B. in Schreibkonferenzen – Tipps, was ihr noch verbessern könnt.

5 Svenja hat das Märchen aus der Sicht der Großmutter erzählt.

a Prüfe anhand der Originalgeschichte und der Sachinformation, ob sie alles richtig gemacht und interessant erzählt hat.

b Notiere, was auf jeden Fall korrigiert werden muss und was sonst noch verbessert oder ergänzt werden könnte.

Text 2 „Ach es war schrecklich, aber nun ist ja alles wieder gut", sagte die Großmutter, als ihre Freundin wieder einmal zu Besuch kam und sie ausfragte, denn sie hatte gehört, was der Großmutter zugestoßen war. „Ich bin ja nun schon alt und kann nicht mehr so, wie ich gern will", fuhr die Großmutter fort, „und da hat meine Tochter die Enkelin geschickt, das Rotkäppchen, damit sie mir Kaffee und Kuchen bringt und mich ein wenig unterhält in meinem Haus hier in der Stadt. Ich saß gerade am Küchentisch, als es klopfte. ‚Wer ist denn da draußen?' ‚Dein Rotkäppchen, das bringt Kuchen und Kaffee, mach auf', hörte ich rufen und freute mich so sehr, dass ich nicht einmal merkte, dass die Stimme meiner geliebten Enkeltochter ganz anders klang als sonst. ‚Drück nur auf die Klinke', rief ich, ‚ich bin zu schwach und kann nicht aufstehen!' Da sprang die Tür auf. Doch wie entsetzt war ich, als ich sah, wer da wirklich stand! Es war der Wolf, der mich einfach auffraß. Und dann sah ich plötzlich wieder Licht und konnte atmen, der Jäger hatte mich befreit. Ja und um den Wolf war es dann natürlich geschehen." So erzählte die Großmutter.

5 Die Veränderung der Sicht (Perspektive) beim Erzählen kannst du auch bei anderen Märchen oder Geschichten ausprobieren. Schreibe dir bekannte Märchen um, indem du z. B. die Perspektive des Schurken oder des Unterlegenen einnimmst, z. B.:
- „Schneewittchen" aus der Sicht der Stiefmutter
- „Der Froschkönig" aus der Sicht des Frosches
- die Hexe erzählt ihre Erlebnisse mit Hänsel und Gretel

SZENISCH INTERPRETIEREN – Standbilder

Standbilder sind sozusagen „eingefrorene" Momentaufnahmen von Handlungen und Situationen, die sich ohne Worte durch bloßes Betrachten erschließen lassen.

Sich in die Situation hineinversetzen

1 Beschreibe die dargestellte Situation:
a Was verraten **Gestik** und **Mimik** über das Verhalten des Schelms Till Eulenspiegel, des Mannes vor ihm und der Zuschauer?
b Wo ereignet sich das Ganze?

2a Was könnte der Anlass der Szene gewesen sein? Und wie könnte sich die Situation weiterentwickeln?
b Was könnten die an der Szene Beteiligten denken und empfinden?
c Was könnten die Beteiligten sagen? Wie sagen sie es?
d Welche Hintergrundgeräusche und welche Gerüche stellst du dir zu dieser Szene vor?

3 Teilt euch in Gruppen auf und stellt die Szene nach. Macht zuerst ein paar Proben, bis ihr mit eurem Ergebnis zufrieden seid, und vergleicht dann in der Klasse eure Standbilder.

Eine Szene darstellen

Selbstverständlich könnt ihr nicht nur Bilder, sondern auch Situationen aus Texten als Standbilder darstellen.

Text 1A Der folgende Schwank handelt vom berüchtigten Rathausbau der Schildbürger, deren Streiche sprichwörtlich für unüberlegtes und dummes Verhalten geworden sind. Am Tag der Rathauseinweihung strömen alle neugierig zu dem neuen Bauwerk, in dem jedoch die Fenster vergessen worden sind:

Doch sie waren noch nicht an der Treppe, da purzelten sie auch schon durcheinander, stolperten über fremde Füße, traten irgendwem auf die Hand, stießen mit den Köpfen zusammen und schimpften wie die Rohrspatzen. Die drin waren, wollten wieder heraus.

Die draußen standen, wollten unbedingt hinein. Es gab ein fürchterliches Gedränge! Endlich landeten sie alle, wenn auch zerschunden und mit Beulen und blauen Flecken, wieder im Freien, blickten einander ratlos an und fragten aufgeregt: „Was war denn eigentlich los?“ Da kratzte sich der Schuster hinter den Ohren und sagte: „In unserm Rathaus ist es finster!“ „Stimmt!“, riefen die andern. Als der Bäcker fragte: „Und woran liegt das?“, wussten sie lange keine Antwort. Bis der Schneider schüchtern sagte: „Ich glaube, ich hab’s.“ „Nun?“ „In unserm neuen Rathaus“, fuhr der Schneider bedächtig fort, „ist kein Licht!“ Da sperrten sie Mund und Nase auf und nickten zwanzigmal. Der Schneider hatte Recht. Im Rathaus war es finster, weil kein Licht drin war!

4a Wie stellt ihr euch das Durcheinander am Eingang des Rathauses vor? Bevor ihr euch an die Proben macht: Sammelt eure Vorschläge für eine Umsetzung der lustigen Szene als Standbild. Ihr könnt

- entweder die ganze Szene als Standbild darstellen
- oder eine genaue Textstelle vereinbaren, zu der ihr ein Standbild erstellt (z. B. Z. 4 „Es gab ein fürchterliches Gedränge!“).

Bedenkt dabei:

- Welche Haltung sollen die einzelnen Beteiligten zum Ausdruck bringen?
- Welche Gestik und welche Mimik sollten die jeweiligen Darsteller wählen?

b Am besten geht ihr so vor:

- Zwei Gruppen stellen die Szene dar, die anderen sind die kritischen Zuschauer.
- Die Darsteller bestimmen jeweils einen Regisseur, der alle Personen – wie Marionetten – richtig hinstellt, Gestik und Mimik kontrolliert und bestimmt, wann das Standbild fertig ist und alle Darsteller wie „eingefroren“ 20 Sekunden stehen bleiben.
- Die Zuschauer dürfen während der Vorbereitungen nicht zuschauen. Sie schließen so lange die Augen und öffnen sie erst, wenn die Regisseure das Signal dazu geben.
- Die Zuschauer betrachten das „eingefrorene“ Standbild und besprechen dann, welches besser zum Text passt und was sie noch besser darstellen würden.

Text 1B Am nächsten Morgen hättet ihr auf dem Marktplatz sein müssen! Das heißt, ihr hättet gar keinen Platz gefunden. Überall standen Schildbürger mit Schaufeln, Spaten, Besen und Mistgabeln und schaufelten den Sonnenschein in Eimer und Kessel, Kannen, Töpfe, Fässer und Waschkörbe. Andere hielten große, leere Kartoffelsäcke ins Sonnenlicht, banden dann die Säcke geschwind mit Stricken zu und schleppten sie ins Rathaus. Dort banden sie die Säcke auf, schütteten das Licht ins Dunkel und rannten wieder auf den Markt hinaus, wo sie die leeren Säcke von neuem aufhielten und die Eimer und Fässer und Körbe wieder vollschaufelten. Ein besonders Schlauer hatte eine Mausefalle aufgestellt und fing das Licht in der Falle. So trieben sie es bis zum Sonnenuntergang. [...]

5 Auch das Einfangen des Sonnenlichts kann man gut in einem Standbild festhalten. Um die Szene besonders wirkungsvoll darzustellen, braucht ihr allerdings ein paar Requisiten, d.h. Gegenstände zum Einfangen des Lichts. Dabei muss es sich nicht um „Mistgabeln“ handeln: Tüten, Taschen, Papierkörbe und andere schnell greifbare Dinge tun es auch!

6 Geht so wie in Aufgabe 4b vor, allerdings mit zwei Veränderungen:

- Die Darsteller wählen keinen Regisseur, sondern besprechen gemeinsam Mimik, Gestik und Körperhaltung, bis alle mit dem Ergebnis zufrieden sind.
- Die Zuschauer schließen nicht die Augen, sondern drehen sich um und notieren während der Vorbereitungszeit in Gruppen, nach welchen Kriterien sie die Darstellung beurteilen wollen.

EINFACH TIERISCH!

Gedichte

Der Spatz HEINZ ERHARDT

bunter
Es war einmal ein *schlauer* Spatz,
grauer

Dache
der saß ganz oben auf dem *Turme,*
Hause

Katze
und unten hielt die *Miezekatz*
Katz

Zeit
schon seit geraumer *Weile* Wache.
Ewigkeit

frech
Da sagte sich das Spätzlein *mutig:*
keck

Biest
„Mich kann das *Tier* nicht überlisten!"
Kätzchen

Flugzeug
Bums, kam ein *Habicht* um die Eck
Kater

holte
und *fing* sich den Optimisten. –
krallte

denen
So kann es allen *Lebewesen* gehen,
Männern

Listigen
die glauben, nur sie wärn die *Klugen.*
Schlauen

gehn
Man darf nicht nur nach unten *sehn,*
flehn

er
man muss auch mal nach oben schauen!
ich

Schreibe das Gedicht ab und entscheide dich dabei für die Wahlmöglichkeit, die dir am passendsten erscheint.
Vergleicht eure Gedichte. Besprecht Gemeinsamkeiten und Unterschiede, begründet eure Wahl.

Das Wort ... passt am besten, weil es den Spatz am treffendsten beschreibt.
Das Wort ... passt am besten, weil es sich auf „Wache" reimt.
Das Wort ... passt am besten, weil es sich auf „Spatz" reimt und eine passende Silbenzahl besitzt.

Auf welche Verse beziehen sich die Kinder und welche Wahlmöglichkeit meinen sie? Wie begründen sie ihre Wahl?

Suche z. B. in der Schulbibliothek nach einem anderen Tiergedicht und schreibe es ab (von Hand oder mit dem Computer). Gestalte es nach diesem Muster mit Wörtern zur Auswahl um. Tauscht eure Zettel aus. Wer konnte die „richtige" Fassung wiederherstellen?

1. GAFFEN AFFEN? – Reim

Text 1 **Schnurpsenzoologie** Michael Ende

Im Urwald, Forschern unbekannt,
lebt fröhlich der KAMELEFANT.
Durch Wüstensand trabt mit Gewackel
ein seltnes Tier, der DROMEDACKEL.
Im bunten Federkleid ganz leis
meckert im Stall die PAPAGEIS.
Mit viel Gequiek und viel Gewerkel
fliegt auf den Baum das MAIKÄFERKEL.
Es piekt im Bett, mal dort, mal da
gestreift und platt das WANZEBRA.
Im Vogelkäfig riesengroß
singt das KANARHINOZEROS.
Man zählt erstaunt der Beine sechse
(Trotz Schwanz!) bei der AMEIDECHSE.
Durchs Wasser schwimmt mit buntem Fittich
laut zwitschernd der FORELLENSITTICH.
Besonders schmerzensreiche Bisse
verursacht uns die NASHORNISSE.
Wohl, weil er nackt ist, braucht er solch
ein Flügelpaar, der FLEDERMOLCH.
Es wiehert süß mit offnem Maul
bei Mondenschein der NACHTIGAUL.
Mit Hörnern krabbeln durch die Tropen
die FEUERSALAMANTILOPEN.
Zum Kämmen brauchst du einen Striegel
und Heldenmut beim KROKODIGEL.
Sehr scheu und ganz und gar kein Krieger,
lebt im Gebirg' der MURMELTIGER.
Durchs Fenster, ohne aufzustehn,
kann der GIRAFFENPINSCHER sehn.
Es schlängelt sich, im Maul ein Körnchen,
den Baum hinauf das BLINDSCHLEICHHÖRNCHEN.

1 Suche dir ein Fantasietier aus und male es. Wie sieht z. B. ein Kamelefant aus? Ihr könntet mit euren Bildern eine Wand eurer Klasse gestalten: Der verrückte Zoo.

2 Ein Reim ist ein Gleichklang zweier oder mehrerer Wörter vom letzten (betonten) Vokal an. Schreibe alle Reimwörter untereinander und unterstreiche, was sich genau reimt.

3 Erfinde eigene Fantasietiere und suche Reimwörter dazu. Verlängere das Gedicht um vier Verse.

Schnurpsenbotanik

4 Gestalte ein Gedicht nach dem Vorbild von Michael Endes „Schnurpsenzoologie“ mit dem Titel „Schnurpsenbotanik“. Denke dir Fantasiepflanzen aus, suche Reimwörter dazu und schreibe anschließend mindestens vier Verse:
z. B.: In unsrem Beet, du rätst es nie,
wächst fröhlich der ROSELLERIE.

Text 2 **Fink und Frosch** WILHELM BUSCH

Im Apfelbaume pfeift der Fink sein: pinkepink! Ein Laubfrosch klettert mühsam nach bis auf des Baumes Blätterdach und bläht sich auf und quakt: „Ja ja! Herr Nachbar, ick bin och noch da!“ Und wie der Vogel frisch und süß sein Frühlingslied erklingen ließ, gleich muss der Frosch in rauen Tönen den Schusterbass dazwischen dröhnen. „Juchheija heija!“, spricht der Fink. „Fort flieg ich flink!“ Und schwingt sich in die Lüfte hoch. „Wat!“, ruft der Frosch. „Dat kann ick och!“ Macht einen ungeschickten Satz, fällt auf den harten Gartenplatz, ist platt, wie man die Kuchen backt, und hat für ewig ausgequakt. Wenn einer, der mit Mühe kaum geklettert ist auf einen Baum, schon meint, dass er ein Vogel wär, so irrt sich der.

5 Auch Text 2 ist ein Gedicht. Schreibe den Text in Gedichtform (Verse, Strophen) ab und markiere die Reime. Ein Vers ist eine Zeile eines Gedichts, eine Strophe ist eine Gruppe von Versen.

6 Stimmen Reimwörter lautlich nicht genau, spricht man von einem **unreinen Reim.** Benennt die unreinen Reime in diesem Gedicht.

7 Erläutere die Lehre, die in diesem Gedicht vermittelt wird. Wie beurteilst du das Verhalten des Frosches?

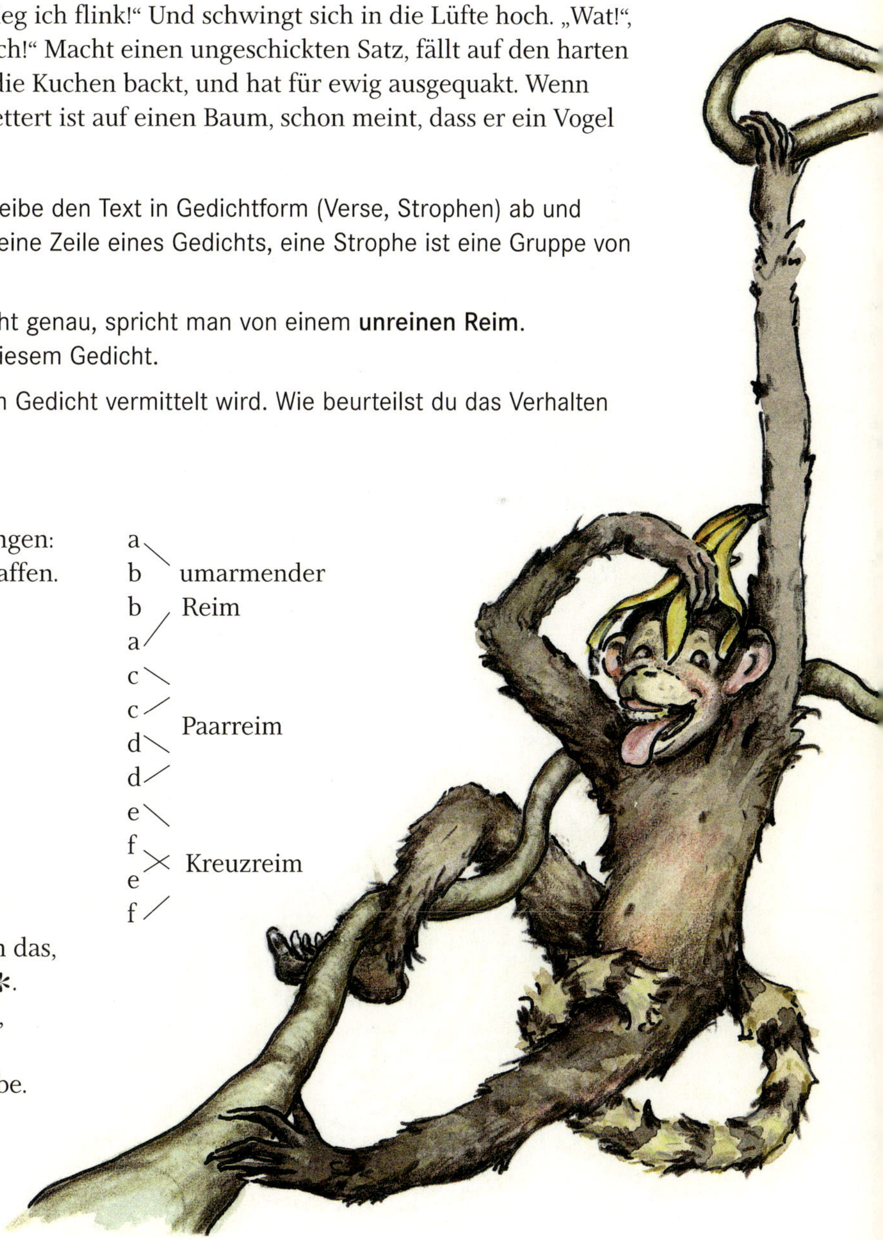

Text 3 **Die Affen** WILHELM BUSCH

Der Bauer sprach zu seinem Jungen:	a	umarmender Reim
Heut in der Stadt, da wirst du gaffen.	b	
Wir fahren hin und sehn die ✻.	b	
Es ist gelungen,	a	
Und um sich schief zu lachen,	c	Paarreim
Was die für Streiche ✻.	c	
Und für Gesichter.	d	
Wie rechte ✻.	d	
Sie kraulen sich,	e	Kreuzreim
Sie zausen sich,	f	
Sie hauen sich,	e	
Sie ✻ sich,	f	

Beschnuppern dies, beknuppern das,
Und keiner gönnt dem andern ✻.
Und essen tun sie mit der Hand,
Und alles tun sie mit ✻.
Und jeder stiehlt als wie ein Rabe.
Pass auf, das siehst du heute.
O Vater, rief der ✻,
Sind Affen denn auch ✻?
Der Vater sprach: Nun ja,
Nicht ganz, doch so ✻.

8a Schreibe das Gedicht ab und ergänze die fehlenden Reimwörter.
b Vergleicht eure Ergebnisse und klärt vorhandene Unterschiede.

Bösewichter, was, Affen, lausen, machen, Verstand, beinah, Leute, Knabe

9 Sprecht über Wirkung und mögliche Aussage des Gedichts. Warum stellt der Junge die Frage?

10a Man kann also die Reimordnung in einem Gedicht bestimmen, indem man gleiche Reime mit gleichen Buchstaben kennzeichnet. Erläutere, warum man von **Paarreimen, Kreuzreimen** und **umarmenden Reimen** spricht.
b Vervollständige die Reimordnung.

Text 4 Es war einmal ein Rabe — Bertolt Brecht

Es war einmal ein Rabe.
Ein schlauer alter Knabe.
Dem sagte ein Kanari, der
In seinem Käfig sang: Schau her
Von Kunst
Hast du keinen Dunst.
Der Rabe sagte ärgerlich:
Wenn du nicht singen könntest,
Wärst du so frei wie ich.

11 Lest das Gedicht mit verteilten Rollen (Sprecher, Rabe, Kanarienvogel).

12 Untersuche das Gedicht genauer:
a Worum geht es in dem Gedicht?
b Bestimme die Reimordnung des Gedichts. Was fällt dir auf?
c Einen Vers ohne Reimpartner innerhalb gereimter Verse nennt man **Waise.** Da dieser Vers besonders auffällt, achtet der Leser auch stärker auf den Inhalt. Daher steht häufig eine besonders wichtige Aussage in einer Waise. Überprüfe dies anhand von Text 4.

Text 5 Schmecken Schnecken? — Rainer Benoco

13 Schreibe das Schnecken-Gedicht in Versform ab. Unterstreiche die Reime und bestimme die Reimordnung.

2. UND KAKELTE, MIRAKELTE
Takt und Rhythmus

Text 6 **Das Huhn und der Karpfen** Heinrich Seidel

I

Auf einer Meierei
da war einmal ein braves Huhn,
das legte, wie die Hühner tun,
an jedem Tag ein Ei
und kakelte,
mirakelte,
spektakelte,
als ob's ein Wunder sei.

II

Es war ein Teich dabei
darin ein braver Karpfen saß
und stillvergnügt sein Futter fraß,
der hörte das Geschrei,
wie's kakelte,
mirakelte,
spektakelte,
als ob's ein Wunder sei.

III

Da sprach der Karpfen: „Ei!
Alljährlich leg ich 'ne Million
und rühm mich des mit keinem Ton.
Wenn ich um jedes Ei
so kakelte,
mirakelte,
spektakelte –
was gäb's für ein Geschrei."

1 Lest das Gedicht gemeinsam laut vor und klatscht bei jeder betonten Silbe.

2a Sprecht über eure Beobachtungen. Ist der geklatschte Takt regelmäßig oder unregelmäßig?

b An welchen Stellen hast du Schwierigkeiten beim Klatschen? Schau dir den Inhalt des Gedichts an diesen Stellen ganz genau an. Was wird erzählt?

c Man hätte die erste Strophe des Gedichts auch anders gestalten können. Vergleiche die unterschiedliche Wirkung.

Auf einer Meierei
da war einmal ein braves Huhn,
das legte, wie die Hühner tun,
an jedem Tag ein Ei
und machte ein Geschrei,
als ob's ein Wunder sei.

3 Zeichne die Taktordnung der ersten Strophe des Gedichts auf. Gehe dabei folgendermaßen vor:
- Schreibe die Strophe ab und lasse dabei zwischen jedem Vers eine Freizeile. Trenne die Wörter in einzelne Silben.
  Auf ei-ner Mei-e-rei
- Kennzeichne jede Silbe mit einem x.
  x x x x x x
- Markiere jede betonte Silbe mit einem Betonungszeichen (x́ = betont, Hebung / x = unbetont, Senkung).
  x x́ x x́ x x́
- Setze vor jede betonte Silbe einen senkrechten Strich, durch den die Taktgrenzen angezeigt werden.
  x | x́ x | x́ x | x́
  Auf | ei-ner | Mei-e- | rei

Man kann die **Taktordnung** eines Gedichtes auch aufzeichnen. Ein Takt besteht aus einer **betonten** und einer oder mehreren **unbetonten Silben.** Nach der Anzahl der zu einem Takt gehörigen Silben kann man die **Taktart** unterscheiden. So besteht z. B. ein **Dreiertakt** aus drei Silben. Beginnt ein Vers mit einer unbetonten Silbe, nennt man dies **Auftakt.**

4a Lest das Gedicht zunächst genau nach dem Taktschema. Sicher merkt ihr: Das wirkt eintönig, leiernd. Das liegt daran, dass der **Rhythmus** eines Gedichts auch von dem besonderen Sinn und der besonderen Stimmung des Gedichts abhängt.
Lest das Gedicht **sinnbetont** vor. Achtet auf Lautstärke, Sprechtempo und Pausen.
Wo würdet ihr z. B. Pausen am Versende entfallen lassen (Zeilensprünge)?

5 Die Form eines Gedichts (Reim, Takt, Wortwahl) ist nicht zufällig, sondern passt zum Inhalt.
a Untersuche die in jeder Strophe wiederholten Verse: Wie wirken sie? Wie passen sie zu einem Huhn? Und wie musst du diese Verse lesen?
b Wie wirkt die Wortwahl z. B. in der ersten Strophe: „das legte, wie die Hühner tun" – „als ob's ein Wunder sei"? Welcher Eindruck von diesem Huhn entsteht dadurch?

Text 7 Auch Lieder sind meist in Gedichtform geschrieben oder es sind Gedichte, die nachträglich vertont wurden.

Atte katte nuwa

Atte katte nuwa,
atte katte nuwa,
emi, sademi, sadula misade.

Hexa kola misa woate,
hexa kola misa woate.

Atte katte nuwa,
atte katte nuwa,
emi, sademi, sadula misade.

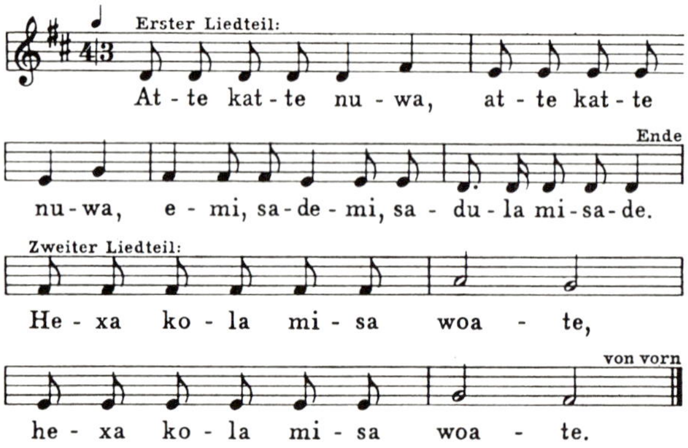

6 Lies das Gedicht laut vor. Probiere dabei verschiedene Sprechweisen aus:
- Du bist außer Atem / wütend / traurig / lustig.
- Du bist eine hochnäsige, vornehme Dame / ein hochnäsiger, vornehmer Herr.
- Du bist Lehrer / Lehrerin in einer Zauberschule und sprichst deinen Schülern einen neuen, gefährlichen Zauberspruch vor.
- Sprecht das Gedicht im Chor (Strophen I u. III Chor 1, Strophe II Chor 2).
- Ihr seid Fußballfans und feuert eure Mannschaft mit diesem Gedicht an.
- Ihr könnt das Gedicht auch singen (Originalmelodie oder Rapgesang).

7 Zeichne die Taktordnung des Gedichts auf.

8 Versuche, das Gedicht zu „übersetzen". Wähle dabei für jede fremde Vokabel bzw. Silbe ein deutsches Wort. Achte darauf, dass deine Übersetzung zu der Melodie passt.

Text 8 **Der Wettstreit**

Der Kuckuck sprach: „Das kann ich!",
und hub gleich an zu schrei'n.
„Ich aber kann es besser!",
fiel gleich der Esel ein.

Das klang so schön und lieblich,
so schön von fern und nah;
sie sangen alle beide:
Kukuck, kukuck ia!

9 Am besten singt ihr das Lied gemeinsam und prüft dabei, wie Text und Melodie zusammenpassen. Tauscht zum Vergleich die beiden ersten und letzten Verse der ersten Strophe aus (Liedbeginn: „wer wohl am besten sänge“) und singt diese veränderte Fassung. Vergleicht die unterschiedliche Wirkung.

10 Gestaltet in Partnerarbeit einen Text nach ähnlichem Muster (z. B. Hofhund und Katze) und sprecht oder singt diesen mit verteilten Rollen.

11a Bestimme die Taktordnung und den Rhythmus.

b Fasse deine Ergebnisse mit eigenen Worten zusammen: Taktordnung und Rhythmus sind insgesamt (gleichmäßig, ruhig, hektisch etc.) und passen zum Inhalt des Liedes, weil …
Die Melodie passt zum Inhalt des Liedes, weil …

3. ANDERS SEIN
Gedichte verstehen, Gedichte gestalten

Text 9 **Der verdrehte Schmetterling** Mira Lobe

Ein Metterschling
mit flauen Blügeln
log durch die Fluft.

Er war einem Computer entnommen,
dem war was durcheinandergekommen,
irgendein Drähtchen,
irgendein Rädchen.
Und als man es merkte,
da war's schon zu spätchen,
da war der Metterschling
schon feit wort,
wanz geit.

Mir lut er Teid.

1 Untersuche das Gedicht. Nach welchem System wurden die Wörter verdreht?

2 Schreibe selbst ein solches Gedicht. Denke dir zunächst ein Tier aus (z. B. Bergziege = Zergbiege, Königspudel = ?), beschreibe es im zweiten Vers genauer und erkläre im dritten Vers, was es gerade macht.

Der verdrehte Hindwund

Ein Hindwund
mit bangen Leinen
wang durch den Sprald.
…

3 In dem folgenden Gedicht wird eine traurige Geschichte erzählt, aber leider sind die Strophen mit Ausnahme der Anfangsstrophe durcheinandergeraten.
Ordne die Strophen und notiere die Buchstaben als Lösungswort. Dieses verrät euch, wie man Gedichte wie „Das Pflaumenhuhn“ nennt.

Text 10 **Das Pflaumenhuhn** PETER HACKS

E In Pleischte lebte einst ein Huhn,
Das Ärgernis erregte,
Weil es (was Hühner sonst nicht tun)
Statt Eier Pflaumen legte.

G In Plauschte stand ein Pflaumenbaum
An einem alten Weiher,
Der trug (ich wag's zu sagen kaum),
Der trug statt Pflaumen Eier.

R Es gackerte und legte froh
Die Pflaumen rot und dicklich.
Doch schien den Dorfbewohnern so
Ein Pflaumenhuhn nicht schicklich.

L Die Köchin, die in ihrem Sinn,
Was sie nicht kennt, verachtet,
Die hat mit einem Dolch aus Zinn
Das Pflaumenhuhn geschlachtet.

I Und kurz und gut und jedenfalls
Und ganz im Allgemeinen:
Der arme Eierbaum fand, als
Er Freunde brauchte, keinen.

H So büßten sie und litten sie,
Weil es die Ordnung heischte:
Der Eierbaum aus Plauschte wie
Das Pflaumenhuhn aus Pleischte.

H Und kurz und gut und jedenfalls
Und ganz im Allgemeinen:
Das arme Pflaumenhuhn fand, als
Es Freunde brauchte, keinen.

T Und nie ward jemals einem kund,
Wer diese zwei vertauschte:
Das Pflaumenhuhn aus Pleischte und
Den Eierbaum aus Plauschte.

C Der Tischler meint, ein Eierbaum
Verderbe gute Sitten.
Er hat ihn für den Frühstücksraum
Zu Möbelholz zerschnitten.

Ä Der Bauer sagte rundheraus,
Sehr unbekömmlich schmeckten
Gekochte Pflaumen, die, o Graus!
Im Eierbecher steckten.

D Sie fielen Mädchen auf den Kopf
Und Buben auf die Mützen.
Und oft schon trat ein dummer Tropf
In tiefe Gelbei-Pfützen.

E Die Eier waren zweifellos
Im Plauschter Land die besten.
Sie waren frisch und weiß und groß
Und hingen an den Ästen.

Z Sogar die Bäurin fand es dumm
Und briet bei großen Feiern
Verdrießlich und mit viel Gebrumm
Rührpflaumen statt Rühreiern.

4 Lies das Gedicht in der richtigen Reihenfolge laut vor.

5a Warum muss das Pflaumenhuhn sterben und warum wird der Eierbaum gefällt? Sind die beiden nicht etwas ganz Besonderes?

b Und die Moral von der Geschichte? Formuliere die Aussage des Gedichts in wenigen Sätzen.

6 Rette das Pflaumenhuhn und den Eierbaum, indem du das Gedicht veränderst! Ersetze die Strophen VI (L) und XII (H) durch eine kurze Geschichte, in der du erzählst, wie das Pflaumenhuhn und der Eierbaum ihr Glück finden.

7 Was ist der Hauptunterschied zwischen Erzählgedichten und anderen Gedichten?

Text 11 **Grau und rot** Zbigniew Lengren

Ein verirrter Esel lachte
sich im Walde beinah tot,
denn vor ihm auf einem Baume
saß ein Eichhorn, feuerrot.

Brüllend, prustend, quiekend, kichernd
rief er: So was sah ich nie!
Ha! I-A! Wie ist das komisch!
Rote Haare hat das Vieh!

Lassen wir den Esel kichern!
Das gescheite Eichhorn spricht:
Über rote Haare lachen
nur die Esel! – Oder nicht?

8 Schreibe das Gedicht ab (von Hand oder am Computer) und versuche, seinen Sinn sichtbar durch Schriftstärke, Schriftgröße und farbliche Gestaltung hervorzuheben.

9 Dieses Gedicht ist auch eine gereimte Fabel. In Fabeln sprechen und handeln Tiere; mit diesen Tieren sind aber Menschen mit bestimmten Eigenschaften und Verhaltensweisen gemeint.

a Übertrage das Verhalten des Esels auf menschliche Verhaltensweisen. Hast du schon einmal ähnliche Situationen erlebt? Erzähle.

b Fabeln enthalten eine Lehre, die häufig nicht direkt genannt wird. Schreibe die Lehre dieser Fabel in eigenen Worten auf.

10 Nun seid ihr schon richtige Gedichtexperten, aber habt ihr auch alle Begriffe behalten? Schreibe den folgenden Lückentext ab und ergänze die fehlenden Wörter.

Ein Gedicht gliedert sich meist in ✻, die einzelne Gedichtzeile nennt man ✻. Damit es leichter ist, im Gespräch oder beim Schreiben aus Versen einer Strophe zu zitieren, bezeichnet man die Zählung der ✻ mit römischen Ziffern (I, II, usw.), die Zählung der ✻ in einer Strophe mit arabischen Ziffern (1, 2, usw.).
Viele Gedichte reimen sich. Ein Reim ist ein ✻ mehrerer Wörter vom letzten ✻ Vokal an. Es gibt reine Reime und ✻ Reime, die nur annähernd gleich klingen. Man bestimmt die Reimordnung eines Gedichts, indem man gleiche Reime mit gleichen ✻ kennzeichnet. Ihr kennt bereits folgende Reimschemata: Paarreim (aabb), ✻ (abab) und umfassender oder umarmender Reim ✻.
Man kann in einem Gedicht auch die Taktordnung bestimmen. Ein Takt besteht aus einer betonten und einer oder mehreren unbetonten ✻ (Hebungen und ✻). Nach der Anzahl der zu einem Takt gehörigen Silben kannst du die ✻ unterscheiden. So ist z. B. ein Zweiertakt ein Takt, der ✻ Silben umfasst. Beginnt der Verse mit einer unbetonten Silbe, so nennt man dies ✻.
Du liest ein Gedicht nicht schematisch nur nach der Taktordnung, sondern nach dem Sinn (Pausen, Sprechtempo), also nach dem ✻.

Das hast du in diesem Kapitel gelernt:

- typische Merkmale von Gedichten und ihre Wirkung
- Strophe und Vers, Reimformen, Takt und Rhythmus
- das Gelernte anwenden: selbst Gedichte schreiben

BILDLICHKEIT DER SPRACHE

1 Nenne die „Berufe“, die die Personen auf den Bildern ausüben.

2 Es gibt viele Wörter, deren Bildlichkeit im alltäglichen Sprachgebrauch nicht mehr auffällt, z. B. *Buchrücken, Federmappe, Tintenkiller, Tischbein*.
Suche weitere Begriffe und male mindestens zwei in ihrer ursprünglichen Bedeutung, sodass ein Bilderrätsel entsteht. Tauscht eure Rätsel aus und löst sie.

3 TIM: Das Wort liegt mir auf der Zunge.
KERSTIN: Pass auf, dass du es nicht runterschluckst. Wie schmeckt so ein Wort eigentlich?

a Wie wirkt dieser Dialog auf dich? Wodurch entsteht die Wirkung?

b Gestalte einen ähnlichen Dialog zu einer der folgenden Redensarten:

ein Wort verlieren, das Wort auf die Goldwaage legen, Wortbruch begehen, sein Wort verpfänden

c Sammle weitere Redensarten, die Sprachbilder enthalten, und gestalte ein kurzes, reimloses Gedicht daraus. Suche abschließend einen treffenden Titel dazu.

Bildlichkeit der Sprache
Dichter wählen als besondere Gestaltungsmittel oft sprachliche Bilder, um Vorstellungen oder Stimmungen zu erzeugen.
Metapher: (griech. Übertragung) Die Metapher benennt etwas im übertragenen Sinn. Sie überträgt ein Wort auf eine Sache, auf die es auch passt, z. B. der Säugling „kräht“.
Personifikation: Sie ist eine Sonderform der Metapher; Gegenstände, Pflanzen, Tiere oder Naturerscheinungen werden Eigenschaften und Verhaltensweisen von Menschen zugeschrieben, z. B. der Winter „schläft“.
Vergleich: Dabei wird etwas direkt mit etwas anderem verglichen, z. B. das Wasser glänzt „wie Silber“.

4 Welches Gedicht gefällt dir besser? Begründe deine Meinung.

Text 1 **Die Frühlingssonne** Christine Busta

Unhörbar wie eine Katze
kommt sie über die Dächer,
springt in die Gassen hinunter,
läuft durch Wiesen und Wald.

Oh, sie ist hungrig! Aus jedem
verborgenen Winkel schleckt sie
mit ihrer goldenen Zunge den Schnee.

Er schwindet dahin wie Milch
in einer Katzenschüssel.
Bald ist die Erde wieder blank.

Die Zwiebelchen unter dem Gras
spüren die Wärme ihrer Pfoten
und beginnen, neugierig zu sprießen.

Eins nach dem andern blüht auf:
Schneeglöckchen, Krokus und Tulpe,
weiß, gelb, lila und rot.
Die zufriedene Katze strahlt.

2 **Er ist's** Eduard Mörike

Frühling lässt sein blaues Band
Wieder flattern durch die Lüfte;
Süße, wohlbekannte Düfte
Streifen ahnungsvoll das Land.
Veilchen träumen schon,
Wollen balde kommen.
– Horch, von fern ein leiser Harfenton!
Frühling, ja du bist's!
Dich hab ich vernommen!

5 Lerne eines der Gedichte auswendig und trage es sinnbetont vor.

6a Male zu dem von dir ausgewählten Gedicht ein passendes Bild und schreibe den Text dazu (am besten mit dem PC), sodass ein Gesamtbild entsteht.

b Vergleicht eure Bilder und sprecht darüber, ob und inwiefern sie euer Gedichtverständnis ausdrücken.

7 Untersuche Text 2 genauer. Können Veilchen träumen? Nenne weitere bildliche Ausdrucksweisen und erläutere mithilfe der Sachinformation (S. 108), um welche bildlichen Gestaltungsmittel es sich handelt.

8 Untersuche Text 1. Welches bildliche Gestaltungsmittel wird hier verwendet?

9 Verfasse ein Gedicht nach diesem Muster, in dem du z. B. Herbst, Winter, Morgen, Nacht, Wut, Freude durch den Vergleich mit einem Lebewesen bildhaft darstellst.

GEDICHTE SCHREIBEN

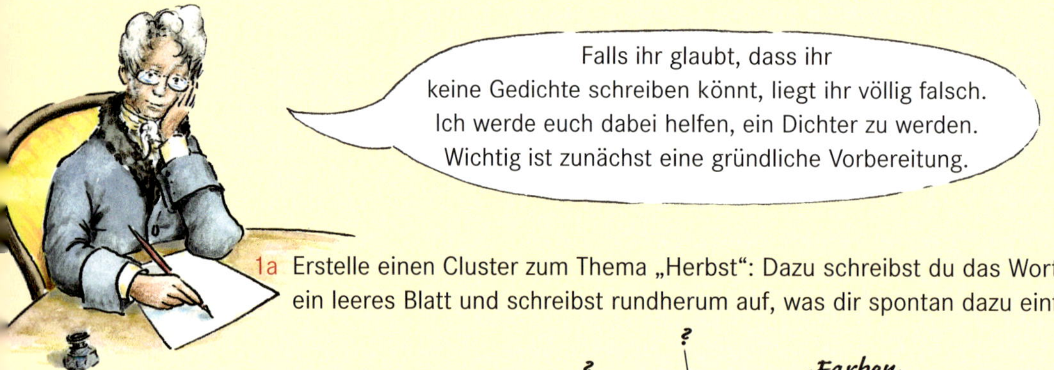

1a Erstelle einen Cluster zum Thema „Herbst“: Dazu schreibst du das Wort „Herbst“ mitten auf ein leeres Blatt und schreibst rundherum auf, was dir spontan dazu einfällt.

b Nun kannst du durch verschiedene Farben sortieren, was zusammengehört.

c Aus dem Cluster entsteht eine Mindmap: Schreibe wieder das Wort „Herbst“ in die Mitte eines leeren Blattes und notiere deine Einfälle aus dem Cluster wie im Beispiel geordnet. Ergibt sich ein Bereich, der in deiner Vorstellung eine besondere Rolle spielt?

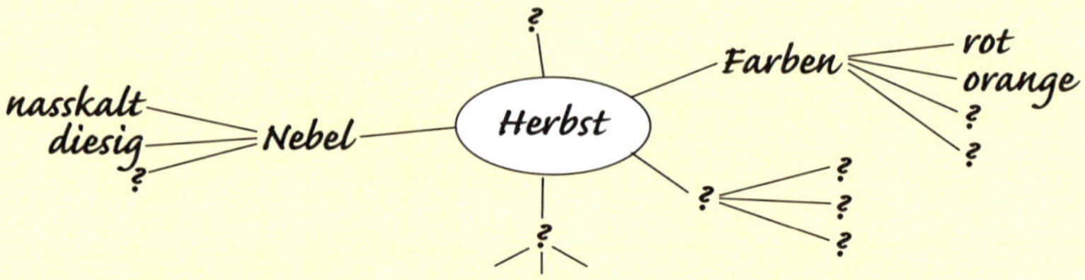

2a Fehlen dir noch die Worte? Schreibe möglichst viele Substantive (Nomen) (z. B. Wind), Adjektive (z. B. golden) und Verben (z. B. färben) auf, die zum Herbst passen.

b Notiere auch passende bildliche Ausdrücke, z. B. „Der Wind spielt mit den Blättern“.

3a Erkundet gemeinsam die Umgebung eurer Schule. Nehmt eine Schreibunterlage, einen Stift und Papier mit. Sucht jeweils mindestens zwei Naturbilder aus, die euch besonders gut gefallen, z. B. ein umherfliegendes Blatt, einen Baum oder einen Käfer, der sich unter die Blätter verkriecht.

b Beschreibt dieses Bild in wenigen Sätzen möglichst genau. Beachtet dabei:
- Was seht und was hört ihr?
- Was riecht ihr und wie fühlt sich z. B. das Blatt an?
- Wie fühlt ihr euch; was empfindet ihr?

Ein Wort wird zu einem Gedicht

4 Schreibe die Buchstaben eines Wortes, das zum Thema „Herbst“ passt, untereinander und bilde aus jedem Buchstaben ein neues Wort, z. B. Sturm:

September
Hastig
Nach Hause
Regen, Wind
Sommerabschied

Ein Elfchen zum Thema „Herbst“

5 Bildet Fünfergruppen. Eine oder einer von euch schreibt ein Wort auf ein Blatt und reicht es an seinen rechten Nachbarn weiter. Dieser schreibt zwei passende Wörter darunter und gibt das Blatt weiter. Der Dritte schreibt drei, der Vierte vier Wörter. Anschließend sucht der Fünfte nach einem passenden Wort für die letzte Zeile, das wie eine Überschrift zum ganzen Gedicht passt.
Das sind dann insgesamt elf Wörter.

1 Bäume
2 im Herbst
3 haben bunte Blätter
4 in allen erdenklichen Farben.
5 Malkasten

Einen Text sprachlich ver-dichten

Grundlage für das Gedicht sind eure Beobachtungsnotizen (vgl. Aufgabe 3).

Auf einer grünen Holzbank liegt ein rotes, abgefallenes Blatt. Es raschelt im Wind und weht mal ein Stück zur einen, mal zur anderen Seite, je nachdem, aus welcher Richtung der Wind weht. Es sieht lustig aus.

6a Verdichte die Sprache dieser Notizen, indem du Wörter weglässt bzw. durch treffendere Ausdrücke und sprachliche Bilder ersetzt.
b Schreibe den Text in Versform auf. Ein besonders wichtiges Wort kann dabei auch allein auf einer Zeile stehen.
c Finde einen treffenden Titel zu dem Gedicht.
d Stellt eure Ergebnisse der Klasse vor und überarbeitet sie bei Bedarf gemeinsam.

ZWISCHEN MIR UND DER WELT

Medien

Die Insel Veltoli ist einsam und unbewohnt – aber es gibt dort Trinkwasser, Feuer, Strom und eine gut gefüllte Vorratskammer mit all deinen Lieblingsgerichten. Stell dir vor, du würdest ein paar Monate auf dieser Insel verbringen.
Was würdest du mitnehmen?
Du darfst dir fünf Dinge aussuchen.
Sammelt eure Ideen an der Tafel und versucht, sie zu ordnen!

Es gibt viele Medien. Welche findest du hier? Welche kennst du noch?

Schreibe eine Geschichte zu den Bildern.

1. FREMD SEIN – ANDERS SEIN
Medium Jugendbuch

Text 1

Brandanschlag auf Asylbewerber-Heim

Neukirchen – Unbekannte Täter haben in der Nacht zum Freitag einen Brandanschlag auf eine Asylbewerber-Unterkunft verübt. Das von 50 Menschen bewohnte Haus wurde nach ersten Ermittlungen von außen angesteckt. Der Hintergrund des Anschlags war zunächst völlig unklar. Auch eine fremdenfeindliche Tat kann nicht ausgeschlossen werden. Es werde in alle Richtungen ermittelt, sagte Polizeidirektor Leonhard Gruber. Die in dem Heim untergebrachten Flüchtlinge, darunter 15 Kinder, konnten rechtzeitig das Haus verlassen. Die Täter hatten eine Holzverschalung an der Außenwand des Gebäudes angesteckt. Die Flammen konnten nach einer Stunde gelöscht werden.

1a Wovon berichtet die Zeitungsnachricht? Gib das Geschehen mit eigenen Worten wieder.
b Hast du schon einmal von ähnlichen Geschehnissen gehört oder gelesen? Erzähle.

2a Wer lebt in der Unterkunft? Aus welchen Gründen? Überlegt gemeinsam.
b In einer Zeitungsnachricht stehen immer nur die wichtigsten Fakten eines Ereignisses. Wovon wird nicht gesprochen? Was würde dich zusätzlich noch interessieren?

Text 2 A **Milchkaffee und Streuselkuchen** CAROLIN PHILIPPS

Auf den Zehenspitzen schleicht Sammy zum Fenster zurück und schaut hinaus. [...]
Die ersten Zuschauer versammeln sich auf dem Hof. Sie stehen in einigen Metern Abstand zu den Jugendlichen und sehen zu, wie die Fenster bestimmter Wohnungen unter Beschuss genommen werden. Sie selber werfen keine Steine, sie sagen aber auch nichts, sie stehen nur da und schauen zu.
Auch Kinder sind unter den Zuschauern. Einige halten immer noch Luftballons in der Hand. Die Zuckerwatte schimmert im Schein der Straßenlaternen.
Auf den Balkonen ringsum stehen Menschen, angelockt vom Lärm. Sammy kennt viele von ihnen. Dort oben auf dem zweiten Balkon von rechts, das ist Herr Schmöller, für den er manchmal einkaufen geht und der ihm zur Belohnung jedes Mal ein paar Briefmarken für seine Sammlung schenkt.
Auf dem Balkon drüben steht Frauke, mit der er in dieselbe Klasse geht. Ob sie schon für das Diktat geübt hat? Neben ihr die Eltern und der große Bruder. Der ist eigentlich sehr nett. Er hat Sammy das Skateboard-Fahren beigebracht und ihn sogar auf die Skateboard-Anlage im Park mitgenommen, um ihn den anderen vorzustellen, weil Sammy seiner Meinung nach ein großes Talent sei.
Jetzt steht er genauso dort wie die anderen und schaut zu.

Text 2 B Sammy beugt sich vorsichtig aus dem Fenster, um genauer sehen zu können.
Da, das sind ihre Stimmen!
Sammy wird ganz steif vor Schreck und hält die Luft an. Sie stehen direkt unter seinem Fenster.
Jetzt haben sie ihn bemerkt.
„Dort, der Schwarze!“, schreit der Anführer. Er zeigt mit der Hand auf Sammy, der hastig das Fenster schließt.

Zu spät!

Ein Stein saust durch die Fensterscheibe an Sammys Kopf vorbei aufs Bett. Glassplitter spritzen auf die Jacke und die Hose und fallen auf seine Schuhe. Ein Splitter hat ihn im Gesicht getroffen. Er spürt, wie das Blut seine Backe hinunterläuft.

Bewegungslos steht er da und schaut auf die Scherben.

Auf einmal schnuppert er. Riecht es nicht verbrannt?

Erschrocken schaut er sich in seinem Zimmer um. Sein Teddy, der auf seinem Kopfkissen sitzt, hat Feuer gefangen und brennt lichterloh.

Es ist kein Stein gewesen, sondern eine Brandbombe, die den Teddy getroffen hat.

Sammy stürzt zum Bett, reißt den Teddy hoch und rennt ins Badezimmer. Dort dreht er den Wasserhahn über der Badewanne auf, hält den brennenden Teddy darunter.

Es qualmt und stinkt furchtbar. Sammy hustet und keucht. [...]

Das ganze Badezimmer ist voll Rauch. Sammys Augen brennen. Er reißt das Fenster, das zum Hof hinausgeht, weit auf und atmet tief durch. Dann nimmt er den Teddy aus dem Wasser und stolpert zurück in sein Zimmer.

Dort brennt inzwischen auch die Bettdecke. Sammy kann vor lauter Qualm kaum noch etwas erkennen. Er packt die Decke mit beiden Händen, zieht sie zum Fenster, öffnet es und wirft sie hinunter.

Sie segelt in einer dicken Rauchwolke zur Erde, mitten in die Zuschauer hinein, die erschrocken zur Seite springen.

Zum Glück wird niemand verletzt, aber die Menschen sind wütend und einer ruft zu Sammy hoch: „Was fällt dir eigentlich ein? Hast du keine Augen im Kopf? Hier unten stehen doch Kinder!“

3 Formuliere eine Überschrift (Thema), die für beide Texte gelten kann.

4a Jede der beiden beschriebenen Szenen könnte der Anfang eines Films sein. Ordne die Bildfolge so an, dass sie zur Atmosphäre und zum Handlungsverlauf passt.

b Überlege dir für beide Szenen, welche Hintergrundmusik du wählen würdest. Versuche, sie mit einem der Adjektive zu beschreiben, oder wähle selbst ein Adjektiv:

schnell, laut, leise, langsam, dumpf, getragen, heiter, fröhlich, schrill, hell, dunkel, drohend, eindringlich, schneller werdend, ansteigend, lustig

c Passt für beide Szenen die gleiche Art von Musik? Begründe deine Meinung.

d Kennst du einen oder mehrere Musiktitel, der/die zu den Szenen passen würde/n?

5a Was könnte Sammy auf den Vorwurf am Schluss von Text 2B (Z. 29 f.) antworten?

b Stell dir vor, du wärst an Sammys Stelle in der Wohnung gewesen. Am nächsten Tag schreibst du in dein Tagebuch, was passiert ist.

Text 3 Sammy wartet an diesem Abend auf seine Freundin Sonia.
Sie kommt mit ihrem Skateboard über den Hof gefegt, umfährt geschickt die herumstehenden Menschen und braust direkt in die Gruppe der Jugendlichen hinein, die erschrocken zur Seite springen. In einer eleganten Schleife bremst sie ab und steht vor dem Anführer der Gruppe, der vor Schreck einen Stein auf seinen Fuß hat fallen lassen und jetzt vor Schmerz jammert und auf einem Bein herumhüpft.
„Ja, hast du eine Macke oder was?“, schreit er Sonia an.
„Tut mir leid“, sagt Sonia und klemmt sich ihr Skateboard unter den Arm. „Kann ja nicht ahnen, dass du so schreckhaft bist.“
Er droht ihr mit der Faust.
„Verschwinde, du kleines Miststück, aber ein bisschen plötzlich.“
Während Sammy oben am Fenster vor lauter Angst ins Schwitzen gerät, geht Sonia mit betont langsamen Schritten zur Haustür. [...]
Sammy steht am Fenster und sieht hinaus. Er winkt ihr zu kommen. Vorsichtig schiebt sie sich näher an das Fenster heran und schaut nach unten, wo einer der Jugendlichen sich gerade bückt und einen Stein vom Boden aufhebt. In der einen Hand hält er eine Bierflasche, in der anderen den Stein, mit dem er erneut auf das Fenster zielt.
Ehe Sammy es verhindern kann, hat Sonia das Fenster geöffnet und steckt den Kopf hinaus. Der Werfer sieht Sonias weißes Gesicht mit den blonden Locken und hält verdutzt inne.
„Hau bloß ab“, schreit sie ihn zornig an. „Mein Vater ist bei der Polizei. Die rückt gleich an. Dann kannst du was erleben!“
Das stimmt zwar nicht, weder dass Sonias Vater bei der Polizei ist, noch dass die Polizei anrückt, aber es wirkt.

6a Wie verhält sich Sonia? Finde Adjektive, die zu ihrem Verhalten passen.

b Was tun dagegen die Menschen, die im Hof und auf den Balkonen stehen? Finde auch für ihr Verhalten treffende Adjektive.

c Vergleiche die Handlungsweise Sonias mit der der Menschen aus der Nachbarschaft. Überlege dir, warum sie jeweils so handeln. Welche Meinung hast du dazu?

Text 4 Langsam ziehen sich die Jugendlichen zurück. Auch die Zuschauer verschwinden einer nach dem anderen.
Als die Polizei dann tatsächlich anrückt, trifft sie nur noch zerbrochene Fensterscheiben, verschmutzte Wände, eine verkohlte Bettdecke und einige Reporter an, die für die nächste Ausgabe der Lokalzeitung Aufnahmen machen und Leute interviewen. Die Reporter klingeln an allen Wohnungen, wo Fensterscheiben eingeworfen wurden. Niemand öffnet. Auch bei Sammy stehen sie vor der Tür, klingeln und klopfen, aber Sammy und Sonia machen nicht auf.
Die Leute auf den Balkonen ziehen sich in ihre Wohnungen zurück. Überall werden die Fernseher aufgedreht.

7 Besprecht: Warum öffnen Sammy und Sonia die Tür nicht?
Warum machen die Nachbarn den Fernseher an?

8 Vergleiche die Zeitungsnachricht (Text 1) mit den Ausschnitten aus dem Jugendbuch. Besprecht Gemeinsamkeiten und Unterschiede.

9 Überlegt gemeinsam, warum die Jugendlichen den Anschlag auf Sammys Haus verübt haben und warum man immer wieder von ähnlichen Anschlägen in der Zeitung lesen kann. Welche Gründe werden genannt, wenn Menschen mit Gewalt gegen Fremde vorgehen?

Text 5 Er fand seine neue Lehrerin ganz nett. Trotzdem war ihm etwas mulmig zu Mute, als er hinter ihr in die Klasse marschierte.

Schlagartig wurde es ruhig, als sie ihn sahen. Vor diesem Moment hat er immer etwas Angst. Wenn er irgendwo neu hinkommt, gucken ihn alle erst mal neugierig an. Er kann in ihren Augen lesen, was sie denken: Wo kommt der denn her? Und: Was will der hier?

Während die Kinder in seiner neuen Klasse ihn angestarrt haben, hat er mit einem Blick gesehen, wer noch ein wenig anders war. Hinten in der vorletzten Reihe saßen zwei mit schwarzen Haaren. Mario und Silvio aus Portugal, wie er später erfuhr. Dass die beiden Mädchen in der ersten Reihe, Marta und Agnieska, aus Polen kommen, hat er nicht sofort gesehen. Schließlich haben sie blonde Haare und blaue Augen wie viele Deutsche. [...]

Frau Pinkepang hat dann gesagt, er solle ein wenig von sich erzählen, wo er herkomme und so. Sammy hat angefangen und es gab zunächst großes Gelächter.

„Wo kommst du her?", fragte ein großer Junge mit roten Haaren und einem Gesicht, übersät mit Sommersprossen. Boris hieß er. „Aus Essen", wiederholte Sammy. „Mensch, red keinen Quatsch. Ich hab einen Onkel in Essen. Der sieht aber ganz normal aus."

Die Klasse lachte.

„Ich bin in Essen geboren", sagte Sammy wütend.

Text 6 **Max, der Neue** Renate Welsh

Max war nun schon seit drei Wochen in dieser Klasse und fühlte sich genauso fremd wie am ersten Tag. Wie der reinste Ameisenhaufen schienen sie ihm. Er bekam richtig Heimweh nach seiner alten Schule, selbst wenn er an Stefans Herrschsucht, an Veronikas Herablassung, an Friedrichs Spott dachte. Dort hatte er seinen Platz gehabt, hatte sich ausgekannt.

Er starrte die Tischplatte an. Kein einziger Kratzer, nichts als helles Holz. Auf seinem alten Pult hatte ein dicker Elefant ein Gänseblümchen mit dem Rüssel gehalten, eine Erdkugel riesige Tränen geweint, Monogramme waren in pfeildurchschossenen Herzen gestanden, zwei Mäuse hatten an den Fünfen in einem Zeugnis genagt, Grabhügel Kreuze getragen. Die hatte nicht Max gekritzelt, die waren schon lange vor seiner Zeit da gewesen. Generationen von Schülern hatten daran gearbeitet. Max wunderte sich, wie deutlich er die Platte vor sich sah, wie genau er die Linien verfolgen konnte.

Jede Beschädigung des Klasseninventars ist streng verboten. Beschädigte Möbelstücke müssen ausnahmslos ersetzt werden.

10a Was haben Sammy und Max gemeinsam? Was unterscheidet sie?

b Wie fühlt sich Sammy, als er in seine neue Klasse kommt? Warum ist er wütend über Boris' Bemerkung?

c Lies die Zeilen 6 – 10 von Text 5 noch einmal. Woran merkt Sammy, dass in der Klasse nicht nur Kinder sind, die in Deutschland geboren wurden? Sieh dir nun einmal deine Klasse an. Ist es eindeutig zu erkennen, wer woher kommt?

d Warum sehnt sich Max nach seiner alten Schule zurück? Was gefällt ihm nicht an seiner neuen Klasse?

e Wie beurteilst du das Verhalten von Max' Klassenkameraden? Was würdest du wahrscheinlich an seiner Stelle tun?

11a Suche dir einen der beiden Jungen aus. Schreibe dann als Max oder als Sammy einen Brief an einen Freund, in dem du ihm über deine neue Klasse berichtest.
b Hast du dich selbst auch schon einmal anders als die anderen gefühlt? Erzähle.

12a Beschreibe die Titelbilder der beiden Jugendbücher.
b Welche Informationen über das jeweilige Buch kannst du den Buchumschlägen entnehmen?
c Welches der beiden Bücher würdest du lieber lesen? Begründe deine Entscheidung.

13a Überlegt, wo ihr die beiden Bücher finden könntet. Welche Bibliotheken stehen euch dafür zur Verfügung?
b Hast du schon einmal in einer Bibliothek gezielt nach einem Buch gesucht? Erzähle von deinen Erfahrungen.

2. EINSEITIGE ANGELEGENHEITEN? Medium Fernsehen

Text 7 Auf dieses Asylbewerber-Heim in Neukirchen wurde gestern Abend ein Brandanschlag verübt. Die Täter steckten die Holzverschalung an der Außenwand des Gebäudes an. Erst nach einer Stunde konnte die Feuerwehr die Flammen löschen.
Zum Zeitpunkt der Tat wurde das Haus von 50 Flüchtlingen bewohnt, darunter waren 15 Kinder. Alle Bewohner konnten das Heim rechtzeitig verlassen. Es entstand jedoch hoher Sachschaden. Der Hintergrund des Anschlags ist noch völlig unklar.
„Wir bedauern diese schreckliche Tat. Leider kann nicht ausgeschlossen werden, dass ausländerfeindliche Motive dahinterstecken. Wir werden aber auf jeden Fall in alle Richtungen ermitteln."

1a Vergleiche diese Meldung mit der Zeitungsnachricht (Text 1, S. 114). Welche Unterschiede fallen dir auf?
b Dieser Text stammt aus einem kurzen Fernsehbericht. Hätte man ihn auch im Radio hören können? Begründe deine Meinung.

2 Spielt Text 7 nach. Überlegt euch vorher, in welcher Art von Fernsehsendung diese Meldung kam, wer jeweils spricht und was jeweils zu sehen ist.

Text 8 **Aus welchen Gründen siehst du fern?**
Umfrage unter 100 Schülerinnen und Schülern der 5. Klassen eines Gymnasiums. Mehrfachnennungen waren möglich.

Weil ich immer zu einer bestimmten Zeit fernsehe.	42
Weil mir langweilig ist.	37
Weil meine Familie auch fernsieht.	31
Weil ich keine Folge meiner Lieblingsserie verpassen möchte.	30
Weil ich mitreden will.	27
Weil ich mich informieren möchte.	22
Weil keiner mit mir spielt.	18
Weil ich ein bestimmtes Programm sehen möchte.	15
Weil das Wetter schlecht ist.	12
Weil meine Freunde keine Zeit haben.	10
Andere Gründe	8
Ich sehe nie fern.	3

3a Welche der folgenden Aussagen passen zur Tabelle?
A *Etwa ein Drittel der Befragten sieht fern, weil die Familie es auch tut.*
B *Die wenigsten folgen beim Fernsehen festen Gewohnheiten.*
C *Alle Befragten sehen regelmäßig fern.*
D *37 Schülerinnen und Schüler sehen fern, weil sie sich langweilen.*
E *Das Bedürfnis nach Information wird als ein wichtiger Grund genannt.*
F *Die allermeisten der Befragten sehen gezielt fern, also weil sie eine bestimmte Sendung sehen wollen.*

b Formuliere selbst einige Sätze, die die Aussagen der Tabelle wiedergeben.

4a Überlege, in welchen Situationen du selbst fernsiehst. Zu welchen Zeiten siehst du nie fern? Warum?

b Macht diese Umfrage auch in eurer Klasse, wertet sie aus und vergleicht eure Ergebnisse mit denen der Tabelle oben. Welche Unterschiede gibt es?

5 Wenn du wissen möchtest, wie oft und wie lange du tatsächlich vor dem Fernseher sitzt, dann führe eine Woche lang ein Fernsehtagebuch. Übertrage dazu die Tabelle in dein Heft und fülle die Spalten jeden Tag aus. Am Ende der Woche zählst du die Zeiten zusammen.

Fernsehtagebuch für die Woche vom * bis *

	Zeit (Minuten) Mo	Di	Mi	Do	Fr	Sa	So	Woche insgesamt
Informative Sendungen	*	*	*	*	*	*	*	*
Shows	*	*	*	*	*	*	*	*
Spielfilme	*	*	*	*	*	*	*	*
Serien	*	*	*	*	*	*	*	*
Werbung	*	*	*	*	*	*	*	*
Kindersendungen	*	*	*	*	*	*	*	*
Sportsendungen	*	*	*	*	*	*	*	*
Sonstiges	*	*	*	*	*	*	*	*
Insgesamt ferngesehen	*	*	*	*	*	*	*	*

6 Vergleicht eure Fernsehtagebücher. Vielleicht können einige von euch die Ergebnisse in einer Computergrafik darstellen. Beantwortet dann gemeinsam folgende Fragen.
- Wie lange seht ihr fern? Gibt es große Unterschiede?
- Welche Sendungen seht ihr am häufigsten?
- Gibt es jemanden, der gar nicht fernsieht?
- Seht ihr am Wochenende mehr fern als an Schultagen?

7a Welche Fernsehsendungen siehst du am liebsten? Schreibe drei davon auf und begründe deine Entscheidung. Erzähle dann der Klasse davon.

b Erstellt eine Hitliste mit euren gemeinsamen Lieblingssendungen.

c Erinnere dich an einen Film im Fernsehen, den du in der letzten Zeit gesehen hast. Schreibe eine kurze Beurteilung auf: Wie hieß der Film? Worum ging es? Was hat dir gefallen? Was fandest du nicht so gut?

d Wählt aus einem aktuellen Fernsehprogramm einen Film aus, den ihr möglichst alle sehen könnt. Beurteilt ihn dann gemeinsam wie in c. Habt ihr unterschiedliche Meinungen? Sprecht darüber.

Text 9 **Der TV-Karl** Christine Nöstlinger

Ohne mir viel zu denken, habe ich den blauen Knopf gedrückt. Die Tennisspieler sind vom Bildschirm verschwunden, es hat schwarz-weiß geflimmert, es hat bunt geflimmert, dann ist ein Zimmer zu sehen gewesen. Mit einem Sofa darin. Darauf ist ein Mann gelegen, der hat in einem Buch gelesen. [...] Da hat der Mann auf dem Bildschirm das Buch zugeklappt und gesagt: „Ich bin der Karl." Und gleich darauf: „Ist doch netter, wenn Fernsehen keine so einseitige Angelegenheit ist." Und dann: „Bin froh, dass du endlich den blauen Knopf gefunden hast." Und schließlich: „Wenn du mich nicht haben willst, musst du bloß noch einmal drücken."

8a Würdest du noch einmal auf den blauen Knopf drücken? Begründe deine Antwort.

b Warum sagt Karl, Fernsehen sei eine „einseitige" Angelegenheit? Was sind dann „zweiseitige" Angelegenheiten?

c Stell dir vor, die Fernbedienung bei euch zu Hause hätte auch so einen blauen Knopf, der einen echten Menschen im Fernsehen hervorzaubern könnte. Welcher Figur aus einer Fernsehsendung würdest du dann am liebsten begegnen? Begründe deine Entscheidung. Schreibe auf, was du und deine Lieblingsfigur miteinander unternehmen würdet.

9 Was haben Buch und Fernsehen miteinander gemeinsam? Denke dabei an die „einseitige Angelegenheit" des TV-Karl. Fallen dir noch weitere Beschäftigungen ein, die auch „einseitige Angelegenheiten" sind?

b Was unterscheidet Buch und Fernsehen?

10a Welche akustischen Medien (Hörmedien) kennst du? Zähle auf, was dazu gehört.

b Sicherlich siehst du nicht nur fern, sondern hörst auch Radiosendungen. Welcher Sender, welche Sendungen gefallen dir, welche magst du nicht? Tauscht eure Erfahrungen aus.

c Wann und warum stellst du das Radio an? Welche Vorteile und welche Nachteile hat es gegenüber anderen Medien?

d Entwerft in Gruppen ein Nachmittagsprogramm eines Radiosenders, das euch gut gefallen würde.

Bücher, Zeitungen und Zeitschriften, Radio, Fernsehen, CDs, Computer, Musik- und Videokassetten nennt man **Medien**. Sie heißen so, weil sie **Mittel** der **Unterhaltung** und der Verbreitung von **Informationen** sind. Das Wort *Medium* kommt aus dem Lateinischen und bedeutet „Mittel“.

11 „Fernsehen ist Kaugummi für die Augen.“ (Orson Welles)

a Was könnte dieser Satz bedeuten? Diskutiert darüber.

b Fallen dir ähnliche Sätze ein? Schreibe die folgenden Satzanfänge in dein Heft und ergänze:

Bücherlesen ist Lakritze für ... Die Zeitung lesen ist ...
Musik hören ist ... Computerspielen ist ...

Diskutiert eure Lösungen.

Das hast du in diesem Kapitel gelernt:

- **Jugendbuch:** Ausschnitte eines Jugendbuches erschließen und beurteilen: Situation, Handlung, Figuren
- **Fernsehen:** Fernsehgewohnheiten erfragen und in Tabellen darstellen
  Fernsehsendungen bewerten; ein Fernsehtagebuch führen
  Umfragen durchführen und auswerten
- **Medien:** Merkmale und Aufgaben von Medien, Vergleich von Medien

Ideen und Projekte

- Als Reporter für einen lokalen Radiosender oder eine Zeitung, die in deiner Stadt erscheint, machst du ein **Interview** mit einem der Beteiligten oder einem der Zuschauer des Brandanschlags auf das Asylbewerber-Heim.
- **Rollenspiel:** Überlegt euch in Gruppen weitere Situationen, in denen es wichtig ist, anderen zu helfen. Das kann auch bedeuten, Hilfe zu holen oder jemanden, der nur zusieht und nicht eingreift, anzusprechen und um Hilfe zu bitten. Spielt dann der Klasse eine Szene vor und sprecht über Inhalt, Verhalten der Personen und Wirkung.
- Besucht mit eurer Deutschlehrerin/eurem Deutschlehrer eine **Bibliothek**. Informiert euch vorher über die Öffnungszeiten und ob Führungen für Schulklassen angeboten werden. Vorher überlegt sich jeder ein Thema, zu dem er in der Bibliothek ein Buch finden will. Das kann der neue Roman einer bestimmten Autorin sein, ein Sachbuch über ein Hobby oder über ein Land, in das ihr reisen werdet ...
- Eindrücke von einem Buch kann man besonders gut in einem **Lesetagebuch** festhalten. Hier kannst du wichtige Textstellen aufschreiben, deine Ideen notieren, ein Figurenverzeichnis anlegen, einen Überblick über die Handlung geben und vieles mehr. Das Lesetagebuch kannst du mit Zeichnungen oder passenden Bildern und Ausschnitten aus Zeitungen und Zeitschriften illustrieren. Es bildet außerdem eine gute Grundlage für eine Buchvorstellung. Probiert es doch gleich einmal beim nächsten Buch aus, das ihr gemeinsam in der Klasse lest.
- Welches Buch hast du in der letzten Zeit gelesen? Erzähle, warum es dir gut oder nicht so gut gefallen hat. Aus euren Lieblingsbüchern könnt ihr eine kleine **Klassenbibliothek** einrichten, aus der sich jeder etwas ausleihen kann, was ihn interessiert. Geht vorsichtig mit den Büchern der anderen um! Vielleicht könnt ihr einmal im Monat eine Stunde für die Klassenbibliothek reservieren, in der ihr die Bücher sortiert, neue Bücher vorstellt, eine Lesung veranstaltet ...

BUCHVORSTELLUNG

1 Sieh dir die drei Titelblätter an. Suche dir ein Buch heraus und erzähle in drei oder vier Sätzen eine Geschichte, die zum Titelbild passen würde.

2a Lies die Texte auf der Rückseite der Buchumschläge (Texte 1–3).
b Vergleiche den Klappentext des Buches, das du dir für Aufgabe 1 ausgesucht hast, mit deiner Geschichte.

3 Erzählt der Klappentext die ganze Geschichte? Überlege, wozu Klappentexte dienen.

Text 1 **Denn ich höre die Delphine rufen** Karen Hesse

„Mila ist der Name, den die anderen mir gegeben haben. Die mich gefunden haben. Mila heißt Wunder."
Das Mädchen Mila ist bei Delphinen aufgewachsen. Sie kann sich nicht daran erinnern, je unter Menschen gelebt zu haben. Die Delphine sind ihre Familie, das Meer ist ihr Zuhause. Als sie von Forschern entdeckt und in die Zivilisation entführt wird, ist ihr alles Vertraute genommen. Langsam beginnt sie, sich in der Welt der Menschen zu orientieren, lernt ihre Sprache und übt sich in ihren Gewohnheiten. Mila macht Fortschritte und wird von ihren Betreuern gelobt. Doch in ihr nagt eine Sehnsucht, die immer stärker wird ...

Text 2 **Taubenjagd** Jerry Spinelli

Palmer erzählte Dorothy, wie beängstigend es war, der einzige Mensch in dieser Stadt zu sein, der eine Taube besaß. Er erzählte ihr, wovon er nachts träumte, dass er sich manchmal wünschte, der Bande nie beigetreten zu sein, und wieder und wieder beteuerte er, dass er wirklich, ganz wirklich kein Halsumdreher werden wollte ...
Dorothy durchquerte das Zimmer, stellte sich vor Palmer und sah ihm direkt in die Augen. „Dann lass es", sagte sie.
Diese Antwort ist für Palmer der Anfang einer Entwicklung. Aber er braucht noch viele Anstöße, bis er wagt, sich gegen den gültigen Ehrenkodex der Jungen dieser Stadt zu stellen.
Der nächste Taubentag wird entscheidend für Palmers ganzes Leben sein.

Text 3 **Mein Bruder ist ein Orkan** Kolet Janssen

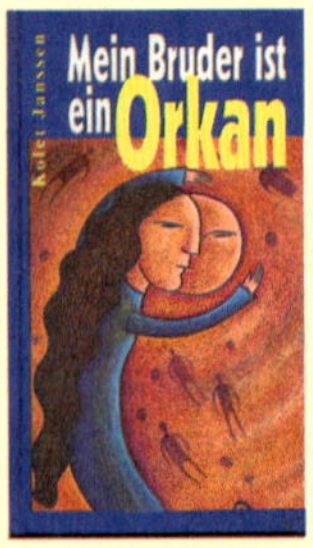

Mein Bruder ist autistisch, wisst ihr. Bei uns dreht sich alles um Andreas. Jeder nimmt Rücksicht auf das, was ihm gefällt und was nicht, was er gut verkraftet und was nicht. Aber was mir gefällt und was ich verkrafte, darum kümmert sich kein Mensch.
Es ist nicht immer leicht für Hannah, aber sie liebt ihren Bruder sehr. Andreas scheint in einer ganz eigenen Welt zu leben und nur selten andere Menschen an sich herankommen zu lassen. Auch seine Eltern nicht, auch Hannah nicht. Er lebt in einer Welt fester Rituale: Immer wieder hört er das gleiche Lied, immer wieder legt er alle Gegenstände, die er in die Finger bekommt, in eine lange Reihe.
Und wenn sich etwas in seiner Umwelt verändert, muss er schreien. Die Eltern fühlen sich immer öfter hilflos und überfordert und sehen keine andere Möglichkeit, als ihn in ein Heim zu geben. Aber Hannah will sich nicht von ihrem Bruder trennen. Sie findet es ungerecht, dass ihre Eltern einfach so über sie bestimmen. Heimlich schmiedet sie einen Plan ...

4a Stell dir vor, du willst eines dieser Bücher (oder ein anderes) vorstellen und es deinen Klassenkameradinnen und -kameraden empfehlen.
- Welche Hilfen bieten Titelblatt und Klappentext?
- Was würden deine Klassenkameraden über das Buch wissen wollen?
- Was ist dir wichtig? Was möchtest du über das Buch sagen?

b Wie kann man sich schon während des Lesens darauf vorbereiten, das Buch vorzustellen? Sammelt Ideen und besprecht sie.

Am besten hält man sich während einer Buchvorstellung an einen vorbereiteten Stichwortzettel. Hier findet ihr einen Vorschlag dafür.

Buchvorstellung

1 **Denn ich höre die Delphine rufen.** Autorin: Karen Hesse. Erschienen bei: dtv 1999. 199 Seiten, TB, € 7,50. Ab etwa 10 J. (keine Altersangabe!)

2 Amerika, heutige Zeit. Mädchen ist unter Delphinen aufgewachsen, wird von Forschern entdeckt, soll sich in Welt der Menschen zurechtfinden.

3 Hauptfigur Mila: Als ganz kleines Mädchen nach Flugzeugabsturz von Delphinen adoptiert, ernährt, beschützt. Fühlt sich zu einer Delphinfamilie zugehörig, hat Delphinsprache gelernt. Tag: schwimmen, spielen. Nacht: in die langen Haare gewickelt, schlafen auf einem Riff. Glückliches, freies Leben. Vorlesen: S. 109 „Das Meer ist lebende Musik ...“ – S. 111 „... dass ich ihn fangen konnte.“ Forscher nehmen sie mit. Soll sprechen, lesen, schreiben lernen. Zuerst gute Fortschritte. Freundschaft mit Sohn der Ärztin und mit Shay (anderes Mädchen, verwahrlost aufgewachsen). Sprache, Schule, Bücher, Musik. Mila ist neugierig, sucht neue Familie in ihren Therapeuten, vermisst aber immer Delphinfamilie. ...

4 Tolles Buch! Spannend, Ende lange ungewiss. Besonders gut: Schilderung des Lebens mit Delphinen (Musik überall!!), Vergleich Menschenwelt/Delphinwelt.
Vorlesen: S. 84 – S. 86. Komisch: Anfang und Ende groß gedruckt, Mitte klein. Was soll das? (Vorzeigen)

5 Habt ihr noch Fragen? Buch herumgehen lassen!!

5 Besprecht: Wie findet ihr diesen Stichwortzettel?

6 Überlegt, was sich an der Checkliste ändern würde, wenn ihr ein Sachbuch vorstellen wollt.
a Wie kannst du dein Interesse für das Thema des Buches deutlich machen?
b Was würde sich in der Vorstellung des Inhalts ändern?
c Wonach wählst du eine Kostprobe zum Vorlesen aus?

7a Hast du schon einmal eine Buchvorstellung oder ein Kurzreferat zu einem Thema gehalten? Was ist dir dabei schwergefallen, was war einfach? Was würdest du beim nächsten Mal anders machen?

b Was erwartest du von deinen Zuhörern während deiner Buchvorstellung? Kannst du etwas dafür tun, damit sie sich so verhalten, wie du dir das wünschst?

c Besprecht, welche dieser Vorschläge sich dazu eignen und welche nicht. Ergänzt die Liste der sinnvollen Vorschläge mit euren eigenen Ideen.

deutlich sprechen – die Zuhörer direkt ansprechen – das Referat abwechslungsreich gestalten – sich nicht aus dem Konzept bringen lassen – den Vortrag vorher üben – den Vortrag von einem Blatt ablesen – nicht zu lange sprechen – daran denken, dass es normal ist, nervös zu sein – die Zuhörer bedrohen – den Vortrag gut vorbereiten – beim Sprechen immer nur den besten Freund/die beste Freundin ansehen

8 Unterhaltet euch abschließend über eure Leseinteressen. Welche Bücher lest ihr gerne, welche interessieren euch weniger?

IM INTERNET RECHERCHIEREN

1 Die Hauptperson des Jugendbuchs „Milchkaffee und Streuselkuchen“ (vgl. S. 114 ff.) von Carolin Philipps ist der 10-jährige Sammy, dessen Eltern aus Äthiopien geflohen sind. Stell dir vor, du hättest das Buch gelesen und wolltest nun mehr über das Land erfahren, aus dem Sammys Eltern kommen. Überlege: Wo könntest du verständliche, genaue und aktuelle Informationen finden? Ergänze die Liste.
- Ich frage jemanden, der sich auskennt.
- Ich suche in einer Bibliothek nach einem Buch zum Thema.
- Ich suche nach einer CD-ROM zum Thema.
- ...

2 Man kann auch im Internet suchen, aber nicht jeder hat einen Computer mit Internet-Anschluss zu Hause. Überlegt gemeinsam, wo ihr Zugang zum Internet erhalten könnt.

3 Hast du schon einmal im Internet nach Informationen zu einem bestimmten Thema gesucht, also recherchiert? Berichte über deine Erfahrungen.

4 Meist beginnt man eine Internet-Recherche damit, dass man einen Begriff in eine Suchmaschine eingibt. Wenn ihr die Möglichkeit dazu habt, versucht es einmal.

a Welche Probleme kann es geben, wenn man einen sehr allgemeinen Begriff wie den Namen eines Landes in eine Suchmaschine eingibt?

b Kann dies trotzdem ein sinnvoller Anfang einer Recherche sein, wenn man zu einem Thema noch gar nichts weiß? Begründe deine Meinung.

c Stell dir vor, du erzielst mit einem Suchbegriff ca. 1000 Treffer. Alle Angaben wirst du nicht lesen können.
- Überlege dir, mit welchen gezielten Strategien du die für dich nützlichen Seiten finden kannst.

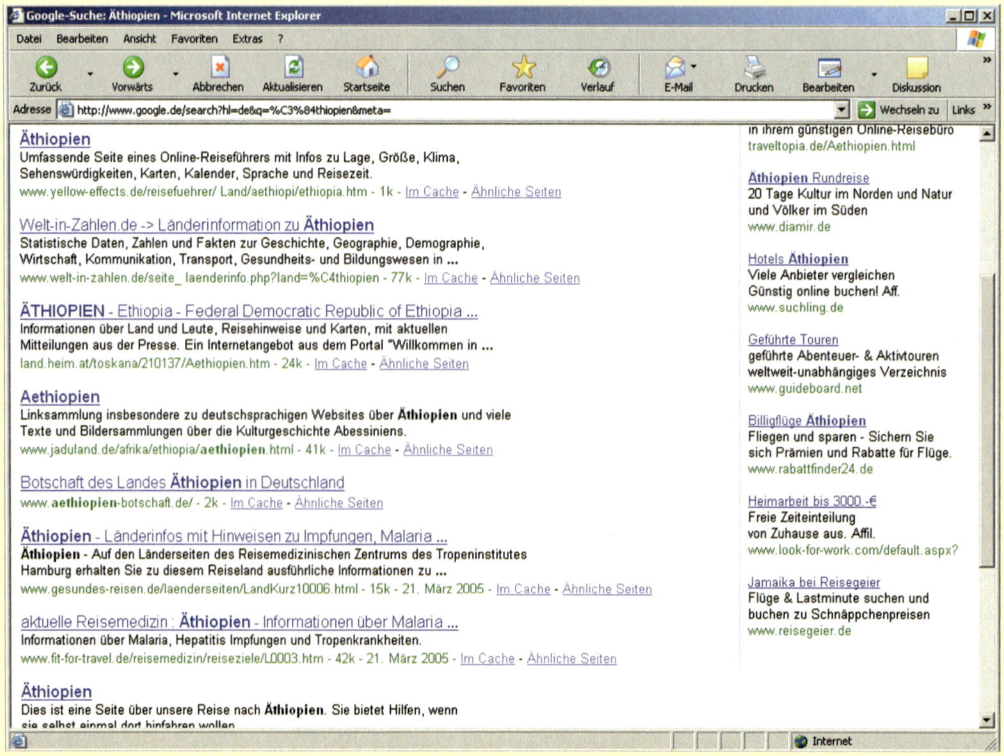

Bei jeder **Recherche** ist es wichtig, sich zunächst einen allgemeinen Überblick über das Thema zu verschaffen. Auch die zahlreichen Ergebnisse einer Suchmaschine können dir zumindest **Schlagworte** oder **Begriffe** (Unterbegriffe) liefern, mit denen du bei deiner Suche weiterkommst.
Sobald du einen groben Überblick über die verschiedenen Aspekte deines Themas gewonnen hast, kannst du das Thema enger eingrenzen. Überlege dir dazu, was dich besonders interessiert oder bei welchem Teilgebiet dir die Suche vielversprechend erscheint.

5a Sammelt nun Teilgebiete zum Thema „Äthiopien“, die ihr näher recherchieren wollt.
b Übertragt dazu die Mindmap in eure Hefte und ergänzt sie mit euren Vorschlägen.

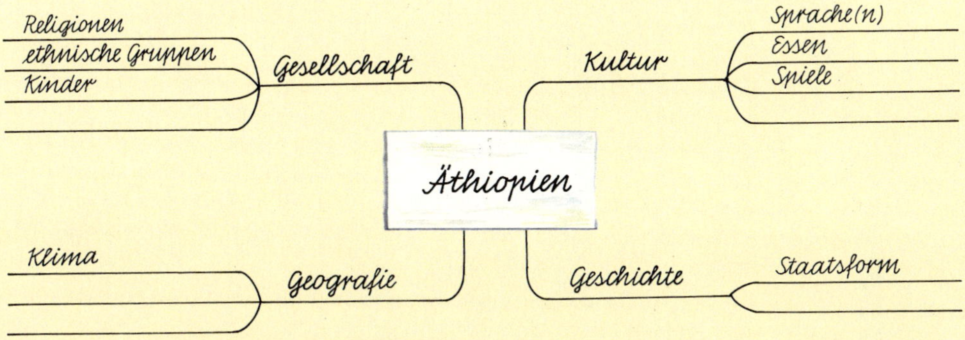

c Formuliert (in Gruppen) Fragen zu Teilbereichen.
- Wie viele Einwohner hat das Land?
- Welchen Stämmen/Völkern gehören sie an?
- Welche Sprache(n) spricht man?
- Gibt es eine typische Kleidung?
- Was isst man in Äthiopien?
- Braucht/erhält Äthiopien Hilfen aus anderen Ländern? ...

6 Gebt Begriffskombinationen in die Suchmaschine ein, z. B. „Äthiopien + Geschichte“. Was stellt ihr fest?

7 Tauscht euch über eure Erfahrungen mithilfe des Laufzettels aus.

Laufzettel zur Recherche im Internet
1 Welche Suchmaschine hast du benutzt?
2 Welche(n) Suchbegriff(e) hast du eingegeben?
3 Wie viele Treffer hast du erhalten?
4 Wie kannst du die richtigen Internetseiten herausfinden?
5 Wer sind die Anbieter?
6 Wie verlässlich sind die genannten Quellen?
7 Wird viel Werbung gezeigt oder ist diese eingeschränkt?

Artikel
Adjektive
Substantive
Verben
der
die
der
rote
grausige
Flügel-flagel
Fingur
Golz
gaustert
plaustert
gutzt

Was Wörter können

Gruselett CHRISTIAN MORGENSTERN

Der Flügelflagel gaustert
durchs Wiruwaruwolz,
die rote Fingur plaustert
und grausig gutzt der Golz.

Lest das Gedicht so, dass durch den Klang die Stimmung klar wird.
Malt ein Bild von der Fingur oder dem Golz.

Merkwürdige, unbekannte Wörter? Kein Wunder, denn Christian Morgenstern hat sie sich ausgedacht. Könnt ihr euch trotzdem vorstellen, was sie bedeuten?
Versucht, sie zu übersetzen: „Legt“ bekannte Wörter, die zu den unbekannten Wörtern passen, in die offenen Schubladen der Wörtertruhe.
Warum gelingt es leichter, eine „Übersetzung“ für das unbekannte Wort zu finden, wenn man es in einem Satz verwendet?
Warum weiß man, nach welcher Wortart man als Ersatz suchen muss?
Schreibt ein eigenes Gedicht, ein „Schmunzelett“.

1. DER MOGGEL: Substantiv/Nomen und Artikel

Text 1 A Da lag er, der silberne Drache, und schlief fest. Mit zusammengefalteten Flügeln lag er auf der Seite, sodass der Moggel den bleichen Bauch sehen konnte.

B There he lay, the silver dragon, fast asleep; he lay, with wings folded, turned on one side, so that the moggle could see his pale belly.

1a Das Substantiv/Nomen ist die Wortart, die in der deutschen Schreibung eine Sonderstellung einnimmt. Was ist diese Eigenart? Vergleiche mit dem Englischen.

b Was kann man daraus über das unbekannte Wort „Moggel" schließen?

Text 2 „Hier liegt der Drache also, auf dem Gold der Zwerge. So harmlos wirkt er im Schlaf", überlegte der Moggel. „Und doch hat er viel Leid über das kleine Volk gebracht." In alten Zeiten hatten die Zwerge in der Tiefe der Erde das helle Gold erschaffen und glänzende Ringe und Halsketten geformt, Tag und Nacht eifrig bei der Arbeit. Dann aber hatte der Drache, getrieben von Gier und Wut, ihnen den Lohn ihrer Mühe geraubt.
„Und doch wäre es schade um ihn, wenn er verschwände", dachte der Moggel voll Trauer.

2a Was, denkst du, könnte den Moggel in die Höhle des Drachens geführt haben?

b „Substantive/Nomen benennen Dinge, die man anfassen oder sehen kann."
Für welche Substantive/Nomen reicht diese Erklärung nicht aus? Ordne dazu die Substantive/Nomen aus Text 2 in die Tabelle ein. Ergänze dann die Erklärungen.

Konkreta	Abstrakta
Substantive/Nomen für Dinge und ✱, die man – anfassen kann – sehen kann z. B. *Drache*	Substantive/Nomen für Begriffe, die es nur in unserer Vorstellung gibt: z. B. Begriffe für den Raum (*Höhe, Weite*), für die ✱ (*Jahr, Stunde*), für ✱ (*Zorn, Liebe*)

Hier haben Drachentatzen die Nachsilben zertreten, die für Abstrakta typisch sind.

Text 3 Lang stand der Moggel unschlüssig in der Dunkel🐾. „Ich mogle mich oft durch, doch ein Feig🐾 bin ich nicht." Entschlossen trat er auf den Drachen zu, der gleich ein Auge öffnete: „Ich habe feine Ohren, Eindring🐾. Wer hat dir die Erlaub🐾 gegeben, die Höhle zu betreten?" „Eure glänzende Schuppigkeit", begann der Moggel rasch, denn Schmeichel🐾 schadet nie, „etwas Gesell🐾 bringe ich euch, Einsam🐾 und Trüb🐾 will ich euch vertreiben, solange ihr hier euer Eigen🐾 bewacht." „Sprich!", unterbrach ihn der Drache. „Ich bringe euch die Einlad🐾 zu der Versamml🐾 aller Wesen im Großen Verzeich🐾." Sofort hob der Drache den Kopf: „Darauf warte ich schon lange, gib her!"

3a Ergänze die beschädigten Substantive/Nomen in Text 3 durch passende Nachsilben, male diesen Drachen und trage die Nachsilben in seine verschiedenen Schwanzspitzen ein.

b Im Gegensatz zu Drachen sind Substantive/Nomen keine Einzelgänger. Sie erscheinen meist mit einem Begleiter. Suche nach Beweisen für diese Aussage in Text 3.

Keine Ausnahme scheint auch das nebenstehende Substantiv/Nomen zu sein:

Einsames
Substantiv/Nomen sucht
Begleiter
Interessenten bitte
melden!

Text 4 Im Reich ✻ Deutschmonster gab es einmal ✻ einsames Substantiv, das schon seit Langem ✻ Begleiter suchte. Sein Computer brachte ihn schließlich auf ✻ Idee: „✻ Internet wird mir helfen. Dort werde ich ✻ Suchaktion starten.“ Also schaltete ✻ Substantiv ✻ Computer an, klickte ✻ Webseite ✻ Kontaktagentur an und schrieb ✻ Suchmeldung.

4a Setze in Text 4 die passenden Begleiter ein: *der, die, das, den, ein, eine, einen, einer* (manche tauchen mehrfach auf). Erkläre dann, wann man den bestimmten Artikel (der, die, das) und wann den unbestimmten Artikel (ein, eine) verwendet.

b Schreibe einen eigenen Text wie Text 4 (ohne Artikel). Tauscht eure Texte aus, füllt die Lücken und besprecht eure Ergebnisse.

c Das einsame Substantiv/Nomen von S. 128 hat auf seine Suchmeldung im Internet drei Antworten von verschiedenen Artikeln bekommen, nun muss es sich für einen Begleiter entscheiden.

Mein Name ist **der.**
Ich bin ein „Maskulinum“, denn ich begleite die Substantive/Nomen männlichen Geschlechts.

Ich heiße **die.**
Man bezeichnet mich als „Femininum“, denn ich begleite Substantive/Nomen weiblichen Geschlechts.

Ich bin **das.**
Man nennt mich auch „Neutrum“.
Ich begleite Substantive/Nomen sächlichen Geschlechts.

5 Zu der Versammlung der Fabelwesen und Zauberdinge sind alle Eingeladenen erschienen. Ihre Begleiter haben sie natürlich auch mitgebracht, in dem Gedränge wurden sie allerdings getrennt. Ordne sie einander wieder zu: Trage jedes Substantiv/Nomen mit dem passenden Artikel in die folgende Tabelle ein.

Hexenmeister – Fee – Hexe – Zauberbuch – Ungeheuer – Werwolf – Elfenfürst – Nixe – Troll – Einhorn – Glaskugel – Kröte – Zauberstäbe – Gespenster – Riese – Kobold – Hexenbesen – Wolkentochter

Das grammatische Geschlecht der Substantive/Nomen nennt man **Genus.**
Es gibt drei verschiedene Genera:

Maskulinum	Femininum	Neutrum
(das männliche Geschlecht),	(das weibliche Geschlecht),	(das sächliche Geschlecht).
der Riese	*die ...*	*das ...*

Achtung: Wenn du mehrere Wesen einer Art siehst, darfst du jedoch für die Bestimmung des Genus nur ein einzelnes betrachten, z. B. *Gespenster* → *Gespenst – das Gespenst.*

6 Tom, ein englischer Gastschüler, meint: „Im Englischen gibt es nur einen Artikel, ihr habt drei! Und warum ist *Kröte* feminin? Es gibt doch männliche und weibliche Kröten!“
Erkläre an dem Beispiel *das Mädchen* den Unterschied zwischen dem natürlichen und dem grammatischen Geschlecht, dem Genus.

7a Kennst du einen „Zauber“, durch den aus *die Hexe der Hexe* wird?
Tipp: Bilde alle möglichen Sätze aus den Wörtern. Setze dazu die Wörter *Hexe, helfen, Bär* in die passende Form und ergänze die Artikel, z. B. *Die Hexe half ... Der ...*

b Woran wird in den Sätzen erkennbar, wer etwas tut und mit wem etwas getan wird?

Deklination
Um in einem Satz eine klare Aussage machen zu können, müssen das Substantiv/Nomen und der dazugehörige Artikel in einen bestimmten **Kasus** (Fall) gesetzt werden. Den Kasus kann man durch Fragen feststellen. Im Satz erkennt man ihn an der Form des Artikels und an der Endung des Substantivs/Nomens. Im Deutschen kann man jedes Substantiv/Nomen in alle vier Kasus setzen, d. h. **deklinieren**.

1. Fall: **Nominativ**	**Wer** (oder was) lebt in der Höhle?	In der Höhle lebt **der** Drache.
2. Fall: **Genitiv**	**Wessen** Höhle ist das?	Das ist die Höhle **des** Drache**n**.
3. Fall: **Dativ**	**Wem** hilft der Moggel?	Der Moggel hilft **dem** Drache**n**.
4. Fall: **Akkusativ**	**Wen** (oder was) sieht der Moggel?	Der Moggel sieht **den** Drache**n**.

8 Schreibe die Tabelle in dein Heft. Dekliniere ebenso *Einhorn* und *Hexe.*

9 Bestimme in Text 5 den Kasus der Substantive/Nomen.

Text 5 **Die große Versammlung der Fabelwesen**

Den Vorsitz führte die Feenkönigin: „Wir haben diese Sitzung einberufen, um die beunruhigenden Meldungen unserer Untertanen zu besprechen." Eine Hexe trat vor: „Wir vermissen unsere Oberhexe, sie verschwand urplötzlich. Ob der Oberzaubermeister sich einer lästigen Konkurrentin entledigt hat? Er hatte der Oberhexe schon mehrfach gedroht, ihr die Zulassung zu entziehen, die Verkaufszahlen ihres Zauberelixiers waren dem Oberzaubermeister zu hoch."
„Nein, auch mein Koch ist verschwunden. Und ich werde immer bleicher und muss mehr Make-up auftragen!", drängte Dornröschen sich vor. „Die Farbe meiner Kleider wird blasser ..."
„Seht", war plötzlich von hinten zu hören, „die Haut des Drachen wird fast durchsichtig!"

10 Im Schwanz des Drachen kann man die Sätze sehen, die er verschlungen hat. Seine Zähne haben die großen Anfangsbuchstaben der Substantive/Nomen zerkleinert, die Artikel hat er schon verdaut. Befreie die Sätze: Ergänze beim Abschreiben die bestimmten und unbestimmten Artikel sinnvoll vor den Substantiven/Nomen und setze passende Satzgrenzen (Satzzeichen).

11 Nach der Versammlung wollen die Abgesandten Bericht erstatten, sie ziehen sich mit ihren Artgenossen zur Beratung in verschiedene Tagungsräume zurück.

a Führe die Fabelwesen in ihren „Raum" und untersuche dabei: Was ändert sich an dem Wort, wenn aus einem Wesen mehrere werden?

b Schreibe die Übersicht ins Heft und setze die Substantive/Nomen in die richtige Tür ein.

c Manchmal teilen sich verschiedene Wesen zwar einen Raum, weitere Räume sind aber nötig; ergänze sie also.

Formen der Pluralbildung

d In welchen „Raum“ würdest du den „Moggel“ schicken?

Der **Numerus** ist die Zählform der Substantive/Nomen: **Singular** (Einzahl) – **Plural** (Mehrzahl)

2. ZAUBERFORMELN: Adjektive

Text 6 **Aus dem Lexikon der fantastischen Wesen („Das Große Verzeichnis“)**

Moggel, der

Der ✻ Waldbewohner entzieht sich der ✻ Untersuchung, da er die ✻ Gabe hat, sofort ✻ zu verschwinden, wenn sich ihm Menschen ✻ nähern. Laut unbestätigter Aussage einzelner, in menschlicher Gesellschaft lebender Gartenelfen ist er ein ✻ Wesen, das sich gerne im Kreis anderer Fabelwesen aufhält und sich dort ✻ bewirten lässt. Nur Zauberer meidet er, wenn möglich. In Geschicklichkeit und in seiner ✻ Größe ähnelt der Moggel den ✻ Zwergen, ist ihnen aber durch seinen ✻ Geist überlegen. Der Moggel trägt gerne ✻ Kleidung aus ✻ Materialien des Waldes. Schuhe kennt er aber nicht, denn seine Füße haben auf der Unterseite ✻ Sohlen.

scheue, geselliges, farbige, lautlos, wachen, üppig, geringen, stämmigen, ungestüm, genauen, natürlichen, lederartige, ungewöhnliche

1a Aus Platzmangel ist der ursprüngliche Text für den Lexikoneintrag gekürzt worden. Wenn du die entfernten Adjektive sinnvoll einfügst, erhältst du wieder den Originaltext. Jedes Auslassungszeichen steht für ein Adjektiv. Beachte, dass das Adjektiv vor einem Substantiv/Nomen die richtige Deklinationsendung braucht!

b Wie wirkt der Text mit Adjektiven, wie ohne sie? Welche Aufgabe haben sie also?

c Male ein Bild des Moggels. Welche Hilfen geben dir dabei die Adjektive?

d Schreibe einen Lexikoneintrag mit vielen Adjektiven für ein Fabelwesen deiner Wahl.

2 Adjektive sind für Erzählungen wichtig. Um euch beim Verfassen von Aufsätzen die Suche nach Adjektiven zu erleichtern, könnt ihr eine der Zauberformeln anwenden.

Adjektiv-Zauberformel 1: Aus zwei mach eins!

a Nimm deinen Zauberstift und setze jeweils ein Wort aus dem linken Gefäß mit einem aus dem rechten sinnvoll zusammen. So entstehen neue Adjektive. Beispiel: *Gift + grün = giftgrün.* Achte auf die korrekte Schreibung der neuen Wörter!

b Füge diese zusammengesetzten Adjektive sinnvoll in die Lücken in Text 7 ein.

c Male nach den Angaben im Text ein Bild von Wirrig.

Text 7 **Die Lehrlinge des Oberzaubermeisters**

Der eine, Wirrig, war ein ✻ Kerl, der seine massige Gestalt gerne unter einem ✻ Umhang versteckte. Seine ✻ Haare standen ihm wild vom Kopf ab. Auf seiner mächtigen Nase trug er eine Brille mit ✻ Gläsern, die seine Augen froschartig vergrößerten. Sein Gegenspieler war Arsan, dessen ✻ Körper in einem ✻ Anzug aus schimmernder Seide steckte. Auf seinem Kopf saß ein ✻, spitzer Hut, mit dem er seine ✻ Haarsträhnen bedeckte. Während seine schlangenhaft schmalen Pupillen ✻ über die Geräte im Zauberlabor huschten, lachte er gehässig.

Text 8 Im Labor stand auf einem eisernen Gestell ein gläsernes Gefäß, in dem ein farbloses Gebräu brodelte. Arsan rührte es vorsichtig um, es sollte ein wirkungsvolles Elixier ergeben. Von den Regalen blinkten geheimnisvolle Gläser. In Röhren floss auf wundersame Weise ein unendlicher Strom von Flüssigkeit. Misstrauisch beäugte Wirrig die Tätigkeit seines Kollegen.

Adjektiv-Zauberformel 2: Der Zauber der Anhängung

Eis~~en~~ + -ern = eisern = aus Eisen   Farb~~e~~ + -los = farblos = ohne Farbe

3a Erläutere die Wirkungsweise der Zauberformel für die anderen Adjektive in Text 8.
b Erfinde nach diesem Rezept eigene Adjektive und beschreibe das Labor damit weiter.

Text 9 „Wird dir das Elixier gelingen?“, fragte Wirrig. „Wir sind noch nicht so geschickt im Umgang mit Zaubersäften.“ „Du vielleicht nicht“, entgegnete Arsan zornig. „Du bist ja dümmer als der Oberzaubermeister erlaubt. Meine Mittel gegen gute Laune sind zurzeit die besten auf dem Markt. Bald werde ich erfolgreicher und mächtiger sein als unser Meister!“ „Gib nicht so an!“, unterbrach ihn Wirrig. „In der Verwandlung bin sogar ich besser als du, da musst du noch viel lernen und unser großer Meister kann dich ...“ „Halt den Mund, du Wicht, sonst ...“

4a In Text 9 haben einige Adjektive eine Verwandlung vollzogen. Übertrage die Tabelle ins Heft und schreibe die Adjektive in die richtige Spalte. Ergänze dann die noch fehlenden Formen in den anderen Spalten.

Erkläre nun die Funktionsweise der Zauberformel 3.

*Adjektiv-Zauberformel 3: **Steigerungs**formel*

Positiv (= Grundstufe)	Komparativ (= Vergleichsstufe)	Superlativ (= Höchststufe)
geschickt	✻	✻
zornig	✻	✻
✻	*dümmer*	✻
gut	✻	*die besten*

b Kann man alle Adjektive steigern?
Untersuche dazu alle Adjektive in Text 7 bis Text 9 und begründe dein Ergebnis.
c Schreibe eine Fortführung von Arsans und Wirrigs Streit mit vielen gesteigerten Adjektiven.

3. PERSONEN UND ZEITEN: Verb

Text 10 Nichts sich im Tal der Zauberer. Die Sonne sich hinter den Wolken. Nebel vom Fluss herauf und zwischen den Bergen. Nur zaghaft Vögel in dem feuchten Dunst. Da ein kleines Wesen die Hänge hinunter. Es sich, über die Felsen und sich wieder auf. Es der Moggel, er endlich am Ziel seiner mühsamen Reise. Vorsichtig er sich vor dem Haus des Oberzaubermeisters um, dann er auf die Tür zu. Doch sofort ihn jemand im Nacken, ihn hoch und ihn in die Backen. Erschrocken der Moggel in die dicken Brillengläser des Zauberlehrlings Wirrig.

1a Welches Problem hat der Leser mit einem Text, wenn, wie hier, alle **Verben** fehlen?

b Füge die Verben aus dem Wortspeicher an passender Stelle in Text 10 ein.

trieb, zwitscherten, verbarg, blieb hängen, huschte, war, war, sah, blickte, hob, rappelte, kugelte, packte, rührte, überschlug, kniff, ging

2a Ein Verb kann in verschiedenen Formen auftreten: *fragen, fragt, fragte, fragtest, gefragt.* Finde alle weiteren möglichen Formen des Verbs *fragen.* Wie verändert sich das Wort?

b Teste an eigenen Sätzen: Kann man eine dieser Formen beliebig auswählen, um sie in einen Satz einzusetzen?
Welche Form könnte man hier einfügen? Der Moggel ✻ Wirrig nach seinem Meister.

c Setze die zerrissenen Sätze in Text 11 wieder zusammen. Woraus ergibt sich die Zuordnung?

Text 11

WIRRIG: Hallo Moggel, was willst	schicken mich doch mit einer wichtigen Bitte!
MOGGEL: Lass mich los, ich	hält aber gerade einen wichtigen Vortrag.
Ihr Zauberlehrlinge	du denn hier?
WIRRIG: Der Oberzaubermeister	brauche den Oberzaubermeister.
MOGGEL: Bitte! Die Fabelwesen	könnt mir nicht helfen.

Konjugation
In jedem Satz gibt es eine Verbform, die zu der Person gehört, die handelt.
Die Zugehörigkeit erkennt man an der Endung der Verbform, die zu der handelnden Person passt.
Diese Verbform nennt man **Personalform** oder **finite** (= bestimmte) **Form**.
Wenn du das Verb in die Personalformen setzt, dann **konjugierst** du es.

3a Setze *erzählen* in alle Personalformen:
im Singular (1. Person) *ich* ✻, (2. Person) *du* ✻, (3. Person) *er/sie/es* ✻
im Plural (1. Person) *wir* ✻, (2. Person) *ihr* ✻, (3. Person) *sie* ✻

b Konjugiere ebenso das Beispiel *(ich) werde erzählen.*
- Kläre: Welches der beiden Wörter ist das **Vollverb**, das die eigentliche Tätigkeit des Satzes bezeichnet?
- Was geschieht bei der Konjugation mit dem Vollverb?
- Welches der beiden Wörter ist das **Hilfsverb**, mit dem du die passende Verbform für den Satz bilden kannst?
- Wie heißt die Form, die es bei der Konjugation hat?

Bei zweiteiligen Verbformen bildet nur das Hilfsverb die Personalform. Das Vollverb, das die eigentliche Tätigkeit bezeichnet, erscheint in einer **infiniten** (= unbestimmten) **Form.** Eine infinite Form ist z. B. die Grundform des Verbs, der **Infinitiv.** Verben findet man im Wörterbuch immer unter ihrem Infinitiv (Endung: *-en*) verzeichnet.

4a Welche der folgenden Verbformen sind finite, welche infinite Formen?
Es ist meine Aufgabe aufzupassen.
Es kann nie schaden, etwas zu warten.
Er saß da, ohne zu reden.

b Bilde zu allen Verben aus Aufgabe 1b den Infinitiv.

Text 12 **Der Oberzaubermeister Ozet-em und seine Zuhörerschaft**

Ozet-em trug gerade aus den „Memoiren eines Magiers" von Edoardo Gondini vor: „Ich las und lernte eifrig. Viele Stunden saß ich vor meinen Büchern und arbeitete in jedem Fach fleißig mit, ob ‚Allgemeine Zauberkunde', ‚Verwandlungen' oder, ‚Sprüche und Formeln'. Ich ging immer gern zur Zauberakademie. Wir Lehrlinge waren uns unserer Verantwortung als zukünftige Zauberer stets bewusst!"
„Welch ein Magier, welch ein Vorbild! Lest ihr derartige Bücher? Nein! Ihr sitzt lieber mit Hexen auf dem Blocksberg statt vor euren Büchern. Ihr arbeitet mit dem Computer? Bah! Ihr lernt nichts! Seid ihr euch denn nicht bewusst, dass eure Probezeit bald zu Ende geht?"

5a Wem hält der Oberzaubermeister wohl diesen Vortrag? Worum geht es dabei? Welchen Gegensatz stellt der Oberzaubermeister dar?

b Schreibe die Verbformen auf, die sich auf den Magier Edoardo Gondini beziehen. Ordne ihnen dann ihre „Verbpartner" aus dem zweiten Teil des Textes zu.

ich las	ihr lest
...	...

c Untersuche: Worin unterscheiden sich die Verbformen – außer in der Person? Was gibt also das Verb im Satz an?
Tipp: Welches Wort könnte man als passende Ergänzung zu dem Verb hinzufügen: *damals, morgen, früher, jetzt?*

6 Die Verbformen in der linken Spalte von Aufgabe 5b nennt man **Präteritum.**

a Wie bildet man das Präteritum? Arbeitet in zwei Gruppen: Jede Gruppe setzt eine Reihe von Verben ins Präteritum (1. Person Singular) und beschreibt dann, was sich dabei verändert.

Gruppe A: lesen, gehen, sitzen, kommen, sprechen, schreiben, graben, fallen („starke" Verben)
Gruppe B: arbeiten, lernen, zaubern, reden, stellen, weinen, warnen, legen („schwache" Verben)

b Entscheide: schwaches oder starkes Verb? *singen, tanzen, schalten, steigen, kochen*

Starke und schwache Verben
Starke Verben verändern im Präteritum den Vokal im Wortstamm:
er schreibt – er schrieb; sie gießt – sie goss.
Schwache Verben begnügen sich im Präteritum mit der Endung *-te*:
ich lachte, du lachtest, wir lachten, ihr lachtet.

Hilfsverb und Vollverb
Vollverben sind Verben, die allein das Prädikat (→ Sachlexikon Deutsch) bilden können:
er schläft, sie lacht, er geht.
Hilfsverben können die Verben *haben, sein* und *werden* sein. Sie helfen z. B. die Zeitformen zu bilden: er *hat* geschlafen, sie *wird* lachen, er *ist* gegangen.

Text 13 **Das Gespräch des Moggels mit dem Oberzaubermeister Ozet-em**

Als der Moggel das Labor betrat, fragte Ozet-em sofort: „Warum **bist** du **gekommen**?" „Nun", begann der Moggel langsam, während er sich vorsichtig im Raum umsah, „ihr **habt** bereits von der Not der Fabelwesen **gehört**?" Ozet-em nickte ungeduldig. „Die Fabelwesen haben mich hierher geschickt, um deine Hilfe zu erbitten", fuhr der Moggel fort. „Viele sind farblos oder durchsichtig geworden. Alle haben Angehörige verloren; sie sind einfach verschwunden. Ein Elf ist zum Beispiel morgens wie immer aus dem Haus gegangen, an seiner Arbeitsstelle ist er aber nie angekommen. Das Fabelwesenmeldeamt hat besonders viele Mitarbeiter eingebüßt."

7a Wie bildet man das Perfekt? Arbeitet in zwei Gruppen, um das verwendete Hilfsverb zu bestimmen. Sucht aus Text 13 alle Perfektformen heraus:
Gruppe A: nach dem Muster *ihr habt gehört.*
Bildet außerdem Perfektformen von
sehen, fühlen, geben, suchen, wissen, bringen.
Gruppe B: nach dem Muster *du bist gekommen.*
Bildet außerdem Perfektformen von
laufen, rennen, springen, schleichen, steigen.
– Überlegt dann zusammen, was die meisten Verben der Gruppe B inhaltlich gemeinsam haben (Art der Tätigkeit, Wortfeld?).

b Untersucht das Vollverb. Es erscheint in einer Form, die **Partizip Perfekt** oder Partizip II heißt. Begründet, warum es sich dabei um eine infinite Verbform handelt.
Beschreibt, wie das Partizip Perfekt gebildet wird.
– Was kann sich im Verbstamm ändern?
– Was muss in den Lücken der nebenstehenden Übersicht noch stehen?
– Welche Besonderheit fällt bei *-erzähl-* auf? Wie wird hier das Partizip Perfekt gebildet?
– Das Verb *erzählen* wird nicht auf der ersten Silbe betont. Suche andere Verben mit dieser Betonung und prüfe, wie bei ihnen das Partizip Perfekt gebildet wird.

?	-erzähl-	?
	-meld-	
ge-	**-hör-**	**-t**
?	-komm-	?
	-sproch-	

c Übertrage den folgenden Text in dein Heft und fülle dabei selbstständig die Lücken.

Das **Perfekt** bildet man mit einer Form des Hilfsverbs ✻ oder ✻ und dem ✻ des Vollverbs. Das Perfekt ist – wie das **Präteritum** – ein **Tempus** (Pl.: Tempora; = Zeitform), das für ein vergangenes Geschehen verwendet wird. Schreibt man Erzählungen, setzt man meist das Präteritum ein. Im Gespräch verwendet man für Vergangenes eher das Perfekt.

Text 14 A „Was geschieht nur mit den Fabelwesen?“, fragte der Moggel verzweifelt. Ozet-em holte tief Luft: „Ich betreibe gerade eine Studie über die Fabelwesen. Sie sind so hoffnungslos altmodisch, ihnen fehlt der Bezug zur Realität. Aber nun zur Ursache des Übels, die liegt in der Welt der Menschen. Sie erzählen sich keine Geschichten mehr über die Fabelwesen. Märchenbücher verstauben in den Schränken. Dadurch verlieren deine Freunde an Substanz.“ „Warum bist dann du so groß und stark, Ozet-em?“ „Wir Zauberer erleben zurzeit einen enormen Aufschwung.“ „Und warum bin ich so rund und gesund?“, wunderte sich der Moggel.

Text 14 B „Sicher gibt es bald keine Bücher mehr“, beendete Ozet-em seufzend das Gespräch. „Außer meinen! Gleich heute Abend setze ich mich darüber und beginne mit der Suche nach einem Ausweg. Wenn du morgen kommst, habe ich hoffentlich die Lösung.“

8a Kannst du erklären, was wohl den Aufschwung der Zauberer verursacht hat? Versuche, die letzte Frage des Moggels zu beantworten.

b Untersuche die wörtliche Rede in den Texten 14 A und B: Die Verben stehen hier in einem Tempus, das **Präsens** heißt. Kläre: Zu welcher Zeitstufe gehört das Geschehen – Vergangenheit, Gegenwart oder Zukunft? Unterscheide zwischen Text 14 A und 14 B.

c Welche Wörter in Text 14 B unterstützen hier die gemeinte Zeitstufe?

Text 15 **Der Plan des Oberzaubermeisters**

„Ich werde deine Freunde aus ihrer Fabelwelt herausholen. Wir werden einen Weg beschreiten, der ihnen eine Zukunft eröffnen ✻. Du, Moggel, ✻ ihnen helfen, denn du ✻ sie anführen auf ihrem Weg in die Welt der Computer; nur dort ✻ sie ein langes Leben finden können. Mein Zauber ✻ sie vor dem Untergang retten.“

9a Meint ihr, dies ist eine sinnvolle Lösung des Problems? Werden die Fabelwesen dort tatsächlich ein langes Leben haben? Könnt ihr andere Vorschläge machen?

b Vervollständige die Lücken in Text 15 mit den passenden Verbformen. Welcher Zeitstufe sind sie zuzuordnen?
Das Tempus heißt **Futur.** Untersuche, welches Hilfsverb man für die Bildung des Futurs braucht. In welcher Form steht das Vollverb?

c Übertrage den folgenden Text in dein Heft und fülle dabei die Lücken mit den Wörtern aus dem Wortspeicher.

allgemeine, Zukünftiges, Gegenwart, Infinitiv, immer, Zukunft, werden

Das **Präsens** verwendet man für ein Geschehen, das momentan, d. h. in der ✻ stattfindet, oder für eine ✻ Aussage, die ✻ gültig ist. Man kann es auch für ✻ einsetzen. Das **Futur** bezeichnet nur die Zeitstufe der ✻; das Futur besteht aus einer Form des Hilfsverbs ✻ und dem ✻ des Vollverbs.

Text 16 **Das Ende der Fabelwelt**

Der Moggel trug den Fabelwesen den Vorschlag des Oberzaubermeisters vor. Sofort setzte entrüstetes Gemurmel ein. „Habe ich es nicht gesagt? Er will uns loswerden.“ „Dann wird er die Herrschaft ergreifen.“ Beruhigend redete der Moggel auf seine Freunde ein: „Wir haben keine andere Wahl. Es sind schon zu viele unwiederbringlich verschwunden, wir dürfen nicht noch mehr verlieren!“ Mit Mühe konnte er so alle überzeugen.

Am nächsten Tag drängten sich die Fabelwesen ins Labor und starrten gespannt auf den leuchtenden Bildschirm. Ozet-em erklärte kurz seinen Plan: „Ich habe alles vorbereitet. Wenn ihr euch in das blaue Licht beugt, werde ich einen Knopf drücken. Dadurch transportiere ich euch in eure neue Heimat." Manche hastig, andere eher zögerlich, traten die Fabelwesen einzeln nach vorne. Eines nach dem anderen tauchte in den blauen Lichtstrahl ein, wurde von einem ungeheuren Sog erfasst und verschwand mit einem leisen Knistern im Bildschirm.

10 Hättest du diesen Schritt gewagt? Gefällt dir dieses Ende der Geschichte? Wenn nicht, erfinde ein anderes.

b Bestimme in Text 16 alle Verben in ihrer Form und im Tempus (z. B. *trug,* Z. 1: 3. Person, Singular, Präteritum).

c Bestimme die Substantive in Genus, Kasus, Numerus (z. B. *der Moggel*, Z. 1: Maskulinum, Nominativ, Singular). Suche auch die Adjektive heraus.

Text 17 Jetzt wissen wir, warum manchmal unsere Computer abstürzen: Die Zwerge bearbeiten gerade die Festplatte mit ihren Hämmern. Der Arbeitsspeicher ist überfüllt, weil sich zu viele Fabelwesen darauf drängen. Und die Verbindung ins Internet klappt nicht, weil sich gerade ein Drache durch die Leitung zwängt! Gestern zum Beispiel stürzte mein Computer einfach so ab, nachdem ich auf einer Internetseite die Eingabetaste gedrückt hatte. Ich war gerade mit einer Eingabe auf meiner Homepage beschäftigt, als mein Virenscanner unerwünschte Fabelwesen und Zwerge meldete.

11 Untersuche die Zeitformen. Welche Zeitformen sind weder Präsens, Präteritum, Perfekt oder Futur? Woran kannst du das erkennen?

12 Bilde mithilfe der Sachinformation von den folgenden Verben die Zeitform **Plusquamperfekt.**

■ *schreiben, lesen, laufen, gehen*

Plusquamperfekt

Präteritum und Perfekt sind Formen der Vergangenheit, aber es gibt noch eine weitere Form der Vergangenheit, das **Plusquamperfekt.** Formen des Plusquamperfekts gehen noch einen Schritt weiter zurück in die Vergangenheit: Ich *hatte geschrieben,* als es *passierte.*

Die Formen des Plusquamperfekts werden gebildet mit den Präteritumformen der Hilfsverben *sein* und *haben:* ich *hatte* gelacht, ich *war* gelaufen und dem Partizip Perfekt.

Das hast du in diesem Kapitel gelernt:

Wortarten: Substantiv/Nomen und Artikel: Deklination – Kasus, Numerus, Genus; **Adjektiv**: Steigerung; **Verb:** Konjugation – finite und infinite Verbformen, Hilfsverben und Vollverben, starke und schwache Verben, Zeitformen des Verbs

Ideen und Projekte

De.mon-Spiel (Deutschmonster-Spiel) (4 Spieler)

Ihr benötigt Wortkarten und acht Wortarten-Karten (De.mon-Karten), die Namen, Formen und Eigenschaften von Wortarten zusammenfassen. Zuerst zieht jeder Spieler zwei De.mon-Karten, merkt sie sich und legt sie verdeckt neben sich. Die Wortkarten werden gemischt und gleichmäßig an die Spieler verteilt. Dann sammelt man wie beim Quartett Wortbeispiele zu den eigenen De.mons. Sieger ist, wer die meisten Karten hat.

WORTARTEN BESTIMMEN

schall schal schale schalt schallt schonte schaltet schont schälte schonung sorgfältig scholl schelte schalldicht scholle schellen schält schilt schild schalter schäler schädel schalheit schaden sogar sorgt schaltung schädlich schadlos dickschalig dickschädlig sorglos sonst sorge schon schalenlos schädigen schädling sorgenvoll unbescholten schonen

Mehrere Wortfamilien haben an einem Treffen teilgenommen. Anschließend stehen die vielen Vertreter der Wortfamilien im Saal bunt durcheinander. Sie werden aber noch zu Gruppensitzungen erwartet, zu der nur geladene Mitglieder zugelassen sind, nämlich Substantive/Nomen, Adjektive und Verben.

1 Sortiere die Wörter nach ihrer Wortart.
Achte bei Substantiven/Nomen auf die korrekte Schreibung.
Achtung: Manche der Wörter können mehrfach zugeordnet werden, denn sie haben verschiedene Bedeutungen und gehören dann unterschiedlichen Wortarten an. Z. B. *schaden: der Schaden, jemandem schaden.*
Manche Wörter müssen leider im Saal bleiben, da sie zu keiner Familie gehören.
Gehe in **Schritten** vor.

1. Schritt: Identifizierung durch die Gestalt

Manchmal ist die Wortart eines Wortes an dessen Nachsilbe abzulesen. Diese Wörter kannst du gleich in die richtige Spalte übertragen. Beispiel: *Schaltung* – Substantiv/Nomen. Wenn du dir nicht mehr sicher bist, welche Nachsilben typisch sind für Substantive/Nomen oder Adjektive, dann sieh noch einmal auf den Seiten 118-122 nach.

2. Schritt: Identifizierung durch die speziellen Eigenarten und Fähigkeiten

Substantive/Nomen sind leicht daran zu erkennen, dass sie in Begleitung erscheinen. Mache den **Artikel-Test:** Steht vor dem Wort ein Artikel oder könnte man einen davorsetzen? Wenn ja, dann ist das Wort ein Substantiv/Nomen. Beispiel: *schall – der Schall*
An der Artikelprobe kannst du auch Wörter erkennen, die sich in Substantive/Nomen verwandelt haben. Diese substantivierten/nominalisierten Wörter haben auch die Zulassung als Substantiv/Nomen. Beispiel: *sorge:* die *Sorge, sorge* dich nicht

Adjektive haben zwei Fähigkeiten, an denen sie zu erkennen sind:
Man kann sie steigern und deklinieren.

- Mache die **Steigerungsprobe:** Kann man das Wort steigern? Beispiel: *schön – schöner.* Wenn ja, dann ist es (mit sehr großer Sicherheit) ein Adjektiv. Achtung: Manche Adjektive lassen sich zwar steigern, ergeben dann aber keinen Sinn. (*hölzern, tot*)
- Mache die **Deklinationsprobe:** Steht das Wort im Satz vor einem Substantiv/Nomen (oder könnte man es vor ein Substantiv/Nomen stellen) und hat es Deklinationsendungen, die zu dem Substantiv/Nomen passen? Wenn ja, dann ist das Wort ein Adjektiv. Beispiel: *kalt – Er ließ die kalte Suppe stehen.*

Verben haben drei Fähigkeiten, an denen sie zu erkennen sind: Sie können Personalformen und Tempora bilden, außerdem haben sie einen Infinitiv.
Mache den (doppelten) **Personaltest:**

- Gehört das Wort im Satz zu einer Person? Beispiel: *Die Mutter / Sie schaltet das Licht ein.*
- Kann man es in eine andere Personalform z. B. in den anderen Numerus setzen? Beispiel: *(wir) schonen – (ich) schone.*
- Mache die **Tempusprobe:** Kann man das Wort ins Präteritum bzw. ins Präsens setzen? Beispiel: *schält – schälte.*

Text 1 **Peters Traum**

Einmal hatte Peter einen merkwürdigen Traum: Er war ein junges Eichhörnchen und saß auf einem dicken Ast in luftiger Höhe, unter ihm ging es viele Meter in die Tiefe. Über sich, an einem der höchsten Zweige, sah er Nüsse hängen und balancierte vorsichtig auf den dünnen Zweigen dorthin. Doch da glitt ein Schatten über seinen Kopf hinweg. Erschreckt blickte er nach oben und sah einen Raubvogel am Himmel kreisen. Schnell versteckte er sich in einer Baumhöhle und begann, genüsslich die Haselnüsse zu fressen, die er dort fand.
Während er die letzte Nuss in den Pfoten hielt, steckte der Besitzer des Baus seinen Kopf durch die Öffnung und verjagte ihn. Da er aber immer noch die letzte Nuss umklammerte, verlor er den Halt und stürzte ab. Er schien ins Bodenlose zu fallen. Unsanft landete er auf dem Rücken und sah, wo er war: Er lag auf dem Fußboden vor seinem Bett. Alles also nur ein Traum! Warum aber hatte er dann eine Nuss in der Hand?

2a Hast du eine Erklärung dafür?

b Suche aus Text 1 alle Substantive/Nomen, Artikel, Adjektive und Verben heraus.

PRONOMEN UND NUMERALE

Das Pronomen (Fürwort)

Text 1 **Nach einer Halloween-Party der fünften Klassen**

Isa erzählt: Tinas Idee mit dem riesigen Spitzhut war super. Tinas Hut passte klasse zu Tinas Kostüm. Tinas Hut fand auch Frau Müller toll. Frau Müller hat das Tina auch gesagt und von Tina mit dem Gespensterkostüm und Tinas Hut sogar zwei Fotos gemacht. Frau Müller will die Fotos vergrößern und in der Schule ausstellen ...

1 Könnt ihr Tina mit ihrem Hut in der Grafik erkennen? Malt euch aus, wie die Halloween-Party der fünften Klasse verlaufen sein könnte.

2a Isa erzählt von der Party, aber manches könnte sie besser machen. Probiere es aus: Schreibe Isas Aussage verbessert in dein Heft, indem du nichts hinzufügst, aber einzelne Wörter durch andere ersetzt.

b Vergleicht eure Ergebnisse: Was habt ihr ersetzt? Warum?

Text 2 **Tina und Max haben ein Problem:**

Tina: Hey du, gib mir mein Gespensterkostüm zurück! Ich hab's schon überall gesucht!
Max: Meinst du mich?
Tina: Ja, dich! Wer hat dir erlaubt, es anzuziehen?
Max: Dein Kostüm? Was soll das? Das ist meines!
Tina: Isa, komm mal! Meine Freundin und ich, wir haben nämlich unsere Kostüme zusammen gekauft. Schau, Isa, das ist doch mein Kostüm, oder?
Isa: Ja, stimmt.
Max: Dann müsst ihr eure Augen untersuchen lassen. Ich sag's euch: Mein Kostüm ist das!
Tina: Frau Müller, können Sie uns helfen? ...
Max: Wir müssen Ihnen etwas erklären ...

3 Tina und Max haben in ihrem Streit Wörter benutzt, die als Stellvertreter für andere Wörter stehen.

a Überlege und probiere aus, welche Wörter die unterstrichenen Wörter vertreten. Ein Blick in Text 1 hilft dir sicher dabei!

b Schreibe das Gespräch in dein Heft. Unterstreiche wie im 1. Satz alle weiteren 14 Stellvertreter in Text 2 und ersetze alle unterstrichenen Wörter durch Substantive/Nomen.

c Vergleiche: Wann ist das Substantiv/Nomen als Ersatz möglich, wann wirkt es störend oder gar unsinnig?

d Fasse dein Ergebnis zusammen: Welche Aufgabe haben die unterstrichenen Wörter, die so genannten **Personalpronomen**? Warum könnten sie so heißen?

Text 3 **Tina und Max tragen Frau Müller ihren Streit vor:**

3A *Tinas Sicht der Situation:*
Max gibt mir mein Kostüm nicht wieder, ich hab' ihn ganz freundlich darum gebeten. Aber er sagt, es gehört ihm. Ich kenne es doch genau, ich habe es noch verschönert und ihm giftgrüne Leuchtpunkte verpasst.

3B *Max' Sicht der Situation:*
Tina spinnt. Tina behauptet, ich hätte Tina das Kostüm weggenommen. Tina und ihre Freundin glauben mir nicht. Den beiden ist es egal, was ich sage. Unsere Kostüme, also ihr Kostüm und mein Kostüm, sind ähnlich, aber meines hat giftgrüne Sterne.

4a Wem wird Frau Müller Recht geben? Warum?

b Tina verwendet 11 Personalpronomen, welche sind es?

c Wie viele Personalpronomen verwendet Max, sollte er mehr verwenden? Wo?

d Welche Personalpronomen verwendet man, wenn man
- von sich selbst spricht (Sing. / Pl.)? → 1. Person
- jemanden anspricht (Sing. / Pl.)? → 2. Person
- jemanden höflich anspricht (z. B. Lehrer, Sing. + Pl.)?

5 Marlene hat ein Problem: Sie hat in Text 3A noch ein Pronomen mehr gefunden, nämlich „mein".

a Vergleiche: *mein Kostüm, ihr Kostüm – es, ihn:* Welches Pronomen kann allein stehen und vertritt ein Substantiv/Nomen (Personalpronomen), welches ist hier nur Begleiter eines Substantivs/Nomens?

b Welche Bezeichnung passt für Pronomen wie *mein, ihr* am besten?
- hinweisendes Pronomen
- Fragepronomen
- oder besitzanzeigendes Pronomen?

6 Übertrage nun die Tabelle Personalpronomen ins Heft und schreibe alle Formen der Personalpronomen aus den Texten 2 und 3 hinein.

Personalpronomen		
Person	Singular	Plural
1. Person	*ich,* *	*, *uns*
2. Person	*, *dir,* *	*
3. Person – maskulin: – feminin: – neutrum:	 * * *	 * * *
Höfl. Form	*	

7a Welche Pronomen in Text 1 und 2 sagen etwas darüber aus, dass jemandem etwas gehört? Ordne diese **Possessivpronomen** der entsprechenden Person zu; lege dazu eine Liste an: Possessivpronomen: *mein → 1. Person (ich), dein → ...*

b Vertausche in Text 3 die Rollen von Max und Tina. Wie ändern sich dann die Pronomen?

c Meistens begleiten Possessivpronomen die Substantive/Nomen, aber es gibt Ausnahmen: Suche in Text 3 ein Possessivpronomen, das Stellvertreter für ein Substantiv/Nomen ist.

Text 4 **Im Chaos der Aufräumarbeiten nach der Party:**

Rita: „W✻ suchst du, Lisa?"
Lisa: „Meine Jacke. ✻ hat sie gesehen?"
Rita: „Hier sind zwei. W✻ Jacke ist deine?"
Frau Müller: „Wessen Umhang ist das? Und ✻ gehört das Gespensterkostüm mit den giftgrünen Punkten?"

8a Fülle die Lücken in Text 4. Auch diese W-Wörter sind Pronomen, nämlich ✻-Pronomen. Vervollständige ihren Namen durch die Satzart, die sie einleiten.

b Besprecht: Warum nennt man auch diese Wörter Pronomen? Was haben sie mit Personal- und Possessivpronomen gemeinsam, was unterscheidet sie?

Das Numerale (Zahlwort)

Text 5 Zwei Halloween-Gespenster sollten sich vierzehn Bonbons teilen. Beim ersten Versuch fischte sich das eine zwölf Stück aus der Tüte mit der Begründung, es sei älter. „So viele Bonbons! Das ist gemein!", wehrte sich das jüngere. „Na, dann eben nur ein paar", gab das ältere nach und nahm sich zehn. „Das war auch nicht gerecht", sagte das jüngere Gespenst und steckte alle vierzehn ein. Dieser dritte Versuch stieß natürlich ebenso auf Ablehnung: So ging es noch mehrere Male, bis sie sich einigten: Das eine teilt, das andere darf seinen Teil aussuchen. Damit waren beide zufrieden.

9 Zahlen lassen sich auch als Wort schreiben.

a Fertige eine Liste an: Suche aus Text 5 heraus:
- Kardinalzahlen (Grundzahlen), *z. B. zwei, ...*;
- Ordinalzahlen (Ordnungszahlen), *z. B. ersten,...*;
- unbestimmten Zahlwörter, *z. B. viele, ...*

b Ergänze deine Liste durch weitere Beispiele.

10 Erfinde selbst einen Text mit vielen Zahlwörtern.
- Tauscht eure Texte aus und sortiert die Zahlwörter wie in Aufgabe 9a.

DIE PARTIKELN: Adverb, Präposition und Konjunktion

Text 1 **10 Benimmregeln für ein braves Koboldkind**

1. Vor dem Essen mache ich meine Hände schmutzig und ich wälze mich im Schlamm, danach wasche ich mich.
2. Bei Sonnenschein gehe ich ins Haus, bei starkem Regen komme ich heraus.
3. Im Schlamm suhle ich mich mit Begeisterung, ins Wasser gehe ich ungern.
4. Grüne Blätter muss ich trotz der Vitamine essen, Obst vermeide ich deswegen.
5. Abends, wenn es dunkel wird, stehe ich auf, und morgens lege ich mich zur Ruhe.
6. Während des Essens klettere ich auf den Tisch und bade in der Suppenschüssel.
7. Zur Schule gehe ich, obwohl ich krank bin.
8. In der Schule setze ich mich unter den Tisch oder ich setze mich auf die runde Gardinenstange.
9. In der Freizeit erschrecke ich Menschenkinder durch unheimliche Laute, denn es ist lustig, wenn sie zittern oder vor großer Angst schnell wegrennen.
10. Da ich gesund bleiben will, esse ich nach dem Aufstehen immer Würmer mit Früchten.

1 Teste, was die eingerahmten Wörter können und wie man sie in Gruppen einteilen kann. Dazu schreibst du die Benimmregeln am besten zunächst in dein Heft.

a **Veränderungstest:** Verwende die Wörter in selbst erfundenen Sätzen und prüfe, ob sie sich dabei verändern oder verändern lassen (z. B. oder schnell/schneller vor Angst wegrennen – schnell ist steigerbar, also veränderbar!).

b **Umstellprobe:** Stelle die Sätze um (z. B.: Ich mache vor dem Essen meine Hände schmutzig ...) und schreibe die Wörter in Gruppen auf:
- umstellbar;
- nicht umstellbar;
- nur mit dem folgenden Substantiv/Nomen umstellbar

c **Satzprobe:** Markiere mit einem senkrechten Strich, wo ein Satz endet und ein neuer beginnt; du erkennst das daran, ob ein neues Subjekt und ein neues Prädikat folgen (z. B.: *Zur Schule **gehe ich,** obwohl **ich** krank **bin.***); unterstreiche dann die Verbindungswörter (z. B. *obwohl*).

d **Steigerungsprobe:** Manche Wörter wirken wie Adjektive, aber kannst du sie steigern? (z. B.: *Ins Wasser gehe ich ungern* – nicht steigerbar, kein Adjektiv, sondern ✻?). Achtung: 3 eingerahmte Wörter sind nicht Partikeln, sondern Adjektive, also veränderbar – welche?

e Schreibe nun die Partikeln in Text 1 in Gruppen auf: Adverb, Präposition und Konjunktion. Die Sachinformation hilft dir dabei.

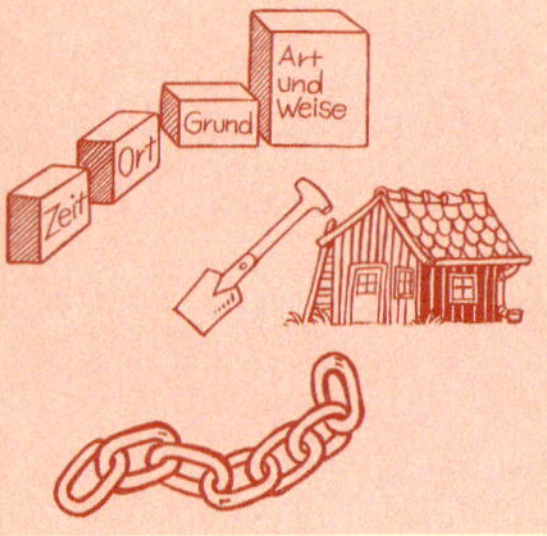

1. Wenn sich Wörter bei der Umstellung oder in neuen Sätzen nicht verändern oder verändern lassen, gehören sie zu den unveränderbaren Wortarten, den **Partikeln.**
2. Partikeln, die Zeit, Ort, Art und Weise oder Grund näher bestimmen, heißen **Adverbien** (Umstandswörter). Sie sind unveränderbar, also auch nicht steigerbar.
3. Partikeln, die sich nur mit dem folgenden Substantiv/Nomen umstellen lassen, heißen **Präpositionen** (Verhältniswörter).
4. Partikeln, die Sätze (Haupt- oder Nebensätze) verbinden, sind nicht umstellbar und heißen **Konjunktionen** (Bindewörter).

Adverbien

2a Ordne die Adverbien in deinem Heft einer der vier folgenden Arten zu und ergänze, worüber die Adverbien Auskunft geben.
temporales Adverb (✻-Angabe): z. B. *jetzt*;
lokales Adverb (✻-Angabe): z. B. *dort*;
modales Adverb (Angabe der ✻): z. B. *kaum*;
kausales Adverb (Angabe des ✻): z. B. *dadurch*.

b Suche aus Text 2 weitere Adverbien und ergänze deine Liste. Der Text enthält 17 Adverbien!

Text 2 **Das Koboldkind erzählt:**

Gestern gab es draußen im Wald den vielleicht schönsten Nebel aller Zeiten. Ich versteckte mich deshalb irgendwo im unendlichen Dickicht, aber nah am Wanderweg, und wartete dort auf Menschen. Irgendwann kamen auch zwei einsame Wanderer und suchten im dichten Nebel da draußen den Weg. Sie tasteten sich aufwärts, da sahen sie mich als grausigen Schatten im Nebel. „Hier gibt es Gespenster", flüsterte einer entsetzt, „nirgendwo habe ich vorher so einen grausigen Troll gesehen!" Sonst begnüge ich mich mit meinem wunderbaren Erscheinen, jetzt musste ich laut lachen – noch niemals habe ich Leute so rennen sehen.

Präpositionen

3 Auch die **Präpositionen** geben Auskunft über Ort, Zeit usw.; sie brauchen dazu aber noch Substantive/Nomen, die ihnen folgen.

a Richtig oder falsch? *Sie ging wegen der Regen nicht aus das Haus.*
Mit der Spaten in die Hand ging er hinter den Schuppen.

b Welchen Einfluss hat also die Präposition auf das nachfolgende Substantiv/Nomen?

c Warum sind hier beide Beispiele richtig? *Er liegt in der Sonne. Er legt sich in die Sonne.*

d Schreibe den folgenden Text in dein Heft und unterstreiche die 10 Präpositionen. Schreibe darüber, in welchem Kasus das dazugehörige Nomen steht.

e Nach welcher Präposition kann auch ein Substantiv/Nomen in einem anderen Kasus stehen? Probiere es aus!

Text 3 **Das Koboldkind berichtet seiner Mutter:**

Ich hatte mich gut **hinter** einer Wurzel versteckt und habe nur meine zerfransten Haare **über** den Rand in die Höhe gestreckt. Das wirkt immer **am** besten. **Im** Nebel sah ich aus wie ein, ja wie ein, ja wie ich eben. **Aus** dem Nebel kamen sie **mit** großer Vorsicht näher und wählten zitternd den Weg **durch** das Tannenwäldchen. Das Schild **mit** dem Wegweiser **durch** den Buchenwald hatten sie gar nicht gesehen. **Bei** der großen Tanne passierte es dann ...

Konjunktionen

4a Übertrage den folgenden Text in dein Heft und fülle dabei die Lücken mit den Konjunktionen aus dem Wortspeicher.

b Führe den Tagesablauf des Trollkindes weiter, verwende dabei viele Konjunktionen und lass von deiner Nachbarin oder deinem Nachbarn die Konjunktionen unterstreichen.

Text 4 **Der Tag eines Trollkindes:**

* es aufgewacht ist, verspeist es ein leckeres Regenwurmmüsli * mehrere Blätter. * die Eltern die Gegend unsicher machen, streift es alleine im Wald herum * trifft Freunde. * es ausgiebig Menschen geärgert hat, fühlt es sich erschöpft. * es sehr müde ist, geht es noch nicht nach Hause, * bleibt im Wald, * es die Irrlichter beobachten will.

sondern, und, wenn, während, obwohl, oder, weil, nachdem

5 Schreibe die folgende Sachinformation in dein Heft und ergänze sie.

A*, P* und K* sind **Partikeln:** unveränderliche Wortarten. Sie haben nur eine Wortform, man kann sie also nicht deklinieren wie die * und * oder konjugieren wie die *.

DETEKTIVE UND DICHTER

Satzbauwerkstatt

Kopfhaus Martin Auer

Ich schau aus meinen Augen hinaus wie durch zwei Fenster draußen gehen Leute aber drinnen sind Gespenster in meinem Kopf da spukt es da ist es nicht geheuer da geschehen in der Minute zweihundert Abenteuer mein Kopf ist wie ein Haus mit siebentausend Räumen und jeder Raum ist voll mit siebentausend Träumen da draußen gehen Leute doch keiner kann herein in meinem Haus in meinem Kopf da bin ich ganz allein.

Sicher ist dir aufgefallen, dass man den Text eigentlich ganz anders aufschreiben müsste – aber wie?
Probiere es aus:
- Du kannst Absätze und Leerzeilen einfügen.
- Verwende Satzzeichen (Punkte, Kommas, ...). Setze sie so, dass der Text besser zu verstehen ist.
- Zählt, aus wie vielen Sätzen eure Texte bestehen.
  Wer von euch hat die meisten Sätze, wer am wenigsten?

Erklärt, warum ihr die Zeichen unterschiedlich gesetzt habt.

Baue eine Wortschlange, indem du den Satz „Draußen gehen Leute." verlängerst.
Z. B.: Draußen gehen Leute auf der Straße.
Wer baut den längsten Satz?
- Vergleicht eure Lösungen: Wer hatte besonders gute Ideen? Welche Sätze konnte man noch gut verstehen, welche nicht? Wie viele Wörter hätte man weglassen müssen, um die schwer verständlichen Sätze besser zu verstehen?

In „Kopfhaus" geht es darum, was sich im Kopf alles abspielt. Was ist in deinem Kopf los? Welche Träume und Abenteuer erlebst du?
Schreibe darüber ein Gedicht. Du kannst dir das Gedicht von Martin Auer zum Vorbild nehmen, du kannst aber auch ohne Reime schreiben.

1. DU KOMMST JETZT
Sätze und Sprechabsichten

Kristina hat das Gedicht „Kopfhaus“ gelesen und folgendes Traumgedicht geschrieben:

Text 1 **Kopftraumschaum**

Wenn ich im Bett liege,
träume ich.
Ich träume.
Ich träume.
Ich träume.
Ich träume schöne Schäume.
Schäume, Schäume, Schäume.

Ich träume schöne Schäume
am Abend.
Ich träume schöne Schäume in der Nacht.
Von Feen. Von Elfen. Von Schaum.
Wenn ich dann aufstehe,
schäume ich!

1 Lest das Gedicht „Kopftraumschaum“ laut. Wie gefällt euch das Gedicht? Was sagt Kristina eigentlich über ihre Träume? Gebt ihr Ratschläge zur Überarbeitung.

2a Zähle die Sätze in Kristinas Gedicht. Wie viele hast du gefunden? Besprecht: Kann man die Zeilen 7 und 11 auch als Sätze zählen?

b Woran kann man Sätze erkennen? Übertrage die folgende Tabelle in dein Heft und ergänze sie: Deine Überlegungen kannst du an Text 1 überprüfen.

	Woran erkenne ich einen Satz?
Beim Sprechen	✻
Beim Betrachten des Inhalts	✻
?	✻

Auffordern, fragen, aussagen

Eine Diskussion in der Klasse 5d über Gedichte über Träume und Abenteuer im Kopf:

Text 2 Polina ✻: „Ich finde, dass viele Gedichte gut gelungen waren, gut gereimt und so.“ Philipp ✻: „Ja, das fand ich auch, aber über Abenteuerträume hat keiner etwas geschrieben.“ In der Klasse gibt es zustimmendes Gemurmel. Niko ✻: „David, kam bei dir nicht ein spannender Traum mit Aliens vor?“ David kann sich zunächst nicht erinnern, muss erst sein Gedicht suchen und ✻ Nadine: „Nadine, gib mir mal meinen Hefteordner herüber.“ Einige in der Klasse schmunzeln. Nadine ✻ David: „Wo soll der denn sein?“ David ✻: „Ach, hier ist ja mein Gedicht. Nein, Aliens kamen nicht vor, aber Monster. Ich finde meinen Traum ganz schön spannend.“ Frau Schatzke ✻: „Meint ihr denn, dass ein Traumgedicht unbedingt spannend sein muss?“ Viele Schüler melden sich. Sadia ✻: „Nein, ich habe ein lustiges Gedicht geschrieben.“ Frau Schatzke ✻ Sadia: „Dann lies doch einmal vor.“

3 Suche aus Text 2 die Sätze heraus, in denen jemand spricht (**wörtliche Rede**) und wähle aus dem folgenden Wortspeicher passende Verben der **Redeeinleitung** heraus. Setze sie dann in deinem Heft vor die wörtliche Rede. Du kannst einige Verben auch mehrfach verwenden.

sagen, betteln, anflehen, auffordern, drohen, meinen, rätseln, fragen, erklären, aushorchen, bemerken, berichten, sich erkundigen, erzählen

4a Beim Sprechen kann man verschiedene Absichten verfolgen. Diese verschiedenen Absichten hast du schon in Text 2 durch die unterschiedlichen Verben in der Einleitung deutlich gemacht.
Welche unterschiedlichen **Sprechabsichten** kannst du unterscheiden? Polina macht z. B. eine Aussage. Welche Absicht hat z. B. Niko?

b Es gibt drei verschiedene Satzarten, die für diese Sprechabsichten stehen können. Schreibe für jede dieser drei Satzarten ein Beispiel heraus und versuche, für sie einen Namen zu finden. Bedenke dabei, welche Sprechabsichten die Sprecher hatten.

c In einer Mindmap kannst du die Satzarten übersichtlich darstellen und später weitere Beispiele zuordnen: Übertrage die folgende Mindmap in dein Heft und ergänze die Zweige mit den Fragezeichen.

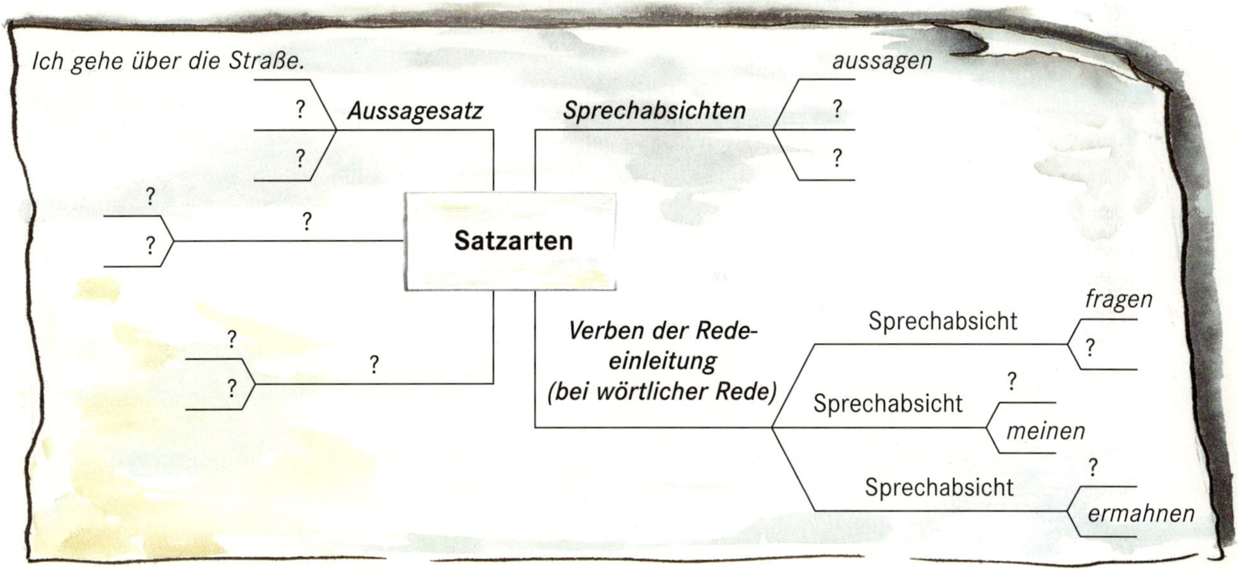

5a Denke dir ein kurzes Gespräch über Träume und Abenteuer aus, in dem jede der drei Satzarten mindestens zweimal vorkommt. Für die Verben der Redeeinleitung kannst du auf den Wortspeicher in Aufgabe 3 zurückgreifen. Achte auf die Zeichensetzung bei der wörtlichen Rede, wenn du die Regeln schon kennst. Du kannst sie im Anhang nachschlagen.

b Ordne deine Sätze in wörtlicher Rede den drei Satzarten zu. An welchen Satzzeichen kannst du die unterschiedlichen Satzarten erkennen? Nun kannst du deine Mindmap um weitere Beispielsätze ergänzen.

c Lest eure Texte mit verteilten Rollen der Klasse vor. Macht dabei die Sprechabsicht der einzelnen Personen durch die **Betonung** deutlich.

6 Bei den folgenden Sätzen kannst du überprüfen, wie man die Sprechabsicht durch die Betonung verdeutlichen kann. Dabei kannst du verschiedene Betonungsmuster feststellen.

a Lies die Sätze laut vor und ordne sie den drei Satzarten zu. Welche der Betonungskurven passt zu welchem Satz? Gibt es mehrere Lösungsmöglichkeiten? Begründe.

1 Viele Schüler haben sich Gedichte ausgedacht.
2 Hast du auch eines geschrieben?
3 Lies mal vor!
4 Warum handelt dein Gedicht von einer Kuh?

b Die Sätze 2 und 4 gehören der gleichen Satzart an. Worin unterscheiden sie sich? Wie könnte jeweils eine Antwort lauten?

7a Bisher hast du bestimmte Sprechabsichten bestimmten Satzarten zugeordnet. Bei den folgenden Sätzen ist das anders. Lies sie laut.
Die Lehrerin sagt zum Schüler:
- Kommst du her zu mir?
- Komm zu mir her!
- Du kommst jetzt her zu mir.

b Was möchte die Lehrerin jeweils erreichen? Welche Sprechabsicht hat sie?

c Welche Unterschiede kannst du in der Betonung, in der Wirkung und in der Satzart feststellen?

8 Die Lehrerin *zu Thomas*: Da liegt ein Papier auf dem Boden.
Thomas: Stimmt.
Die Lehrerin *gereizt*: Thomas, sei nicht so unverschämt!

a Erkläre die Reaktion der Lehrerin: Was war ihre Sprechabsicht – wie hat sie sie ausgedrückt? Was haltet ihr von Thomas' Reaktion?

b Überlegt euch weitere Situationen, in denen ihr jemanden zu etwas auffordern wollt, z. B. mitzuspielen, aufzuessen, die Hausaufgaben zu erklären ...
Überlegt euch verschiedene Möglichkeiten, dies auszudrücken, und spielt sie als Rollenspiel der Klasse vor.

2. SATZBAUSTELLE
Aus Sätzen werden Texte

Text 3 SIMONE: Wir suchen uns aus einem Lexikon 100 verschiedene Wörter und probieren aus, wie viele verschiedene Sätze wir aus diesen 100 Wörtern schreiben können. Diese Wörter schreiben wir auf Pappstreifen und legen sie in eine Kiste. Das ist unser Wörterschatz. Damit können wir dann Sätze legen, bis wir eine Geschichte zusammenhaben.

TIM: Was soll das denn für eine Geschichte werden?

SIMONE: Irgendeine Geschichte, eine verrückte oder eine normale.

JULIA: Aber wir kommen doch nicht mit 100 Wörtern aus – das ist doch gar nichts!

MATTHIAS: Wir können manche Wörter mehrfach verwenden. Jeder, der ein Wort zweimal braucht, kann es abschreiben.
JULIA: Die Wörter muss man wahrscheinlich sowieso noch einmal abschreiben, denn manchmal ändert sich auch die Form.
NINA: Artikel brauchen wir nicht aufzuschreiben, die kann doch jeder selbst ergänzen.
SIMONE: Alles klar? Dann lasst uns anfangen.

Text 4 Folgende 100 Wörter (alphabetisch geordnet) standen nachher auf Pappstreifen:

ALSO, ALT, AN, ANTWORTEN, AUF, AUGEN, AUS, BAHNHOF, BALD, BEI, BEUTEL, DACHBODEN, DARAUF, DENKEN, DICK, DIEB, DU, DÜNN, EISENBAHN, ER, ERSCHRECKEN, ES, FAHREN, FINDEN, FLASCHE, FRAU, GEGEN, GEHEN, GEHEIMNISVOLL, GLAS, GLEICH, GLEICHZEITIG, GROß, HABEN, HANDY, HELFEN, HINTER, HINWEIS, HUND, ICH, IHR, IMMER, IN, INGENIEUR, JAGD, JETZT, JUNGE, KEINE, KOMMT, KÖNNEN, KORKEN, KRISTALL, LANGSAM, LAUFEN, LEIDER, LOKOMOTIVE, MÄDCHEN, MEISE, MIT, MORGENS, MÜNZEN, MANN, NACH, NACHRICHT, NÄMLICH, NEHMEN, ODER, PFEIFEN, PLÖTZLICH, REGEN, REISEN, ROLLE, RÜCKEN, RUFEN, SAMT, SCHLAU, SCHLEICHEN, SCHNELL, SCHRITT, SCHUH, SEHEN, SEIN, SIE, SPÄTER, SPIELEN, SPRINGEN, SPUR, STEHEN, STEHLEN, ÜBER, UNBEKANNTE, UND, UNTER, UNTERSUCHEN, VERDÄCHTIGEN, VERFOLGEN, VERLIEREN, WICHTIG, WIND, WIR

Wenn ihr diese Idee nachspielen wollt, achtet darauf, dass ihr Wörter aller Wortarten nehmt, nicht nur Substantive/Nomen.

1 Dies war der erste Satz: IN DER EISENBAHN SAH ICH MORGENS EINE FRAU.

Tanja hat sich folgende Wortstreifen herausgesucht, um zwei Sätze zu legen: AUS DER LOKOMOTIVE SPRANG EIN MANN MIT EINER DICKEN FLASCHE DIE FRAU UND EIN DÜNNER HUND VERFOLGTEN DEN MANN MIT GROßEN SCHRITTEN

a Kannst du aus den Wortstreifen zwei neue Sätze herstellen? Du kannst die Sätze entweder in dein Heft schreiben oder dir auch solche Wortstreifen basteln.

b Auf den Wortstreifen sind alle Wörter nur in Großbuchstaben geschrieben, damit ihr keine Schwierigkeiten mit den großgeschriebenen Satzanfängen habt. Wie müssten die Wörter in der richtigen Schreibung aussehen? Schreibe sie in dein Heft.

2 Ruben hat einige seiner langen Wortstreifen halbiert und folgenden Satz gelegt:

IN EIN BEU AUS SAMT FAND GLEICHZE AUF EINEM DACHBO EIN GRO GLAS MIT KRIST EIN INGENI

a Lies den Satz laut vor und ergänze die fehlenden Buchstaben in deinem Heft.

b Wie klingt der Satz, wenn du ihn umstellst (Umstellprobe). Es gibt mehrere Möglichkeiten. Schreibe alle umgestellten Sätze auf. Du kannst auch mit den Wortstreifen arbeiten.

Beispiel: IN DER EISENBAHN SAH ICH MORGENS EINE FRAU.
→ MORGENS SAH ICH IN DER EISENBAHN EINE FRAU.
→ EINE FRAU SAH ICH MORGENS IN DER EISENBAHN.
→ ...

c Gefallen dir alle Möglichkeiten gleich gut? Welche gefallen dir nicht so gut? Warum?

d Welche Wörter in diesem Satz lassen sich nur als zusammenhängende Blöcke umstellen? Welche Einzelwörter bilden einen Block für sich allein? Umrahme alle Blöcke in diesem Satz.

Die Wörter in einem Satz, die bei der Umstellprobe immer zusammen stehen bleiben, also einen Block bilden, heißen **Satzglieder.**

3 Du kennst folgende Fachbegriffe: Wort, Text, Satz, Satzglied. In welchem Zusammenhang stehen diese Begriffe? Versuche, sie in einem Stammbaum darzustellen. Erläutere deinen Mitschülerinnen und Mitschülern dein Schaubild.

4a Die Aufgaben der **Umstellprobe** könnt ihr verdeutlichen, wenn ihr sie vor der Klasse spielt. Schreibt dafür folgende Wörter eines Satzes auf Pappstreifen:

DEN | MANN | GLEICH | EIN | JUNGE | UND | EIN | MÄDCHEN | MIT

VERFOLGTEN | DER | FRAU | DARAUF

b – 13 Schülerinnen oder Schüler nehmen sich einen Pappstreifen und kommen nach vorn.
– Ein weiterer Schüler ordnet auf Zuruf die Wörter zu einem Satz.
– Führt die Umstellprobe durch und lest jeden neuen Satz vor: Wie viele Möglichkeiten findet ihr?
– Welche Wörter bilden beim Umstellen immer eine Gruppe? Klebt die Wörter zu einem Satzglied zusammen. Dieses Satzglied wird jetzt nur noch von einem Schüler gehalten.

c Dann wird ein neues Schild geschrieben: AUF | DEM | BAHNHOF

Ein Schüler nimmt dieses Schild und stellt sich auf den ersten Platz. Wie müssen sich die anderen Schüler stellen, damit daraus ein sinnvoller Satz wird?

5 Fasse zusammen: Wozu dient die Umstellprobe? Ergänze dazu in deinem Heft folgenden Satz: Mit der Umstellprobe kann ich erstens erproben, *, und zweitens erkennen, *.

3. BAUSTEINE DES SATZES: Satzglieder

Das Prädikat

1a Schreibe die Wörter auf Pappstreifen und nimm möglichst viele Umstellproben vor. Es sollen aber nur Aussagesätze entstehen, keine Frage- oder Aufforderungssätze. Welcher dieser Streifen bleibt immer an derselben Stelle? Zu welcher Wortart gehört das Wort?

b Schreibe auf die Rückseite der Streifen einen selbst ausgedachten Satz und führe auch hier die Umstellprobe durch.

Das Satzglied, das immer an der **zweiten Stelle** des **Aussagesatzes** steht und aus der Personalform eines Verbs besteht, heißt **Prädikat** (Satzaussage).

2 Bestimme in Text 3 auf Seite 150 f. alle Prädikate, damit du sicherer im Erkennen der Prädikate wirst. Bei welchen Sätzen hattest du Schwierigkeiten bei der Bestimmung?

3 Welche Aufgabe das Prädikat im Satz hat, kannst du leicht feststellen, wenn du versuchst, einen Satz ohne Prädikat zu bilden. Probiere es aus!

4a Simone fragt: „Ich verstehe das nicht! Wieso steht das Prädikat im Aussagesatz immer an der zweiten Stelle? In dem Satz „Der erschöpfte, gähnende Kriminalkommissar hatte noch keine Lösung in Sicht.“ steht das Prädikat gar nicht an zweiter, sondern an vierter Stelle!“ Erkläre, was mit der „zweiten Stelle“ gemeint ist.

b Nimm bei Simones Satz aus Aufgabe 4a eine Umstellprobe vor. Welche Satzart entsteht, wenn du das Prädikat an die erste Stelle stellst?

5 *Ich hebe den Stuhl hoch.*

a Was ist in dem Satz mit dem Prädikat geschehen? Schreibe den Satz ab und unterstreiche alle Wörter im Satz, die zum Prädikat gehören.

b Teste dein Ergebnis: Bilde mit den folgenden Verben Sätze mit mindestens drei unterschiedlichen Satzgliedern und unterstreiche alle Wörter, die zum Prädikat gehören.

■ *aufrücken, vorspielen, weggehen*

6a Bilde mit den folgenden Verben Sätze mit mindestens drei unterschiedlichen Satzgliedern.

■ *abraten, hinsehen, versprechen, beraten*

b Wenn du dies getan hast, müsstest du deine Beobachtungen im folgenden Satz zusammenfassen können. Schreibe ihn in dein Heft und ergänze ihn:

Besteht das * (Satzaussage) aus einem zusammengesetzten *, so wird das Verb meist in zwei Wörter *. Bei unbetonter Vorsilbe wird das Verb nicht *.

Das Subjekt

Text 5 **Der Kristall im Glas**

Bei der Jagd nach einem verdächtigen Mann auf dem Bahnhof spielt ein Kristall in einem Glas eine geheimnisvolle Rolle.
Morgens sah eine Frau in der Eisenbahn einen verdächtigen Mann. Der Mann gab einer Unbekannten eine dicke Flasche. Sie rief: „Der Mann ist ein Dieb!“ Ein Junge und ein Mädchen halfen ihr bei der Verfolgung. Die Frau konnte nämlich in einem Kristall Nachrichten empfangen. In ihrem Kristall sah sie den Mann mit der Flasche immer wieder. Also verfolgte sie den Mann. Leider verlor sie ihn aus den Augen. Wer kann ihr helfen?

7 Philipp hat diesen Text über ein merkwürdiges Ereignis geschrieben. Er liest ihn Melanie vor. Doch Melanie passt leider nicht auf und muss nachfragen:
Wer spielt eine geheimnisvolle Rolle?
Wer sah morgens in der Eisenbahn einen verdächtigen Mann?
Wer rief?
Schreibe Melanies Fragen in dein Heft und beantworte sie mit einem vollständigen Satz. Umrahme das Fragewort *wer* und dasjenige Satzglied, das eine Antwort auf die jeweilige Frage gibt.

Die Satzglieder kann man als Antwort auf bestimmte Fragen betrachten. Das bedeutet: Ihr könnt Satzglieder auch durch die **Frageprobe** bestimmen. Das **Subjekt** (der Satzgegenstand) ist dasjenige Satzglied, das auf die Frage *wer?* (oder *was?*) antwortet.

8 Nach welchen Subjekten aus Text 5 könnte Melanie noch fragen? Formuliere mindestens drei weitere Fragen schriftlich und beantworte sie in einem ganzen Satz.

9 Ihr kennt jetzt Subjekt und Prädikat. Kann man mit Sätzen, die nur aus Prädikat und Subjekt bestehen, eine Geschichte erzählen? Wo gibt es Schwierigkeiten? Probiert es aus.

10 *Ein Kristall* – erweitert: *ein glitzernder Kristall;*
eine Frau – erweitert: *eine alte, unauffällige Frau* ...

a Setze die erweiterten Substantive/Nomen in Sätze ein und stelle durch die Satzgliedfrage und die Umstellprobe fest, ob es sich um Subjekte handelt.

b Bilde Sätze, in denen du die Substantive/Nomen durch Adjektive erweiterst. Die Sachinformation sagt dir, wie man diese Erweiterungen nennt.

Substantive/Nomen können z. B. **durch Adjektive erweitert** werden. Dadurch entsteht kein neues Satzglied, sondern nur eine Erweiterung des Satzglieds. Solche Erweiterungen sind also nicht Satzglieder, sondern **Satzgliedteile.** Man nennt sie **Attribute**. Eine Erweiterung durch ein Adjektiv heißt **Adjektivattribut**.

11a Kannst du mithilfe der Satzgliedfragen feststellen, welches Satzglied die schräg gedruckten Wörter jeweils bilden? Wo liegt das Problem?

Der Mann	war	*ein Ganove.*
Die Frau	ist	*stolz.*
Ich	werde	*Feuerwehrmann.*

b Untersuche Gemeinsamkeiten: Zu welchen Wortarten gehören die schräg gedruckten Wörter? In welchem Kasus stehen sie?

c Bilde selbst solche Sätze.

Das **Prädikatsnomen** (Prädikativ) ist ein Satzglied, das im **Nominativ** steht und nur bei den Verben *sein*, *werden*, *gelten als*, *sich erweisen als* vorkommt. Das Prädikatsnomen kann ein **Substantiv/Nomen** oder **Adjektiv** sein.

Die Objekte

Melanie könnte noch nach weiteren Satzgliedern fragen, z. B.:
Wen sah die Frau? **Wem** gab der Mann eine dicke Flasche?

12 Schreibe die Fragen in dein Heft und beantworte sie in einem ganzen Satz. Rahme die Fragewörter und diejenigen Satzglieder ein, die die Antwort auf die jeweilige Frage geben.

Die **Objekte** (Satzergänzungen) sind diejenigen Satzglieder, die auf die Fragen *wem*? und *wen*? (oder *was*?) antworten.
Auf die Frage *wem?* antwortet das **Dativobjekt.**
Auf die Frage *wen*? (oder *was*?) antwortet das **Akkusativobjekt.**
Nach den Satzgliedern fragt man immer mit dem ganzen übrigen Satz.
Beispiel: *Wem* half der alte Mann mit der Einkaufstasche?
Dem kleinen Mädchen mit der Brille half der alte Mann mit der Einkaufstasche.

13a Bestimme in Text 5 mithilfe der Frageprobe alle Objekte. Rahme die Dativobjekte und die Akkusativobjekte im Heft mit unterschiedlichen Farben ein.

b Bilde mit folgenden Verben Sätze.

nehmen, sehen, kaufen, geben, bringen, machen

c Bestimme alle dir bekannten Satzglieder und rahme die Dativobjekte und die Akkusativobjekte mit unterschiedlichen Farben ein.

14 Bei den folgenden Wörterstreifen-Sätzen sind die Objekte durcheinandergeraten: Ordne sie und schreibe sie in dein Heft; umrahme die Dativobjekte und die Akkusativobjekte mit unterschiedlichen Farben.
Ein Tipp: Beim ersten und beim letzten Satz ist nichts vertauscht.

Text 6 **Der verschlungene Weg des leuchtenden Kristalls**

FRAU ROSENBOOM SUCHTE DEN LEUCHTENDEN KRISTALL.
EINE WEISE ALTE FRAU VERKAUFTE HERRN MÜHLENSTAB DEN MÜLLEIMER.
HERR MÜHLENSTAB GAB SEINER FRAU HERRN MÜHLENSTAB.
SEINE FRAU SAH DEN BESITZER MIT ZWEIFELNDEN AUGEN AN.
SIE SCHMISS DIE BEVÖLKERUNG SICHERHEITSHALBER IN DEN MÜLL.
EIN EHRLICHER FINDER BRACHTE EIN GLAS MIT EINEM LEUCHTENDEN KRISTALL ZUR POLIZEI.
DIE POLIZEI BITTET NUN IHN UM MITHILFE.
SIE WILL DEN KRISTALL SPRECHEN.
FRAU ROSENBOOM IST RATLOS.

Die adverbialen Bestimmungen

Text 7 **Das muss ich schon genauer wissen!**

Am Sonntag ging bei der Polizei ein Anruf ein:
„Guten Tag, hier spricht Thomas Müller. Sie suchen doch einen verdächtigen Mann, der in den Fall mit dem Kristall verwickelt sein soll. Ich kenne diesen Mann. Er hat nichts mit der Sache zu tun! Ich weiß aber, wo er ist."

POLIZISTIN: „Können Sie uns das sagen? Seien Sie unbesorgt, wir brauchen den Mann nur als Zeugen."

THOMAS MÜLLER: Also, er ist ... Er fährt ...

POLIZISTIN: Das muss ich schon genauer wissen ... Wo ...

15 Setzt das Gespräch mit dem Anrufer fort. Was möchte die Polizistin wohl genauer wissen? Denkt euch die Fragen und die möglichen Antworten aus.

Text 8 Den Hinweisen von Herrn Müller folgend, fährt ein Streifenwagen zu dem angegebenen Ort. Über Funk teilt die Polizeibeamtin ihren Kollegen mit, was sie sieht:

„Ja, ich sehe den Zeugen. Der Anrufer hatte Recht. Der Zeuge befindet sich am Fahrkartenschalter im Hauptbahnhof. Seit zehn Minuten steht er in der Schlange. Seit fünf Minuten schaut er sich nervös um. Nur mit großer Mühe kann er seinen Rucksack auf den Schultern tragen. Der Rucksack scheint sehr schwer zu sein. Jetzt eilt mit großen Schritten eine junge Frau auf ihn zu. Nun sprechen sie ganz leise miteinander. Oh nein, sie sind verschwunden. Jetzt sehe ich sie wieder. Sie stehen am Kiosk. Ich glaube, der Typ ist ganz harmlos."

16 Die Polizistin beschreibt ihren Kollegen sehr genau, was sie beobachtet. Untersuche mithilfe der Frageprobe, welche Angaben die Polizistin zum Ort, zur Zeit und zur Art und Weise macht. Die notwendigen Fragewörter findest du in der folgenden Tabelle. Übertrage sie in dein Heft und ergänze weitere Beispiele.

Wo? Wohin?	(Seit) wann?	Wie? Auf welche Art und Weise?
Am Fahrkartenschalter im Hauptbahnhof	*Seit zehn Minuten*	*nervös*
Adverbiale Bestimmung des Ortes	Adverbiale Bestimmung der Zeit	Adverbiale Bestimmung der Art und Weise

17a Beschreibe in mindestens fünf Sätzen, was am Hauptbahnhof weiter geschieht. Ermittle mithilfe der Frageprobe alle adverbialen Bestimmungen.

b Mit euren Texten könnt ihr das Interview-Spiel spielen. Ein Partner ist der Reporter, er stellt die Fragen. Der andere Partner ist der Zeuge, der die weiteren Ereignisse am Hauptbahnhof beobachtet hat. Er beantwortet die Fragen des Reporters.

Das hast du in diesem Kapitel gelernt:

- Sätze und Sprechabsichten: Auffordern, fragen, aussagen
- Aus Wörtern Sätze, aus Sätzen Texte erstellen
- Satzglieder bestimmen: Prädikat, Subjekt, Objekt, Prädikatsnomen, adverbiale Bestimmung
- Satzgliedteil: Adjektivattribut
- Satzglieder durch Proben bestimmen: umstellen, erweitern, fragen

Ideen und Projekte

Schreibe Text 5 über die merkwürdige **Verfolgungsjagd** zu Ende. Probiere dabei mithilfe der Umstellprobe verschiedene Möglichkeiten des Satzbaus aus. Wie verändert sich die Wirkung des Textes?

Tipp: Wenn du deinen Text am Computer schreibst, kannst du die **Umstellprobe** mit der Maus durchführen oder auch mit der Kopier- und Einfüge-Funktion. Einfach die Wörter markieren und dann verschieben. Dies geht deutlich schneller als das Neuschreiben der Sätze.

Baut euch ein **Wörterkistenspiel**. Besonders einfach geht dies, wenn ihr zwei beliebige kurze Texte in Wörter zerschnipselt und dann daraus einen neuen Text baut.

SATZGLIEDER BESTIMMEN

Text 1 **Erbsensuppe** James Krüss

[...] „In der deutschen Sprache ist das Dichten ein bisschen leichter als in anderen Sprachen", sagte mein Urgroßvater.
„Wieso?", fragte die Ober-Großmutter.
„Weil man im Deutschen die Wörter dauernd umstellen kann." „Verstehe ich nicht", brummte die Ober-Großmutter.
„Dann wollen wir es einmal ausprobieren, Margaretha. Nehmen wir zum Beispiel den Satz: Erbsensuppe ist ein nahrhaftes Essen für die Familie."
„Ein sehr wahrer Satz!", sagte die Ober-Großmutter und sah mich schräg von der Seite an. Da aß ich schnell mit Schlucken und Drucken drei Löffel Suppe.
Mein Urgroßvater aber sagte: „Wir wollen den Satz verändern, indem wir die Wörter umstellen. Versuch es mal, Boy!"
Während mein Urgroßvater und meine Ober-Großmutter sich einen zweiten Teller Erbsensuppe nahmen, legte ich aufatmend den Löffel hin und begann, den Satz umzubauen: „Erbsensuppe ist ein nahrhaftes Essen für die Familie. Erbsensuppe ist für die Familie ein nahrhaftes Essen."

1a Baue den Satz weiter um. Wie viele Möglichkeiten findest du?

b Alexander fragt: „Warum lässt der Urgroßvater denn eigentlich Boy den Satz umstellen? Nur zum Spaß macht man das doch eigentlich nicht!"
Versuche, Alexanders Frage zu beantworten. Folgende Fragen können dir weiterhelfen:
- Ergeben sich durch die Umstellungen des Satzes auch Bedeutungsveränderungen?
- Welche Reihenfolge der Satzglieder erscheint dir als die normale, welche ist eher ungewöhnlich?
- Was kann man durch Umstellungen bewirken?

2 Durch die **Umstellprobe** kann man auch erkennen, wie viele Satzglieder ein Satz hat. Probiere das einmal an den folgenden Sätzen aus:
- Schreibe dafür die Sätze in dein Heft.
- Nimm dann drei bis vier Umstellproben vor, um zu erkennen, wie viele Satzglieder ein Satz hat.
- Rahme dann jedes Satzglied ein.

1 Alle Schüler gehen immer zum Mittagessen nach Hause.
2 Heute bleiben sie nach Schulschluss in der Schule.
3 Das große Spiel- und Sportfest der Schule startet nämlich um 14.00 Uhr.
4 Zum Spiel- und Sportfest kommen auch die Eltern.

Text 2 Alexander schreibt gern Scherzgeschichten. In diesen Scherzgeschichten stehen die einzelnen Bestandteile der Satzglieder nicht mehr zusammen, sodass man den Sinn des Textes nicht mehr auf den ersten Blick versteht:

Ein beklagt bei Mann Freund sich seinem: „Ich immer tagsüber trinke Kaffee so viel. Dann schlafen mehr nachts nicht kann ich." Sein entgegnet ihm Freund: „Das bei ganz anders ist mir. Ich immer tief nachts schlafe und fest. Zum dann komme gar Kaffeetrinken ich nicht."

3a Bringe Ordnung in Alexanders Text, indem du dir zuerst die Wörter herausschreibst, die jeweils ein Satzglied bilden. Wenn du alle Satzglieder erkannt hast, füge sie zu sinnvollen Sätzen zusammen. Umrahme dann die einzelnen Satzglieder.

b Vergleicht eure Lösungen.
- Wie viele verschiedene Lösungen habt ihr gefunden?
- Unterscheiden sich eure Sätze in der Aussage oder in der Wirkung?

c Schreibe auch solche Scherzgeschichten und gib sie so ungeordnet wie in Text 2 deinem Nachbarn zum Ordnen.

4a Bestimme in deiner Fassung von Text 2 alle Subjekte und Objekte mit der **Frageprobe**.

Beispiel:	**Wer** (oder was) beklagt sich bei seinem Freund? – Ein Mann.	(Subjekt)
	Wen (oder was) ...?	(Akkusativobjekt)
	Wem ...?	(Dativobjekt)

Tipp: Nach den Satzgliedern fragt man immer mit dem ganzen übrigen Satz.

Erinnere dich: Das Prädikat besteht immer aus einer Verbform.

b Bestimme die Prädikate.

5a Spielt einmal „Das verrückte Beruferaten“: Die Lösung der Rätsel ergibt sich, wenn ihr in den Sätzen das richtige Subjekt einsetzt.
Wer trägt Hosen? **Der Hosenträger** trägt Hosen.
Wer faltet Bügel? **Die** ... faltet Bügel.
Wer deckt Tische? ...

b Fallen euch noch mehr solcher Rätsel ein? Sammelt sie und stellt sie euch gegenseitig.

c Zum Training kannst du mithilfe der Frageprobe auch noch die Objekte bestimmen.

6 Mithilfe der **Ersatzprobe** kannst du erkennen, welches Satzglied in deinem Text besonders passend oder aussagekräftig ist. Probiere es an diesem Satz aus:
Man baut es.

a Ersetze Subjekt und Objekt durch andere Wörter.
- Wie verändert sich die Aussagekraft, wie genau oder ungenau sind deine Lösungen?
- Gibt es einen Zusammenhang zwischen Länge und Genauigkeit?
- Die **Ersatzprobe** kannst du in deinen Texten anwenden, um die Verständlichkeit bzw. die Genauigkeit, wo nötig, zu erhöhen. Nimm einen Text, z. B. einen Aufsatz, von dir und ersetze die Subjekte und Objekte durch genauere Beschreibungen (der Hund = der kleine graue Hund). Was stellst du fest? War der Ersatz immer sinnvoll? Begründe deine Einschätzung.

ZEICHENSETZUNG ÜBEN

Haupt- und Nebensätze

Text 1 **Jana und die Langeweile**

A Es ist der letzte Tag der Ferien. Jana sitzt im Wohnzimmer auf dem alten, hellblauen Plüschsofa. Großmutter nennt das immer nur die Scheese. Scheese ist die Abkürzung von Chaiselongue. Das ist französisch. Jana sitzt eigentlich gern auf der Scheese. Aber jetzt mag sie das gar nicht. Sie langweilt sich grässlich. Heute hat keine ihrer zehn Freundinnen Zeit. Und das sollen Ferien sein! Ihre Füße legt Jana auf den alten kostbaren Tisch. Sie darf das nicht. Sie macht es trotzdem. Sie hat bereits ganz schreckliche Laune. Großmutter sieht das. Sie wird sicherlich schimpfen. Da bekommt Jana eine Idee, eine Anti-Schlechte-Laune-Idee ...

B Es ist der letzte Tag der Ferien. Jana sitzt im Wohnzimmer auf dem alten, hellblauen Plüschsofa, das Großmutter immer nur die Scheese nennt. Scheese ist die Abkürzung von Chaiselongue und das ist französisch. Jana sitzt eigentlich sehr gerne auf der Scheese. Aber jetzt mag sie das gar nicht. Sie langweilt sich nämlich grässlich, weil heute keine ihrer zehn Freundinnen Zeit hat. Und das sollen Ferien sein! Ihre Füße legt Jana auf den alten kostbaren Tisch, obwohl sie das nicht darf. Sie macht es trotzdem, weil sie bereits ganz schreckliche Laune hat. Wenn Großmutter das sieht, wird sie sicherlich schimpfen. Da bekommt Jana eine Idee, eine Anti-Schlechte-Laune-Idee ...

1 Besprecht: Welche Anti-Schlechte-Laune-Ideen könntet ihr Jana als Medizin empfehlen?

2 Wie gefällt euch die Schreibweise von Text 1A? Lest ihn laut. Ist der Text flüssig oder gibt es Stellen, an denen ihr stolpert? Belegt eure Einschätzung mit Textstellen.

3a Lest Text 1B laut vor und vergleicht mit Text 1A. Was hat sich verändert in der Art des Lesens, im Inhalt?

b Welche Sätze in Text 1B haben sich verändert? Tragt sie und die entsprechenden Sätze aus Text 1A im Heft in die Tabelle ein.

Tipp: Die rechte Spalte füllt ihr am besten nach der Bearbeitung von Aufgabe 4 aus.

		Satzart
Text 1A	*Jana sitzt im Wohnzimmer auf dem alten, hellblauen Plüschsofa.*	
Text 1A	*Großmutter nennt das immer nur die Scheese.*	
Text 1B	*Jana sitzt im Wohnzimmer auf dem alten, hellblauen Plüschsofa, das Großmutter immer nur die Scheese nennt.*	

4a 1) Jana hat eine Idee.
Sie hatte ein bisschen gegrübelt.

2) Jana hatte eine Idee,
nachdem sie ein bisschen gegrübelt hatte.

Untersuche die Sätze: In 1 stehen zwei Hauptsätze, in 2 ein Hauptsatz und ein Nebensatz. Wie unterscheiden sich Haupt- und Nebensatz? Achte u. a. auf die Stellung des Prädikats.

b Untersucht die Sätze in der Tabelle aus Aufgabe 3. Welche sind Hauptsätze, welche Nebensätze? Tragt die jeweilige Satzart ein.

5 Ergänze folgende Hauptsätze um einen Nebensatz.
1 Die Großmutter schimpfte mit Jana, ...
2 Jana langweilte sich fürchterlich, ...
3 Janas Laune wird sich schlagartig bessern, ...

Im **Hauptsatz** steht das Prädikat/die Personalform des Verbs an **zweiter** Satzgliedstelle.
Im **Nebensatz** steht das Prädikat an **letzter** Stelle.
Haupt- und Nebensatz werden durch ein **Komma** getrennt. Nebensätze werden meist durch ein **Einleitungswort** (Konjunktion, Bindewort) eingeleitet, z. B. *weil, da, nachdem.*
Sätze, die aus Haupt- und Nebensatz/Nebensätzen bestehen, nennt man **Satzgefüge.**
Hauptsätze, die aneinandergereiht sind, nennt man **Satzreihe.**

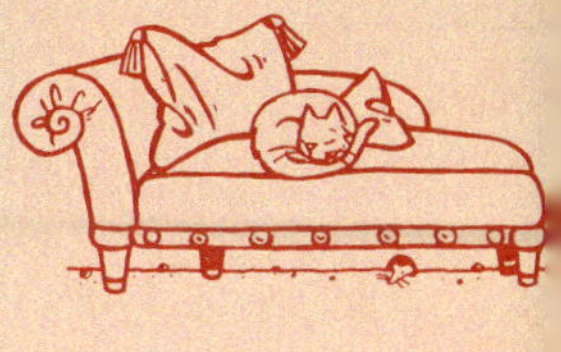

6a Besprecht: Was ist der Unterschied in der Aussage zwischen diesen beiden Sätzen:
Kim kam, *nachdem* Jana sie angerufen hatte.
Kim kam, *weil* Jana sie angerufen hatte.
b Sammelt weitere Konjunktionen. Welche könnte man noch in diesem Satz einsetzen? Welche Veränderungen in der Aussage würden sich ergeben?

7a Lest noch einmal Text 1: Jana hatte eine Anti-Schlechte-Laune-Idee ...
Was könnte das für eine Idee sein?
b Schreibt den Text weiter.
c Lest eure Fortsetzung genau durch: Wo habt ihr in eurem Text Hauptsätze verwendet, wo Nebensätze? Unterstreicht die Hauptsätze rot, die Nebensätze grün und überprüft die Zeichensetzung.

Text 2 **Was tun bei Regenwetter?**

FRAU MEISER: Ich sehe am liebsten lange, kitschige und traurige Filme.
HERR MITTERMAIER: Ich mache im Ofen ein schönes Feuer an, lege meine Füße hoch und lese ein dickes Buch.
SUSANNE: Ich spiele komplizierte Computerspiele, Puzzles mit vielen Teilen und lange Schachpartien.
LENNART: Ich langweile mich, ich langweile mich, ich langweile mich.

8a In Text 2 werden die unterschiedlichsten Dinge aufgezählt. Übertrage die Tabelle in dein Heft und ordne die Aufzählungen ein.

Wörter	*lange, kitschige und traurige Filme*
Satzglieder	*
Sätze	*

b Ergänze die Tabelle mit eigenen Beispielsätzen.

Die Glieder einer **Aufzählung** trennt man durch Kommas, wenn sie nicht durch ein *und* oder ein *oder* verbunden sind. Aufzählen kann man einzelne **Wörter, Satzglieder** und **Sätze.**

DER SPRACHBASTLER

Wortkunde

Warum ist dies ein „magisches Quadrat“?
ECHO
CHOR
HORT
ORTE

Welches Wort passt immer dazu?
Tür, Besitzer, Katze
Fest, Tasche, Bus
Wolken, Woll, Zimmer
Fuß, Feld, Rad
Koch, Laden, Telefon

Wie wird der OBER zum ESEL?
OBER
...
...
ESEL

Welches Wort passt nicht dazu?
essen – mampfen – futtern – schlingen – fluchen
Geld – Kies – Moneten – Katzen – Mäuse
flüstern – schleichen – brüllen – reden – schreien

- Womit fängt der Tag an und hört die Nacht auf?
- Sag einmal „Postbote“ ohne o!
- Was ist bei einer Mücke groß und bei einem Kamel klein?
- Welches Wort schreibt jeder „falsch“?

1. DIE BOTSCHAFT DES SPRACHBASTLERS
Buchstabe, Laut, Silbe, Akzent

Text 1 Anna und Felix haben am See eine Flaschenpost gefunden. Gemeinsam gelingt es den beiden, den Korken in die Flasche zu drücken. Mit einem dünnen Holzstab fischt Felix einen Streifen Papier heraus und glättet ihn.

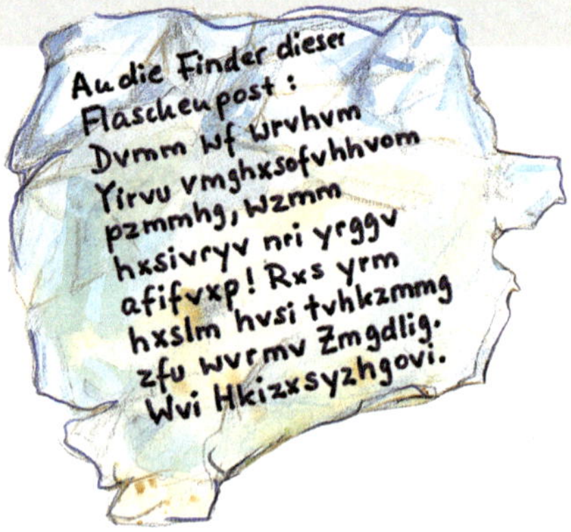

„Oh“, wundert sich Felix enttäuscht, „was ist denn das für eine Sprache? Da kann man ja gar nichts lesen!“ „Doch!“, erwidert Anna. „Hier ganz oben steht ‚An die Finder dieser Flaschenpost‘. Und der Rest sieht aus wie eine Geheimsprache. Das müssten wir doch rauskriegen“. „Stimmt!“, meint Felix. „Ich glaube, dass der Absender die Buchstaben der Wörter nach einem bestimmten System vertauscht hat.“

1 Könnt ihr Anna und Felix helfen? Sicherlich kennt ihr verschiedene Geheimschriften. Überlegt, wie man am besten vorgeht, um die Geheimsprache zu entschlüsseln.

Text 2 Felix holt einen Schreibblock und schreibt sorgfältig die 26 Buchstaben des Alphabets nebeneinander aufs Papier: A B C D ...
Nach einigem Herumrätseln haben die beiden Freunde die Geheimschrift geknackt. Auf dem Blatt steht jetzt der Lösungsschlüssel:

A	B	C	
Z	Y	X	

2 Setze den Lösungsschlüssel in deinem Heft fort. Nun kannst du den Brief in der Flaschenpost ganz leicht entschlüsseln. Schreibe ihn mithilfe des Lösungsschlüssels auf.

Text 3 „Wer das wohl sein mag, der Sprachbastler?“, wundert sich Anna. „Auf jeden Fall hat er gemogelt, guck mal. Statt *ü* hat er immer *ue* geschrieben.“ „Na ja, schon. Aber sonst hätte er noch Buchstaben dazuerfinden müssen. Dann hätten wir das Rätsel nie gelöst!“, entgegnet Felix. Anna hat den Kopf schon wieder über den Block gebeugt. Felix sieht, dass sie zwei Zeilen im Lösungsschlüssel ergänzt und den ersten Satz des Briefes noch einmal aufgeschrieben hat:

Ä	Ü	Ö	Au	Eu	Ch	Sch	Ie
1	2	3	4	5	6	7	8

Dvmm wf w8hvm Yi8u vmg7o2hhvom pzmmhg,
wzmm hxsivryv nri yrggv afi2xp!

3a Was hat Anna durch die Zahlen von 1 bis 8 ersetzt?

b Ergänze Annas Schlüssel der Geheimschrift. Die folgende Sachinformation gibt dir wichtige Hinweise.

Die geschriebene Sprache besteht aus **Buchstaben,** die die **Laute** der gesprochenen Sprache wiedergeben. Nicht jedem Buchstaben entspricht aber genau ein Laut: Manche Laute werden mit mehreren Buchstaben aufgeschrieben, z. B. *ch, ck* und *sch.* Auch manche langen Vokale (Selbstlaute) brauchen in der Schrift mehrere Buchstaben, wie in *Tier* und *Uhr.* Einen Laut, der aus zwei Vokalen besteht, nennt man **Diphthong** (Doppellaut, z. B. *au, ei, ai, eu*).

4 Suche Wörter, in denen Laute mehrere Buchstaben brauchen.

Text 4 Anna und Felix überlegen weiter, wer der unbekannte Sprachbastler wohl sein mag. Ob er auch an dem See wohnt? Auf jeden Fall wollen sie ihm eine Botschaft in der Flasche zurückschicken. Felix hat eine Idee. Er schreibt:

Hll sprchbstlr! Dnk fr dn Nchrcht. Wr bst d dnn?

Anna findet das zu einfach. Sie schreibt Felix' kurzen Brief noch einmal anders auf:

ao aae! ae ü eie ai. e i u e?

5 Wie haben die beiden Freunde ihren Brief jetzt verschlüsselt? Schreibe den gemeinten Satz auf. Welcher Text ist leichter zu verstehen, Annas oder Felix'? Warum?

6 Kennt ihr eine Sprache, die in der Schrift ganz ohne Vokale auskommt? Gibt es Sprachen, die eine ganz andere Schrift verwenden? Informiert euch in einem Lexikon oder im Internet darüber und berichtet vor der Klasse.

Hal Losprach bast! Lerdan kefürd ein enach Richt. Werb ist dudenn?

7 Lies diesen Satz laut. Was hat Felix hier gemacht? Sieh dir die Sachinformation an.

Im Deutschen gibt es die 5 **Vokale** (Selbstlaute) *a, e, i, o* und *u.*
Ä, ö und *ü* heißen **Umlaute.**
Die übrigen Buchstaben des Alphabets stehen für **Konsonanten** (Mitlaute).
Aus Vokalen und Konsonanten bestehen **Silben** und **Wörter.**
Wenn man ein Wort langsam und deutlich liest, erkennt man, ob es aus einer oder mehreren Silben besteht: *Haus* = eine Silbe; *Haus-tür* = 2 Silben; *Haus-tür-schloss* = 3 Silben. In jeder Silbe steckt genau ein Vokal, Umlaut oder Diphthong. Das Erkennen der Silben hilft dir auch bei der Rechtschreibung.

8 Erkläre: Warum heißen Konsonanten auch Mitlaute und Vokale auch Selbstlaute?

9a Zerlege die folgenden Wörter in Silben: *Vokal, Konsonant, Sprachbastler, Geschirrspülmaschine, Amateurfußballnationalmannschaft.*

b Schreibe 10 lange Wörter auf. Tauscht die Listen aus und zerlegt die Wörter in Silben. Am besten trennst du durch senkrechte Striche.

Text 5 **Beim Reimschmied** GÜNTER SAALMANN

Es poltert an des klugen Reim-
schmieds Tor, er ist zum Glück daheim.
Da tritt herein ein müder Schim-
mel: „Meister, ach, mir geht es schlimm.
Ich bin das Flügelpferd, der Pe-
gasus[1], doch lahm und flugunfäh ...“
„Zu dick!“, so unterbricht der Mei-
ster ihn. „Doch was ist schon dabei?
Was braucht ein gutes Zugpferd Flü-
gel! Ich beschlag dich, und dann: Hüh!“

1) **Pegasus** ist ein geflügeltes Pferd aus der griechischen Sagenwelt, das durch seinen Hufschlag eine Dichterquelle zum Fließen brachte.

10a Lies das Gedicht laut vor. Warum ist das gar nicht so einfach?

b Was hat Günter Saalmann mit den Silben angestellt? Erkläre, was in Zeile 6 passiert ist.

c Kannst du den Titel des Gedichts erklären?

11 Manchmal sehen Wörter gleich aus, sie bestehen aus den gleichen Silben, aber die Bedeutung verändert sich, wenn man die Betonung (den Akzent) verschiebt: *ǘbersetzen – übersétzen; únterlegen – unterlégen; ǘberwerfen – überwérfen ...*

a Erkläre die unterschiedliche Bedeutung und bilde Sätze, in denen sie deutlich wird.

b Lies die folgenden Sätze laut und möglichst schnell. Achte dabei auf den Wortakzent. *diékuhránntebíssiefíelíndievértiefúng* oder: *nie mähén äbtehéu äbte mähéngras*

c Suche noch mehr Wörter oder Sätze, die man gar nicht oder anders versteht, wenn man sie anders betont.

2. SPRACHBASTLERS WÖRTERKÜCHE Zusammensetzung und Ableitung

Text 6 Felix, Anna und der Sprachbastler haben mittlerweile schon viele Nachrichten per Flaschenpost ausgetauscht. Die Freunde wissen leider immer noch nicht viel über den Unbekannten, außer dass er gerne mit Sprache spielt und viel Spaß daran hat, sich neue Wörter auszudenken. Der letzte Brief lautete so:

Hallo Freunde! Wisst ihr, was ein Schneeseekleereh ist?
Wollt ihr seine Geschichte hören? Der Sprachbastler.

Felix muss grinsen, als er das liest. „Was hat er sich nun schon wieder ausgedacht! Das gibt’s doch gar nicht, ein Schneeseekleereh!“

1 Hat Felix Recht oder könnt ihr euch vorstellen, was ein Schneeseekleereh ist?

Text 7 **Am Schneesee** Franz Fühmann

Es war einmal ein See, der war immer voller Schnee, darum nannten ihn alle Leute nur Schneesee. Um diesen Schneesee wuchs Klee, der Schneeseeklee, der wuchs rot und grün, und darin äste ein Reh, das Schneeseekleereh, und dieses Schneeseekleereh wurde von einer Fee geliebt, [...] der überaus anmutigen Schneeseekleerehfee. Diese Fee ...

2a Was hat der Sprechbestler bloß mit den Wörtern gemacht? Erkläre seine Technik. Die Sachinformation hilft dir weiter.

b Probiere es selbst: Wie könnte die Geschichte vom Schneesee weitergehen? Schreibe eine Fortsetzung, in der die Fee einen Hasen trifft, der immer im Gras sitzt, den Grashasen.

c Wer schafft es, das längste zusammengesetzte Wort zu bilden, und kann seine Bedeutung erklären?

Wörter, die aus mehreren Wörtern **zusammengesetzt** sind, nennt man Zusammensetzungen oder **Komposita.** Der Singular lautet **Kompositum**.
Zusammensetzungen bestehen aus **Bestimmungswort** und **Grundwort.**
Das Grundwort gibt an, worum es eigentlich geht. Das Bestimmungswort schränkt die Bedeutung des Grundwortes ein und bestimmt sie genauer:
Haus-tür: Haus = Bestimmungswort, *Tür* = Grundwort
Zwischen Bestimmungs- und Grundwort sind manchmal noch Fugenbuchstaben nötig, damit sich das Wort leichter aussprechen lässt:
Bestimmung-s-wort, Tasche-n-geld

Der Sprachbastler liebt Komposita! Er schickt Felix und Anna ein neues Rätsel:

Text 8 Hallo Freunde! Was haben diese Wörter gemeinsam?

Schrankwand
Obstschalen
Taschengeld
Hosenlatz
Rotwein

Ein Tipp noch: Lies die Wörter so ←
und auch so →
Der Spruchbustler

3a Schreibe die Beispiele aus dem Rätsel des Spruchbustlers in dein Heft und erkläre die Bedeutung.

b Ergänze deine Liste mit weiteren Beispielen.

Text 9 Hallo Freunde! Was stimmt an diesen Wörtern nicht?

pünktig – gespenstig – schwatzsam – fürchterbar – widerisch – eklich – unwahrscheinhaft – ergebnisisch
Der Sprichbistler

„Das ist leicht!“, überlegt Anna. „Diese Wörter sind falsch zusammengesetzt.“
„Nein“, widerspricht Felix, „das sind doch überhaupt keine Zusammensetzungen!“

4a Wer hat Recht, Anna oder Felix? Wenn ihr euch nicht einig seid, seht noch einmal nach, was ihr über Komposita wisst.

b Zu welcher Wortart gehören die Wörter in Text 9? Woran kannst du das erkennen, obwohl die Wörter keinen Sinn ergeben? Schreibe die Wörter richtig auf.

Neue Wörter können auch gebildet werden, indem man vor oder hinter den Wortstamm einen Wortbaustein setzt. Solche Wörter heißen **Ableitungen.** Einen Wortbaustein, der ans Ende eines Wortes gehängt wird, nennt man **Nachsilbe** (Suffix), ein vorangestellter Wortbaustein heißt **Vorsilbe** (Präfix). Manchmal verändert sich der **Wortstamm** durch die Ableitung *(Punkt – pünktlich).*
Der Wortstamm ist der Teil des Wortes, der die Bedeutung trägt: *ess-en, das Ess-en, ess-bar.*
Wörter mit den Nachsilben *-ig, -isch, -lich, -bar, -sam, -haft* und *-los* sind immer Adjektive.

5a Leite aus den folgenden Wörtern je ein Substantiv/Nomen ab, indem du ihnen eine Nachsilbe mitgibst.

fröhlich – die Fröhlichkeit, verwandt –, frei –, lösen –, gefangen –, heilig –, lieben –

b Ergänze die Regel: Wörter mit den Nachsilben *-keit*, -... sind Substantive/Nomen.

6a Leite aus den folgenden Verben je ein Substantiv/Nomen mit dem Artikel (Begleiter) *der* ab und erkläre die Bedeutung:

lehren, arbeiten, schreiben, spielen, erzählen, lesen, malen

b Welche Substantiv/Nomen-Nachsilbe hast du verwendet? Ergänze in deinem Heft die Regel: Auch Wörter mit der Nachsilbe * sind Substantive/Nomen.

c Bilde auch zu *rudern*, *stehlen*, *kochen* und *ziehen* Ableitungen mit *-er* und prüfe, ob das immer funktioniert.

Text 10 Anna und Felix haben das letzte Rätsel des Sprachbastlers gelöst und sich nun selbst eines ausgedacht:

Hallo Sprachbastler! Mal sehen, ob du nicht nur mit Wörtern, sondern auch mit Zeichnungen zurechtkommst!

Was ist das?

Und das?

7 Natürlich hast du gleich erkannt, was hier nicht stimmt. Male die folgenden Wörter: *Bildhauer, Zitronenfalter, Sattelschlepper, Regenschauer.* Wenn dir noch weitere wörtlich genommene Ableitungen auf *-er* einfallen und du sie zeichnen kannst, kannst du sie deine Mitschüler erraten lassen.

8 Untersuche die folgenden Wörter.

nachknoten, vorzahlen, herbellen, beifragen

a Um welche Wortart handelt es sich?

b Wie sind die Wörter gebildet? Zerlege sie, schreibe die Wortbestandteile in dein Heft und unterstreiche den Wortstamm. Findet neue Vorsilben, damit sinnvolle Wörter entstehen.

Nachsilben (Suffixe) verändern die **Wortart, Vorsilben** (Präfixe) die **Bedeutung** eines Wortes. Verben haben oft Vorsilben: So bedeutet *wegfahren* z. B. etwas ganz anderes als *hinfahren.*

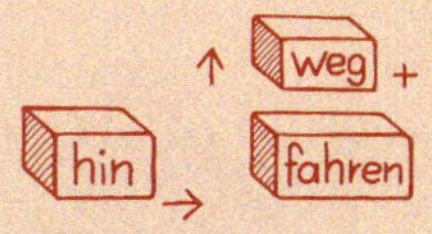

9 – Bildet vier Gruppen. Jede Gruppe erhält eines der folgenden Verben: *fahren, gehen, kommen, laufen.*
– Versucht möglichst viele neue Verben zu bilden, indem ihr viele Vorsilben verwendet. Hier ein paar Beispiele: *ab-, auf-, aus-, be-.* Es gibt aber noch viel mehr.
– Welche Gruppe findet am meisten? Vergleicht eure Ergebnisse und sprecht darüber, was die Verben mit diesen Vorsilben bedeuten.

10a Bilde möglichst viele neue Wörter mit den Wortstämmen *-schlag-* und *-find-*. Orientiere dich dabei an nebenstehendem Beispiel.

b Bestimme jeweils die Wortart und erkläre dann, ob es sich um eine Zusammensetzung oder um eine Ableitung handelt.

Er	find	ung
	Find	ling
er	?	erisch

3. DER SPRACHBASTLER SORTIERT
Wortfamilie und Wortfeld

Text 11 Wieder kommt eine Botschaft über den See. Felix und Anna sind schon ganz gespannt, was der Sprachbastler sich diesmal ausgedacht hat. Sie lesen:

Hallo Freunde! Das war leicht: Brillenträger und Wagenheber! Aber wusstet ihr schon, dass es Wörter gibt, die miteinander verwandt sind?

Felix schüttelt den Kopf. „So ein Blödsinn! Das sind dann Pron-Omas, Ver-Brüder, Subs-Tanten ...“ „Lies doch erst mal weiter!“, schimpft Anna ungeduldig.

Die hier zum Beispiel gehören alle zu einer Familie:
Fall, Falle, Unfall, Falke, Fallensteller, fällig, Fallobst, Fallgrube, Fallschirm, Falte, Falter.
Oder, was meint ihr? Der Sprochbostler

1a Der Sprochbostler hat falsch gebostelt: Welche drei Wörter passen nicht zu den anderen?

b Warum kann man bei den restlichen tatsächlich von einer **Wortfamilie** sprechen?

c Findest du noch weitere Wörter der Wortfamilie *-fall-?* Wende dabei alle Möglichkeiten an, neue Wörter zu bilden, die du inzwischen kennengelernt hast.

Wörter, die den **gleichen Wortstamm** haben, gehören zu einer **Wortfamilie.** Bei manchen Familienmitgliedern ändert sich der Vokal des Wortstammes zum Umlaut (z. B. bei *Fall – fällig*).

2 Das Erkennen der Wortfamilie hilft dir auch dabei, ein Wort richtig zu schreiben. Schreibe die folgenden Wörter in dein Heft und setze dabei die fehlenden Buchstaben ein:

die Gefahr – gef✻rlich, der Platz – pla✻ieren, die Hand – beh✻nde,
die Nummer – nu✻erieren, die Schnauze – schn✻zen, schlagen – der Schl✻gel,
toll – der To✻patsch, das Lamm – bel✻mmert, der Aufwand – aufw✻ndig.

3 Suche in den Texten auf S. 164-170 nach den Stellen, wo Felix und Anna sich unterhalten. Schreibe alle Verben aus diesen Textstellen auf, die vor oder nach einer wörtlichen Rede stehen. Zur Erinnerung: Die wörtliche Rede steht in Anführungszeichen („…“).

4 Suche ein Verb, das du an die Stelle all dieser Verben setzen könntest. Ergänze dann die folgende Sachinformation.

Wörter mit ähnlicher oder gleicher Bedeutung bilden ein **Wortfeld.** Die Verben *fragen, antworten, erwidern, meinen, entgegnen, widersprechen, rufen, schimpfen* usw. gehören z. B. zum Wortfeld mit der Grundbedeutung ✻.
Wörter aus dem gleichen Wortfeld helfen dir dabei, einen Text (z. B. einen Aufsatz) abwechslungsreicher zu gestalten und dich genauer und treffender auszudrücken.

5 Überlegt gemeinsam: Wozu braucht man überhaupt so viele unterschiedliche Wörter, wenn sie doch alle mehr oder weniger das Gleiche bedeuten?
Zum Vergleich könnt ihr in die Unterhaltungen zwischen Anna und Felix nun statt der anderen Verben des Wortfelds das Verb *sagen* oder *sprechen* einsetzen. Vergleicht dann die Wirkung.

6 Felix und Anna möchten dem Sprachbastler möglichst viele Wörter mit der Grundbedeutung *gehen* schicken. Sie überlegen:
Leise gehen ist *schleichen.* Laut gehen ist *trampeln* oder *poltern.*
Ganz langsam gehen ist … Hilf den beiden dabei, möglichst viele Verben zu finden. Ergänze dazu die folgenden Sätze und finde weitere:

Ganz schnell gehen heißt ✻.
Mit einem Gipsbein kann man nur noch ✻.
Eine Frau auf hohen Absätzen ✻.
Ein Betrunkener ✻.
Ein Angeber ✻.
Wenn man es eilig hat, ✻ man.
Eine Treppe ✻ man hinauf.

7 Ihr könnt auch Gruppen bilden und sehen, wer die meisten treffenden Wörter findet. Versucht dann, die gefundenen Verben pantomimisch darzustellen. Wer errät das gesuchte Wort?

4. SPRACHBASTLERS VERWANDLUNGSKÜNSTE
Wortkunde als Rechtschreibhilfe

Text 12 Der Sprachbastler hat sich über den Brief gefreut, denn er schreibt zurück:

VERBSAMMLUNG WAR EIN GROSSARTIGES ERLEBNIS FÜR MICH; WAS FÜR EIN REICHTUM AN STOLPERVERBEN - EINE UMWANDLUNG IST ABER MÖGLICH; WUSSTET IHR, DASS ALLE EINE CHANCE HABEN ZUR HEBUNG, DIE GROSSE EHRE ALSO, DÜNKEL VIELLEICHT: EINMAL EIN NOMEN ZU WERDEN, EIN GROSSGESCHRIEBENES NOMEN! OH JA, SIE KÖNNEN ES ZWEIFELLOS, OB DAS MACHEN ODER ERLAUBEN - ALLE KÖNNEN SIE NOMEN WERDEN. TESTET ES!
EUER SPRACHBASTLER T.

Da konnte sich Felix wieder ordentlich aufregen: „Nun gibt er einen Teil seines Namens preis – aber dann schreibt er plötzlich so geschwollenes Zeugs! Und was sind Nomen?“ „Mal langsam!“, bremst ihn Anna, „bisher war noch alles Merkwürdige gleichzeitig ein Hinweis für uns. Hier geht es ihm irgendwie um die Groß- und Kleinschreibung. Und Nomen sind Substantive, das weiß doch jedes Kind ...“

1 Teste du das doch für die beiden:

a Schreibe den Brief neu – und zwar nicht mehr nur in großen Buchstaben, sondern in der korrekten Groß- und Kleinschreibung.

b Einige Großbuchstaben bleiben übrig. Lies sie hintereinander: Welcher Hinweis versteckt sich in dieser Lösung?

c Was ist mit diesem Hinweis des Sprachbastlers gemeint? Wie soll man das machen? Probiere es aus und überprüfe auf diese Weise die Groß- und Kleinschreibung im Brief.

2 Ergänze mithilfe des Wortspeichers folgende Rechtschreibtipps in deinem Heft. Einige Beispiele dazu findest du wieder im Brief.

Regeln zur Groß- und Kleinschreibung:

Nur ✻ schreibt man groß!
Wörter mit den Nachsilben -ung, -tum, -keit, -heit, -ling, -nis und -schaft sind ✻ und werden ✻geschrieben.
Wörter mit den Nachsilben -lich, -ig, -isch, -bar, -sam, -haft und -los sind ✻ und werden ✻geschrieben.
Ist die Schreibung nicht an einer Nachsilbe zu erkennen, dann hilft der ✻: Kann man vor das Wort einen Artikel setzen oder es durch ein Pronomen ersetzen, dann ist es ein ✻ und wird ✻geschrieben.

Substantivtest / Nomentest, klein-, (3x) Substantive (Nomen), Adjektive, (2x) groß-

3 **Zum Üben:**

a Sammelt gemeinsam Beispielwörter mit den angegebenen Nachsilben (Suffixen) und hängt sie auf einem Plakat in der Klasse aus.

b Schreibe die folgenden Sätze richtig in dein Heft:

> Das SCHREIEN des BABYS klang DROLLIG.
> Seine WUNDERSAME RETTUNG wurde in allen ZEITUNGEN beschrieben.
> Zur BEACHTUNG: Es werden GROSSE und LUSTIGE gesucht!
> Mit der LETZTEN UMDREHUNG rollte der BALL ins AUS.
> Jeder muss ESSEN, um sein ÜBERLEBEN zu sichern.
> Der REICHTUM war eher HINDERLICH, machte ihn zum SONDERLING.

4 Nicht nur für die Schreibung am Anfang der Wörter, sondern auch in der Mitte oder am Ende hilft es, etwas mehr über die Wörter zu wissen. Sieh dir die folgenden Beispiele an und erläutere die Herleitung der korrekten Rechtschreibung – im Zweifel mit Blick auf die Tipps: *Baum – B✻me, B✻mchen; Naht – n✻hen; staubi✻ – die staubige Straße; ich ma✻ – mögen*

5 **Ableitung:** Erg✻nze (von ganz!) *ä, äh, äu* oder *eu* in deinem Heft und notiere in Klammern das verwandte Wort: *pr✻chtig, w✻len, erz✻len, erf✻rt, der L✻fer, bl✻lich, n✻lich, f✻lschen, die H✻nde, das Gef✻lle, der Verk✻fer, wiederk✻en*

6a **Verlängerung:** Hier musst du das Wort verlängern und dann den richtigen Konsonanten (*d, t, b, p, g, k*) ergänzen. Schrei✻ (von schreiben) beides – Wort und Verlängerung – nebeneinander ins Heft: *das Ra✻, das Kal✻, der Tei✻ klum✻t, du gi✻st, lusti✻, der Lum✻, sie pum✻t, sie lie✻t, der Bun✻, die Ban✻, das Ban✻, der Ra✻, hasti✻, bun✻, der Tan✻, der Vogel pie✻st, er ma✻, es rei✻t*

b Vergleicht einmal eure verlängerten Wörter: Welche Verlängerungen sind bei Substantiven/Nomen besonders einfach? Welche bei Adjektiven, welche bei Verben?

c Bei einem Beispiel aus der Wortliste sind zwei Schreibungen möglich. Fallen dir weitere solche „falschen Teekesselchen" ein, die sich nicht in der Aussprache, wohl aber in der Schreibung unterscheiden?

Tipp zur Schreibung von Vokalen in der Wortmitte:
Es hilft fast immer, sich in der Wortfamilie umzusehen. Überprüfe die Schreibung verwandter Wörter (**Ableitungsprobe**).

Tipp zur Schreibung von Konsonanten am Wortende:
Auch hier hilft ein Blick auf verwandte Wörter. Sind diese länger, dann hört oder sieht man an ihnen, wie das Wort geschrieben wird (**Verlängerungsprobe**).

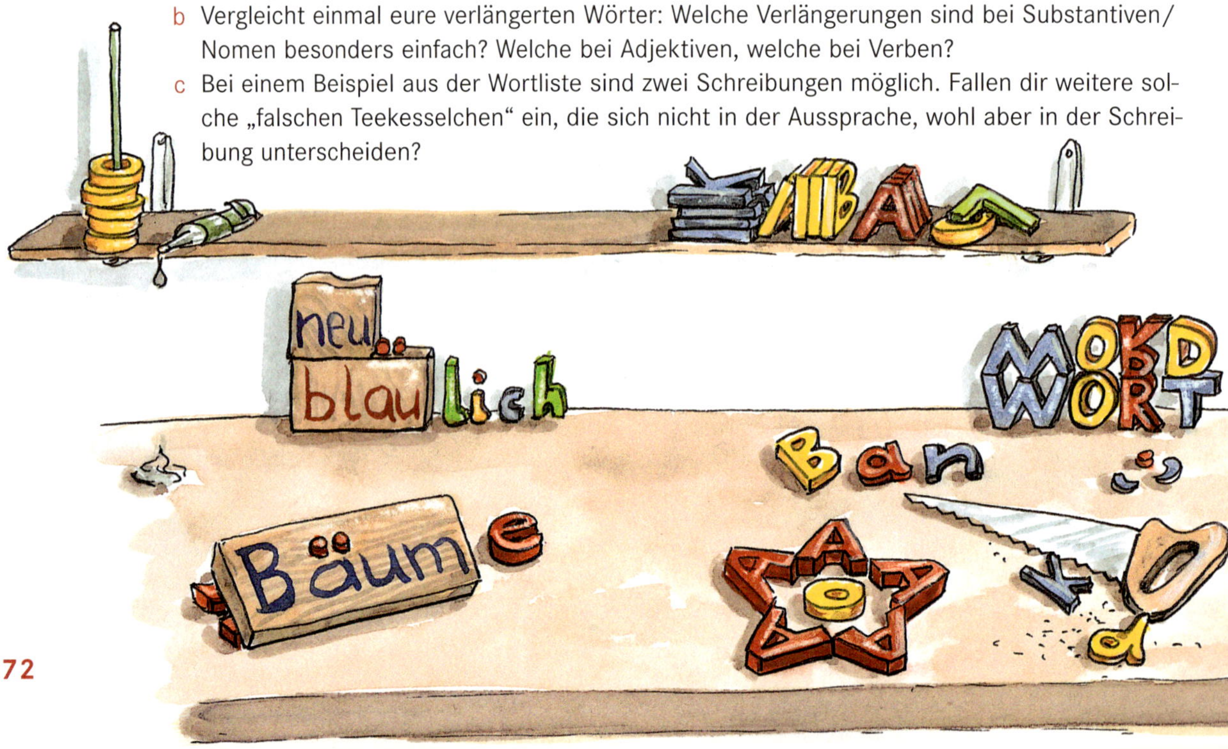

7 Nach all diesen Übungen lehnen sich Felix und Anna zurück und schreiben dem Sprachbastler ihren letzten Brief. Kannst du ihn entziffern?

Text 13

Leiebr Belastr an uernser Sarchpe, lbeier T!
Dniee Ügbenun heban veil Sapß gaecmht! Wir waern aebr acuh gnaz söhcn fßüleg!
Dheaslb mcheisn wir jzett ecfianh alels und btietn dcih keennleenrn zu derüfn:
Zieg uns ncah dem Abgfansunbschtaen deines Nneams dcoh acuh dien Gsehcit!
Zewi Bhucsteüenwabrflr

8 Und sehr schnell kommt diesmal die Antwort des Sprachbastlers. Als Felix und Anna sie entschlüsselt haben, freuen sie sich sehr: Sie dürfen ihn endlich kennenlernen! Könnt ihr sagen, wo und wann sich die drei treffen werden?

Text 14

Biele suchbtabenfürwler! Enn wihr nerge erhausdinfeu töchmet, er wich lirkwich mein sag, kann dommt tonnsagmorvittag drum ei inhüber sum zee – beite zwank deben nem stootsbeg. Wihr erdet lachspros nausten!

Das hast du in diesem Kapitel gelernt:

- zwischen Buchstabe, Laut, Silbe und Akzent unterscheiden
- Wörter bilden aus Ableitungen (Präfixe und Suffixe) und Zusammensetzungen (Komposita: Grund- und Bestimmungswort)
- Wortfamilien und Wortfelder unterscheiden und nutzen
- Wissen über Wörter als Rechtschreibhilfe einsetzen: Substantivtest (Normentest), Ableitungs- und Verlängerungstest

Ideen und Projekte

Geheimschrift

Überlegt euch eine Geheimschrift, in der ihr mit Buchstaben, Lauten und Silben spielt. Wichtig ist dabei, dass ihr den Schlüssel richtig anwendet und gut aufhebt. Verfasst dann eine kurze Botschaft, die ihr in eurer Geheimschrift verschlüsselt. Steckt den Brief in eine mitgebrachte Flasche – und ab geht die Post im Klassenzimmer!

NAMEN UND IHRE HERKUNFT

Text 1 Indianische Namen zu übersetzen, ist oft sehr schwierig, weil die wörtliche Übersetzung den Sinn des Namens in der Regel nicht erklärt. Indianische Namen zu verstehen, erfordert nämlich meist Vorkenntnisse über die Weltanschauung des Indianerstammes, der den Namen benutzt. Genau genommen muss jeder Name in einer Geschichte erzählt werden, damit man die Bedeutung des Namens erfassen kann.
In der Regel gehört ein Indianername zu einer ganz bestimmten Person und kann nicht auch noch zu einem anderen Menschen gehören. Nicht wie bei uns, wo jeder Hinz oder Kunz heißen kann. Beispiele für Indianernamen:

Stamm oder Sprache	Indianisch	Deutsch	Englisch
Cree	Ahtahkakoop	Sternendecke	Starblanket
Shawnee	Aquewa Apetotha	Kind in einer Wolldecke	Child in a Blanket
Shawnee	Chiungalla	Schwarzer Fisch	Black Fish
Assiniboine (Nakota)	Cuwkencaayu	Der Mann, der den Mantel nahm	Man-Who-Took-The-Coat
Kiowa	Edo-eette	Großer Baum	Big Tree

Aber trägt nicht jeder von uns einen geheimnisvollen, „indianischen" Namen? Wer kennt schon die Bedeutung seines eigenen Namens? Hätten mich meine Eltern *„Schützer des Besitzes"* oder sinngemäß *Nachtwächter* nennen wollen, der Standesbeamte hätte es ihnen verweigert. Trotzdem heiße ich so oder ähnlich, denn das ist die Bedeutung des Namens *Ottmar* in irgendeiner ausgestorbenen germanischen Sprache.

1a Fasse mit eigenen Worten zusammen, was du in diesem Text über Indianernamen erfährst.
b Erkläre: Wo liegen die Unterschiede zwischen indianischen Namen und Namen bei uns? Gibt es Gemeinsamkeiten? Welche?

2a Frage deine Eltern, warum sie dir deinen Vornamen gegeben haben und ob sie wissen, was er bedeutet. Berichte darüber in der Klasse. Stellt dann die wichtigsten Gründe für die Namensgebung zusammen.
b Schlage in einem Namenslexikon die Bedeutung und die Herkunft deines Vornamens nach. Auch im Internet kannst du diese Information finden – wenn du in eine Suchmaschine die Suchwörter „Vornamen" und „Bedeutung" eingibst, stößt du auf die entsprechenden Seiten.
c Stellt mit euren Vornamen ein kleines Namenslexikon zusammen. Das kann ungefähr so aussehen:

Name	Herkunft	Bedeutung
Aischa	*algerisch*	*das Leben*
Arthur	*keltisch*	*der Bär*
Camilla	*lateinisch*	*die Ehrbare*

d Bist du mit deinem Vornamen zufrieden? Passt er zu dir? Welchen Namen würdest du dir selbst geben? Das kann auch ein indianischer Name sein ...

3 Auch die meisten Nachnamen haben eine Bedeutung. Oft lassen sie sich auf Berufsbezeichnungen (*Schneider*), Vornamen (*Walter*), Herkunftsbezeichnungen (*Schwab*) oder Spitznamen (*Kleinhans*) zurückführen.
a Erkläre mithilfe dieser Information die Herkunft der folgenden Nachnamen: Zimmermann, Müller, Westphal, Bergmann, Vogelweide, Jung, Hamburger, Friedrich, Beyer, Lachnit, Fuchs, Gärtner.
b Versucht, die Herkunft eurer Nachnamen herauszufinden. Auch hier kann euch ein Namenslexikon helfen!
c Stellt zusammen, aus welchen Sprachen eure Vor- und Nachnamen ursprünglich herkommen. Wie viele Sprachen habt ihr gefunden?

4 Sehr spannend kann es auch sein, nach der Herkunft von Ortsnamen zu forschen. Namen von Städten, Flüssen und Landschaften haben oft eine lange und wechselhafte Geschichte. Häufige Bestandteile von Ortsnamen, die auf germanische Sprachen zurückgehen, sind die Vorsilben Ober-, Unter-, Nieder-, Hinter-, Groß-, Klein- ... und die Nachsilben -furt, -hausen, -stadt, -dorf, -burg, -berg ...
a Suche auf einer Landkarte Orte in eurer Nähe, deren Namen einen der genannten Bestandteile haben. Erkläre Bedeutung und Herkunft der Ortsnamen mithilfe eines geeigneten Lexikons oder des Internets.
b Bildet kleine Gruppen: Jede Gruppe versucht, Bedeutung und Herkunft des Namens der Hauptstadt eines Bundeslandes herauszufinden. Präsentiert eure Ergebnisse möglichst anschaulich.

5 Stell dir vor, es gäbe, neben der Insel Amrum, ein zusätzliches Bundesland auf der Insel Hintenrum. Wie soll seine Hauptstadt heißen? Illustriere deine Ideen und Vorstellungen, indem du sie zeichnest, malst oder eine Collage anfertigst.

ZEICHEN UND PIKTOGRAMME

1 Sprache besteht aus Wörtern, klar! Aber gibt es auch Sprache ohne Wörter?

a Überlege, auf wie viele verschiedene Arten man für Ruhe sorgen kann, ohne dabei ein Wort zu verwenden.

b Was wäre, wenn man nur noch mithilfe von Zeichen miteinander sprechen würde? Hast du schon einmal Menschen beobachtet, die sich in Zeichensprache unterhalten? Erzähle!

2a Was könnte dieses Schild rechts „sagen" wollen?

b Woran liegt es, dass du die Bedeutung dieses Schildes verstanden hast?

c Verstehst du auch die Bedeutung der folgenden Zeichen? Erkläre.

Ein **Zeichen** besteht aus zwei Teilen: aus **Form** und Farbe und seiner **Bedeutung**. Die meisten Zeichen versteht man, weil auf ihnen etwas dargestellt ist, was man kennt. Die Bedeutung mancher Zeichen muss man lernen, z. B. die der Verkehrszeichen. Meist sind sie international verständlich, weil viele Staaten vereinbart haben, sie zu benutzen.

3 Überlege: Gilt das auch für die Wörter einer Sprache? Denke dabei auch an andere Sprachen, die du kennst.

4a Gehe im Geiste deinen Heimweg ab. Male Beispiele für Zeichen, die du auf deinem Weg nach Hause sehen kannst (Verkehr, Werbung, ...). Schreibe dazu, was sie bedeuten. Vergleicht dann eure Funde. Auf dem Heimweg könnt ihr eure Aufstellungen noch vervollständigen.

b Überlegt, in welchen Bereichen und an welchen Orten man im Allgemeinen Zeichen finden kann.

5a Seht euch diese Zeichen an. Was bedeuten sie?
b Beschreibe das nebenstehende Bild: In welcher Situation befindet sich der Hund?
c Habt ihr eine ähnliche Situation erlebt? Erzählt!

Zeichen, die vereinfacht in bildhafter Form etwas darstellen, nennt man **Piktogramme** (aus lateinisch *pictum* = Bild und griechisch *gramma* = Geschriebenes).
In der Informatik nennt man bildhafte Symbole in einer grafischen Benutzeroberfläche eines Programms oder in einer Anwendung *Icons.* Der Begriff *Icon* kommt aus dem Griechischen (*eikon* = Bild).

6 An welchen Orten kann man Piktogramme finden? Erkläre, welche Vorteile sie haben. Kann die Verwendung von Piktogrammen auch Nachteile haben?

7 Kennt ihr diese Icons? Erklärt ihre Bedeutung und versucht, weitere zu finden und zu erklären. Warum werden hier Icons statt Wörter verwendet?

8 Jetzt seid ihr dran: Malt Zeichen oder Piktogramme, die man in der Schule verwenden könnte. Ihr könnt z. B. für jedes Schulfach oder für jeden Raum (Lehrerzimmer, Sekretariat, Musikraum, Turnhalle, ...) ein eigenes Zeichen entwerfen oder Schilder malen, die darstellen, was Schüler oder Lehrer in der Schule sollen bzw. dürfen. Vielleicht könnt ihr mit den Bildern dann eine kleine Ausstellung beim nächsten Schulfest veranstalten oder sie im Klassenzimmer ausstellen.

Sachlexikon Deutsch

Hier findest du Sachinformationen, die du bei Bedarf nachschlagen und im Unterricht oder zu Hause nutzen kannst. Die Sachinformationen sind alphabetisch geordnet; Stichworte, die Grundwissen darstellen, sind rosa unterlegt, solche, die Methoden/Arbeitstechniken darstellen, grün.
> bedeutet: Sieh auch unter dem folgenden Stichwort nach.

Ableitung > Wortkunde
Adjektiv > Wortarten
Adverb > Wortarten
Adverbiale > Satz
Akzent > Laut
Antonym > Wortkunde

appellieren/ argumentieren

Oft setzt du dich im Alltag mit anderen auseinander; wenn du dabei deine Meinung zu einem Sachverhalt oder einem Problem äußerst, dann argumentierst du; wenn du jemanden aufforderst, sich deiner Meinung oder deinem Anliegen anzuschließen, dann appellierst du.

Artikel > Wortarten
Attribut > Satz

berichten/ erzählen

Wenn du jemandem mitteilst, was du erlebt, gesehen, gehört, empfunden hast, dann erzählst oder berichtest du. Wenn du dich knapp an die nüchternen Tatsachen hältst, dann berichtest du; wenn du das Erlebte anschaulich ausmalst, dann erzählst du. Im Alltag mischen sich Bericht und Erzählung häufig.

Einen Bericht schreiben

Berichte findest du im Alltag z. B. als Bericht über einen Schadensfall, aber auch als Bericht über ein besonderes Ereignis in der Tageszeitung oder der Schülerzeitung. Beim Schreiben eines Berichts musst du den Zweck und den Adressaten (Empfänger/Leser) des Berichts beachten. Versicherungen z. B. geben in ihren Formularen meist sehr genau an, was für sie wichtig ist. Wenn du einen Bericht für die Schülerzeitung schreibst, kannst du dich an folgende Tipps halten:

1 Ein Bericht dient der **sachlichen Information**; du vermittelst dem Leser ein knappes, aber genaues Bild von **Ablauf** und **Ergebnis** eines einmaligen Geschehens; Berichtstempus ist deshalb das **Präteritum**.
2 Ein Bericht sollte so genau wie nötig und so knapp wie möglich sein. Konzentriere dich deshalb auf die wichtigsten Tatsachen und beantworte die **W-Fragen**.
3 Die **Einleitung** führt den Leser in die Situation ein. Am besten beantwortest du hier bereits die ersten vier W-Fragen: *Wer, was, wann, wo*? Oft genügt dafür bereits ein einziger Satz.
4 Der **Hauptteil** stellt den Ablauf des Geschehens in zeitlicher Reihenfolge dar; dabei beantwortest du vor allem die W-Frage: *Wie* ist das Ereignis genau abgelaufen?
5 Der **Schluss** nennt meist das Ergebnis und/oder die Quelle deiner Information, z. B.: *Welche* Folgen hatte das Geschehen? *Woher* stammt deine Information?

beschreiben/ erklären

Wenn du beschreibst oder erklärst, dann willst du vor allem darstellen, wie etwas aussieht, funktioniert oder zu handhaben ist. Du kannst z. B. Gegenstände, Personen und ihr Verhalten, Vorgänge (z. B. Arbeits- und Bedienungsanleitungen, Versuche) Orte oder Wege beschreiben oder erklären.

Vorgänge beschreiben

Wenn du einen Vorgang beschreibst, stellst du kein einmaliges Ereignis dar wie im Bericht, sondern einen **wiederholbaren Vorgang**; du willst, dass Adressatinnen oder Adressaten den Vorgang Schritt für Schritt verstehen und nachvollziehen (z. B. Weg einer Pfandflasche) oder ihn anschließend problemlos wiederholen können (z. B. Bauanleitung, Rezept).

1 In der **Einleitung** nennst du zunächst den Vorgang, den du beschreiben willst, und stellst dar, welche **Vorbereitungen** nötig sind, damit der Vorgang starten kann (z. B. Zum Flicken eines Fahrradschlauchs benötigst du ...).
2 Im **Hauptteil** stellst du **Schritt für Schritt** genau, vollständig und anschaulich den Ablauf dar (z. B. Zuerst nimmst du ...).
3 Am **Schluss** kannst du noch **Tipps und Tricks** nennen (z. B. Das Flicken funktioniert besonders gut, wenn du ...).
4 Das Tempus der Vorgangsbeschreibung ist das **Präsens**, weil das Präsens auch das wiederholbare „Immer-wieder“ oder das „Zu-jeder-Zeit“ ausdrückt.

Bibliothek > informieren

Brief

Einen persönlichen Brief schreiben

Wenn du einen persönlichen Brief schreibst, solltest du auf Folgendes achten, damit dein Brief auch „ankommt“:

1 Versetze dich in den Empfänger oder die Empfängerin (**Adressat**). Überlege, was du mitteilen oder erzählen willst und was sie oder ihn besonders interessiert.
2 Wende dich **persönlich** an den Empfänger oder die Empfängerin, nicht nur in der Anrede, sondern auch im Brieftext; gehe auf Fragen ein, informiere nicht nur, sondern äußere auch Empfindungen und Gefühle, erzähle von Erlebnissen ... **Handschriftliche Briefe** wirken meist persönlicher als Briefe, die du mit dem Computer schreibst.
3 Vermeide inhaltsleere Redensarten („Mir geht es gut. Wie geht es dir?“)
4 Schreibe in geordneter **Reihenfolge**, damit der Empfänger oder die Empfängerin dir in deinen Gedanken gut folgen kann.
5 Denke dabei auch an den Zweck und das Ziel deines Briefes (z. B. sich bedanken, um etwas bitten).

Einen sachlichen Brief schreiben

Natürlich können persönliche Briefe auch sachlich sein. Gemeint sind Briefe, die du an Personen, Behörden, Firmen schreibst, die du persönlich nicht oder nicht gut genug kennst. In sachlichen Briefen musst du deshalb nicht nur auf Zweck und Ziel, sondern auch besonders auf die **Form** und den **Stil** (höflich, sachlich) achten:

1 Am besten schreibst du den Brief mit dem **Computer**. Wenn du ihn handschriftlich schreibst, verwende unliniertes, weißes Papier und beschreibe es nur einseitig.
2 Grammatik, Rechtschreibung und Zeichensetzung müssen **korrekt** sein. Das Rechtschreibprogramm auf dem Computer kann dir dabei helfen.
3 Konzentriere dich auf die **Sache**, um die es dir geht; Absätze fördern die Übersichtlichkeit.

4 **Äußere Form** (zwischen den einzelnen Teilen mindestens zwei Zeilen Abstand lassen):
- oben links: Absender und Anschrift; oben rechts: Ort und Datum
- darunter links: Name und Anschrift des Empfängers oder der Empfängerin
- dann darunter: Benennung der Sache, um die es geht („Skaterbahn an der Rossinistraße“)
- Anrede: Sehr geehrte/r Frau/Herr XY,
- nun folgt der Brieftext
- am Schluss Grußformel (*Mit freundlichen Grüßen*) und Unterschrift

Buchstabe > Laut
Buchvorstellung > Jugendbuch

Cluster

Ein Cluster hilft, Ideen zu sammeln und zu entwickeln. Du beginnst mit einem Wort in der Mitte und ergänzt den Cluster rundherum durch spontane Einfälle.

Deklination > Wortarten
Diphthong > Laut

erzählen/ berichten

In einer Erzählung (Geschichte) erzählst du von einem Ereignis, das du selbst so erlebt hast oder das sich wirklich so ereignet haben könnte (Erlebniserzählung). Eine Erzählung kann auch eine Fantastische Geschichte sein; dabei können Figuren und Ereignisse vorkommen, die es in Wirklichkeit nicht gibt (z. B. Zwerge), aber dennoch muss alles zusammenpassen (innere Glaubwürdigkeit): Zwerge können nur mit einem Auto fahren, wenn das Auto „klein gezaubert“ wurde usw.

Eine Erzählung schreiben

1 Entscheide dich, ob du in der **Ich-Form** (Ich *zitterte vor Angst* ...) oder in der **Er/Sie-Form** (Er/sie *zitterte vor Angst* ...) schreiben willst. Erzählungen lassen sich oft in der Ich-Form leichter erzählen, weil du dich dann besser hineinversetzen kannst.

2 Erzähle/erfinde ein interessantes Ereignis oder Erlebnis (**Erzählidee**); beschränke dich auf ein **Hauptereignis**, das du ausgestaltest.

3 Deine Erzählung sollte eine hinführende Einleitung, einen Hauptteil und einen abrundenden Schluss haben (**Aufbau**). Im Hauptteil führst du die Handlung in folgerichtigen **Handlungsschritten** zum wichtigsten oder spannendsten Erzählteil (**Höhepunkt**), den du besonders ausführlich oder spannend gestaltest (Nahaufnahme).

4 **Zur Gestaltung:**
- Schreibe **anschaulich**, der Leser oder die Leserin sollen das Geschehen „vor sich sehen“, es „mit dem inneren Auge anschauen“ können.
- Gib den Figuren Namen; schreibe auch, was sie sagen (**wörtliche Rede**), denken, empfinden (**innere Handlung**).
- Wähle treffende Verben, Substantive/Nomen und Adjektive; nutze Attribute und Adverbialien für genauere Angaben; vermeide möglichst Allerweltswörter wie *tun, machen, sagen, gehen* (**Wortwahl**).
- **Spannung** erzeugst du auch, wenn du den Ausgang früh andeutest, das genaue Erzählen des Ausgangs aber bis zum Schluss hinauszögerst.
- Das Tempus der Erzählung ist meist das **Präteritum**.

nacherzählen

Wer nacherzählt, erzählt die Geschichte mit eigenen Worten.

1 Gib den Handlungsverlauf in der richtigen **Reihenfolge** mit **eigenen Worten** wieder.

2 Unwichtiges kannst du weglassen, aber vergiss nichts, was für das Verständnis der Handlung oder das Verhalten der Figuren wichtig ist.

3 Erzähle anschaulich, wähle treffende Wörter, damit Leser oder Leserinnen die erzählten Begebenheiten miterleben können (**äußere und innere Handlung**).
4 Zur Vorbereitung einer Nacherzählung solltest du die Ausgangsgeschichte **gründlich lesen** oder dir langsam vorlesen lassen und dir dabei **Stichworte** (Handlungsschritte) machen, damit du nichts Wichtiges vergisst.

Nacherzählen aus anderer Sicht

Wenn du eine Geschichte aus anderer Sicht erzählst, versetzt du dich in die entsprechende Erzählfigur und erzählst nur das, was diese Figur erlebt, denkt und fühlt.

- Was hat die Figur, aus deren Sicht du erzählst, selbst erlebt? Was kann sie wissen, was nicht?
- Wie handelt die Figur, was denkt und empfindet sie?
- Was ist zu Verhalten, Denkweise und Empfinden der Figur nicht direkt gesagt, ergibt sich aber folgerichtig aus dem Text und kann miterzählt werden?

Weitererzählen, ausgestalten

Wenn du eine Geschichte weitererzählst (einen Anfang weitererzählen, einen Schluss erfinden), ist nicht nur deine Fantasie gefragt (Ideen), sondern auch dein Verständnis des bereits erzählten Teils der Geschichte, die du weitererzählen willst; dabei kommt es nicht darauf an, die Geschichte so weiterzuerzählen, wie sie der Dichter wirklich weitergeschrieben hat, aber deine weitererzählte Geschichte muss möglichst gut zum bisherigen Handlungsverlauf und zu den Figuren passen.
Wenn du eine Geschichte ausgestaltest (Erzählkern, etwas in eine Geschichte einfügen, z. B. Gedanken, wörtliche Rede, einen weiteren Handlungsschritt), orientierst du dich ebenfalls genau an den vorgegebenen Ereignissen und den Besonderheiten der Figuren.

Erzählungen (Geschichten) erschließen

Wenn du eine Erzählung genauer verstehen willst, musst du den **Inhalt**, die beteiligten Figuren und auffällige sprachliche **Gestaltungsmittel** genauer untersuchen. Du fragst: *Was* ist erzählt? *Wie* ist es erzählt? *Warum* ist es gerade so erzählt (Wirkung)?

1 **Inhalt:** Vergewissere dich, dass du die Handlung wirklich verstanden hast. Oft hilft dabei zur Kontrolle eine Nacherzählung mit eigenen Worten oder eine Zusammenfassung des Handlungsverlaufs.
2 **Figuren:** Erkläre Lebensumstände der Figuren, beschreibe ihr Verhalten und untersuche ihre Beweggründe (Motive) für ihr Verhalten. Eine gute Möglichkeit, die Figuren besser zu verstehen, ist es, sich in eine Figur hineinzuversetzen und aus ihrer Sicht zu erzählen.
3 **Gestaltungsmittel:** Achte auf Besonderheiten in Wortwahl und Satzbau: Wo und mit welcher Wirkung weicht die Erzählweise vom üblichen Sprachgebrauch ab? Wie passt das zur Handlung und zu den Figuren?
4 **Wirkung/Aussage:** Jetzt kannst du dein Ergebnis zusammenfassen: Wie wirkt die Geschichte auf dich und warum? Was sagt sie aus?

Erzählstil/ Sachstil

Wenn du eine Erzählung (Geschichte) oder ein erzählendes Jugendbuch liest und wenn du einen Sachtext oder ein Sachbuch liest, dann begegnen dir unterschiedliche Schreibstile, die vereinfacht Erzählstil und Sachstil genannt werden. Die wichtigsten Unterschiede sind:

Erzählstil

anschaulich, ausgemalt, spannend, an Handlungen, Figuren und ihren Motiven orientiert; Tempus: fast immer Formen der Vergangenheit; Wirkung: Hineinversetzen in eine erfundene Welt, miterleben und mitfiebern, sich unterhalten lassen, Auseinandersetzung mit Situationen, Figuren, ihren Problemen und ihrer Eigenart

Sachstil

sachlich (auch Fachausdrücke), knapp, genau, an Sachverhalten und ihrer Klärung orientiert; Tempus: fast immer Präsens; Wirkung: Auseinandersetzung mit einer Sache oder Sachfrage, sich informieren, Wissen erweitern oder eigene Position klären.

Fabel

In Fabeln **sprechen** und **handeln Tiere**; mit diesen Tieren sind aber **Menschen** mit bestimmten Eigenschaften und Verhaltensweisen **gemeint**. Meist sind Fabeln so aufgebaut: Einführung in die Situation, Dialog der Handelnden, Ergebnis der Handlung. Daraus ergibt sich für den Leser oder die Leserin eine **Lehre**, die manchmal auch direkt genannt wird. Die Fabel kritisiert die Herrschaft der Mächtigen oder stellt typische menschliche Schwächen bloß.

Fantastische Geschichte > erzählen/berichten
Futur > Wortarten/Verb/Tempora

Gedicht

Gedichte leben oft von Stimmungen, Gefühlen, Eindrücken, die der Dichter oder die Dichterin durch formale und sprachliche Mittel ausdrückt und mitteilt. Wenn du ein Gedicht untersuchst, kannst du es noch besser verstehen (Inhalt und Gestaltungsmittel, Aussage und Wirkung) und dein Verständnis begründen. Typische **Gestaltungsmittel** sind:

Sprachliche Bilder

Metapher
(griech. Übertragung): Die Metapher benennt etwas im übertragenen Sinn; sie überträgt ein Wort auf eine Sache, auf die es auch passt (z. B. *Der Säugling kräht > übertragen von der Stimme des Hahns auf die Stimme des Säuglings*)

Personifikation
eine Sonderform der Metapher; Gegenständen, Pflanzen, Tieren oder Naturerscheinungen werden Eigenschaften und Verhaltensweisen von Menschen zugeschrieben (z. B. die Natur „schläft")

Vergleich
Dabei wird etwas direkt mit etwas anderem verglichen (z. B. *das Wasser glänzte wie Silber*). Der Vergleich wird meist durch eine der folgenden Wendungen eingeführt: *wie, als ob, als wenn, von der Art/Farbe eines ...*

Strophe und Vers

Gedichte gliedern sich meist in Strophen, zu jeder Strophe gehören zwei oder mehr Verse. Strophen zählt man mit römischen Zahlen (I, II, III, IV ...), Verse mit arabischen (also den uns heute geläufigen) Zahlen (1, 2, 3, 4 ...).

Reim (Endreim)

Gleichklang mehrerer Wörter vom letzten betonten Vokal an (z. B. *Bérg – Zwérg; erkánnte – sándte*). Du kannst Reime und Reimordnung näher bestimmen; gleiche Reime werden mit gleichem Buchstaben gekennzeichnet (z. B. *... Hose ... Dose ... Mutter ... Butter = a – a – b – b*); die häufigsten Reimformen haben einen Namen:
Paarreim: aabb **Kreuzreim:** abab **umarmender Reim:** abba
Es gibt **reine Reime,** die gleich klingen (z. B. f*asst – Ast*) und **unreime Reime,** die nur annähernd gleich klingen (z. B. *fiel – Gefühl*).

Metrum und Takt

(griech. Metron = das Maß) bedeutet (Vers-)maß; in der Metrik, der Lehre vom Versbau, wird vor allem untersucht, in welcher Ordnung kurze und lange (Lateinisch, Griechisch) oder betonte und unbetonte Silben (in unserer heutigen Sprache) aufeinander folgen.

Taktordnung

Die kleinste Einheit in der Ordnung von betonten und unbetonten Silben (Hebungen und Senkungen) nennt man Takt. Ein Takt besteht aus einer Hebung zu Beginn und einer oder mehreren Senkungen.
Nach der Anzahl der zu einem Takt gehörigen Silben kannst du die Taktarten unterscheiden:

Zweiertakt	x́	x	/	x́	x	/	x́	x	/	x́	x
	Stil-	le		Was-	ser		kei-	ne		Wel-	le
Dreiertakt	x́	x	x	/	x́	x	x	/	x́	x	x
	Lus-	ti	ge		Kin-	der	im		Mär-	chen	wald

Eine unbetonte Silbe vor dem ersten Takt nennt man **Auftakt**.

x	/	x́	x	x	/	x́	x	x	/	x́	x	…
ein		Häus-	chen	im		Wal-	de	bei		Mün-	chen	

Rhythmus

(griech. rhein = fließen) bedeutet „Fluss des Sprechens"; wenn du ein Gedicht wirkungsvoll vorträgst, gliedert die Lautfolge vor allem durch Betonung, Pausen und Sprechtempo. Du liest ein Gedicht nicht schematisch nur nach der Taktordnung, sondern nach der Stimmung und dem Sinn, also nach der Bedeutung.

Gesprächsregeln > sprechen
Hauptsatz > Satz

Hörspiel

Ein Hörspiel ist eine gespielte Geschichte, die man nicht sieht, sondern nur hört (Radio, CD). Wenn du eine Geschichte zu einem Hörspiel umgestaltest, musst du wie bei einem Theaterstück die Handlung in **Dialoge** (Dialogisierung) umschreiben. Die Regieanweisungen geben u. a. an, mit welchen **Geräuschen** du die Wirkung des Gesprochenen ergänzen oder unterstützen willst.

informieren

Es gibt viele Situationen, in denen du etwas genauer wissen willst oder musst; dann musst du dich sachkundig machen, musst Informationen beschaffen und sie ordnen, um sie nutzen oder anderen präsentieren zu können.

Informationen suchen, recherchieren

1 Grundlage erfolgreicher Informationsbeschaffung ist eine **gut überlegte Fragestellung**: Überlege dir sehr genau, was du wissen willst und welche Fragen du hast.
2 Nun kannst du dir geeignete **Informationsquellen** überlegen: Fachleute befragen (Interview), Lexikon (als Buch, CD oder online), Bibliothek oder Buchladen, Internet.
3 Suche dir aus den Informationsquellen nur die Informationen heraus, die ganz konkret Antworten auf deine Fragen enthalten.
4 Überlege und **prüfe**, ob deine Informationen verlässlich sind, z. B. im Internet finden sich auch oft falsche Informationen: im Zweifelsfall also mit anderen Informationsquellen vergleichen.

Informationen ordnen und präsentieren

Ordnen: Ordne deine Suchergebnisse aus verschiedenen Quellen als Antworten zu den Fragen, die Ausgangspunkt der Recherche waren. Gut geht das in einer Mindmap, in einem Sammelordner oder einem Karteikasten mit Unterteilungen.
Präsentieren: Manchmal brauchst du Informationen für eigene Fragen, manchmal willst du aber auch Rechercheergebnisse anderen mitteilen; dann musst du dir gut überlegen, wie deine Informationen besonders gut „ankommen". Tipps zur **Präsentation**:

1 Gib zunächst einen **Überblick**: Fragestellung, Informationsangebot und -quellen, ausgewählte Informationen.
2 Stelle **übersichtlich** dar, welche Antworten auf die Ausgangsfragen du gefunden hast.
3 Nutze auch Möglichkeiten der **Veranschaulichung** deiner Ergebnisse; eine Mindmap, Bilder, Kopien der wichtigsten Informationen.

> Kurzvortrag > Mindmap

Interview > sprechen

Jugendbuch/ Jugendsachbuch

Als Jugendbuch bezeichnet man literarische Texte, meist längere Erzählungen, die eigens für Jugendliche geschrieben und veröffentlicht wurden.
Als Jugendsachbuch bezeichnet man für Jugendliche geschriebene Bücher, die sich mit Sachfragen und Sachverhalten befassen.

Ein Jugendbuch erarbeiten

Erarbeitung bedeutet die genauere Untersuchung von: Thema/Problem, Handlungsverlauf, Verhalten und Beweggründen (Motive) der Hauptfiguren, Besonderheiten im Aufbau und in der sprachlichen Gestaltung.
Das Lesen lässt sich auch durch ein Lesetagebuch begleiten. Nach einem „Lese-Halt" notierst du Leseeindrücke, Fragen oder Beurteilungen von Situationen und Figuren; darüber hinaus gibt es noch viele weitere Möglichkeiten, ein Lesetagebuch zu gestalten: Textstellen weiterschreiben/ausgestalten, anstelle der Hauptfiguren einen Tagebucheintrag oder einen Brief verfassen, Zeichnungen, Informationen über Autorin oder Autor, Zeitungsartikel oder Internet-Texte über das Buch (Buchkritiken) einfügen – und vieles mehr.

Ein Jugendbuch vorstellen

Ziel ist es, Zuhörerinnen und Zuhörern einen anschaulichen Eindruck von dem Jugendbuch zu vermitteln, sodass sie Lust bekommen, das Buch selbst zu lesen.

1 **Grundinformationen:** Autor bzw. Autorin, Titel, Erscheinungsjahr (steht im Impressum), Umfang (Seitenzahl), Preis
2 **Überblick:** Thema oder Problem, Zeit und Ort der Handlung
3 **Inhalt:** Übersichtliche Wiedergabe des **Handlungsverlaufs**, den Schluss weglassen, sonst liest es vielleicht keiner mehr.
4 **Kostprobe:** Vorlesen eines interessanten, typischen Abschnitts aus dem Buch (höchstens 2 Seiten)
5 **Beurteilung:** Gründe für die Auswahl des Buches, für die Leseempfehlung; was findest du besonders gut, was hat dir weniger gefallen? Warum?

Tipps zum Vortragen > Kurzvortrag

Komma > Zeichensetzung
Kompositum/ Komposita > Wortkunde

Konjugation > Wortarten/Verb
Konsonant > Laut

Kurzvortrag

Kurzvorträge haben die Aufgabe, die Zuhörerinnen und Zuhörer in wenigen Minuten über einen Sachverhalt, den Inhalt eines Textes, über ein Buch zu informieren. Damit dein Kurzvortrag oder deine Buchvorstellung gelingt, solltest du folgende Tipps beachten:

1 **Sprich** möglichst **frei** und lies nicht ab.
2 Am besten fertigst du dir einen gegliederten **Stichwortzettel** an; wenn du dich gut vorbereitet hast, fallen dir zu den Stichworten schon die Informationen ein, die du mitteilen willst.
3 Sieh die Zuhörerinnen und Zuhörer immer wieder an (**Blickkontakt**), damit sie sich auch „angesprochen" fühlen, und gib ihnen Gelegenheit zum **Nachfragen**.
4 Biete auch etwas **„für das Auge"** (z. B. Gliederung an die Tafel schreiben, das Buch, über das du informierst, herumgeben usw.).

Laut

Die gesprochene Sprache besteht aus Lauten: aus **Vokalen** (Selbstlauten: *a, e, i, o, u*) und **Konsonanten** (Mitlauten: *b, c, d* usw.).
Die geschriebene Sprache besteht aus **Buchstaben**, die die Laute der gesprochenen Sprache wiedergeben, manche Laute werden mit mehreren Buchstaben aufgeschrieben (z. B. *ch, ck, sch,* auch *ei, uh, ie* usw.).
Ä, ö und ü heißen **Umlaute**. Au, äu, eu und ei heißen Doppellaute oder **Diphthonge** (Zwielaute). Mit Lauten bildet man (Sprech-)**Silben**. Du kannst sie beim langsamen Sprechen heraushören
(Haus = 1 Silbe, Haus – tür = 2 Silben, Haus – tür – schlüs – sel = 4 Silben).
In jeder Silbe steckt genau ein Vokal, Umlaut oder Diphthong.
Mehrsilbige Wörter werden auf einer oder mehreren festgelegten Sprechsilben betont (**Akzent**): verbérgen, ménschenléer.

Märchen

Schon seit langer Zeit wurden in vielen Völkern Märchen mündlich von Generation zu Generation weitererzählt. Die meisten Menschen konnten nicht schreiben und lesen und so dienten oft Märchen zur Unterhaltung, nicht nur für Kinder, sondern auch für Erwachsene. Die bekannteste Sammlung deutscher Märchen stammt von den Brüdern Jacob und Wilhelm Grimm; sie sammelten Märchen aus dem Volk (Volksmärchen) und schrieben sie auf, denn immer mehr Menschen konnten lesen und schreiben und das mündliche Weitererzählen wurde zunehmend bedeutungsloser.

- Ein Märchen versetzt uns in eine **Fantasiewelt** ohne genaue Angaben über Ort und Zeit des Geschehens („Es war einmal ...").
- Hier treffen wir nicht nur **gute und böse** Menschen (schwarz-weiß gezeichnet), sondern auch Hexen, Zauberer, Feen und andere **Zauberwesen**, die Gutes und Böses bringen.
- Oft muss jemand schwierige **Aufgaben** lösen oder eine **Probe** bestehen, wobei oft hilfreiche Wesen dem Schwächeren zum Glück verhelfen, denn meist finden Märchen ein glückliches Ende: Die Bösen haben das Nachsehen oder werden bestraft, die Guten machen ihr Glück oder werden belohnt.
- So wollen Märchen also nicht nur unterhalten, sondern sagen uns auch viel über typische Situationen, in denen man sich **bewähren** muss, und vermitteln die Hoffnung: Trotz aller Macht der Bosheit wird das Gute letztlich doch siegen.

Medien

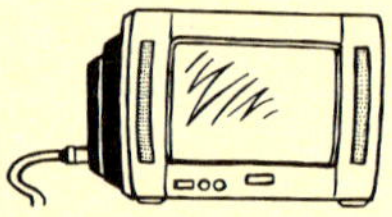

(Sing. Medium, von lat. Mittel, Mittler) die „Mittel“, die der **Übermittlung** von **Informationen**, **Unterhaltung** und **Belehrung** dienen (z. B.: Film, Fernsehen, Radio, Zeitung, Buch ...). Man kann unterscheiden: **Print**medien (zu lesen, z. B. Zeitungen, Bücher), **akustische** Medien (zu hören, z. B. CD), **audiovisuelle** Medien (zu sehen, zu hören, z. B. Film, Fernsehen) und **elektronische** Medien (zu lesen, zu hören, zu sehen, deshalb „Multimedia“, z. B. Computer, Internet).
> Hörspiel > Jugendbuch

Mindmap

Ideen-Netz, Gedankennetz. Sie dient der Ordnung und Strukturierung von Ideen, Fragen, Themen; damit kannst du dir ein Thema, z. B. für einen Kurzvortrag, erschließen.

nacherzählen > erzählen/berichten
Nebensatz > Satz
Objekt > Satz/Satzglieder
Pantomime > Spielszenen
Plusquamperfekt > Wortarten/Verb/Tempora
Prädikat > Satz/Satzglieder
Prädikativ > Satz/Satzglieder
Präposition > Wortarten
Präsens > Wortarten/Verb/Tempora
Präteritum > Wortarten/Verb/Tempora

Proben

Umstellprobe: Satzglieder umstellen, um herauszufinden, welche Wörter zu einem Satzglied gehören und wie ein Satz am besten wirkt.
Ersatzprobe: Wörter oder Satzglieder ersetzen, um eine genauere Ausdrucksweise oder bessere Wirkung zu erzielen.
Erweiterungsprobe und **Weglassprobe**: Wörter oder Satzglieder hinzufügen (z. B. Attribute oder Adverbialien) oder weglassen, wenn sie überflüssig sind (z. B. beim Bericht).
Ableitungsprobe: Wörter ableiten, um die richtige Schreibung zu ermitteln.

Pronomen > Wortarten
recherchieren > informieren

Rechtschreibung

Für die allermeisten Wörter gibt es feste Schreibregeln und Rechtschreibhilfen.

Dehnung und Schärfung

Schreibung nach kurz und lang gesprochenem Vokal:
Ein **langer Vokal** wird in der Rechtschreibung
- oft gar nicht (z. B. *Tal, Rat*)
- durch ein Dehnungs-h (z. B. *Kehle, Dehnung*)
- oder durch eine Vokalverdoppelung (z. B. *Boot, Moor*) gekennzeichnet.

Langes *i* wird oft *ie* geschrieben (z. B. *Biene, lieb*).
Auf einen **kurzen Vokal** folgen meist Konsonantenverdoppelung (z. B. *Damm, Felle*) oder Konsonantenhäufung (z. B. *Bart, Schärfung, Wecker, Katze*).

Groß- und Kleinschreibung

Satzanfänge und **Substantive/Nomen** werden großgeschrieben. Auch aus Verben und Adjektiven können Substantive/Nomen werden (**Substantivierung/Nominalisierung**), du erkennst sie an ihren Begleitern:
- Artikel: *das Suchen, beim (= bei dem) Laufen, die Schöne, ein Lustiger*
- andere Begleiter: *etwas Modernes, alles Gute, kein Weinen, sein Krächzen, mein Lachen*

s-Laute

s-Laut in der **Wortmitte**
- Stimmhaft (weich) gesprochene s-Laute (z. B. *Fasan, Rosen*) schreibt man immer *s*.
- Stimmlos (scharf) gesprochene s-Laute schreibt man *ss*, wenn sie einem kurzen Vokal folgen (z. B. *gerissen, müssen*); man schreibt sie *ß*, wenn sie auf langen Vokal, Diphthong oder Umlaut folgen (z. B. Straße).

s-Laut am **Wortende**
- Nach kurzem Vokal schreibt man auch hier *ss* (z. B. *schoss, Kuss*).
- Nach langem Vokal, Diphthong oder Umlaut schreibt man *ß* (z. B. *saß, weiß*).
- Nach langem Vokal, Diphthong oder Umlaut schreibt man aber *s*, wenn der s-Laut bei einer Verlängerung des Wortes stimmhaft gesprochen wird (z. B. *Gras – Gräser, Hinweis – Hinweise*).
- Besonderheiten: Einige Kurzwörter (z. B. *Bus, was, es*), Adverbien (z. B. *abends, morgens*) sowie Substantive/Nomen mit der Nachsilbe *-nis* (z. B. *Ereignis, Bekenntnis*) schreibt man am Wortende mit *s*.

das oder **dass**?
Das und ***dass*** gehören zu unterschiedlichen Wortarten. Im Zweifelsfall kannst du die richtige Schreibung durch die Ersatzprobe herausfinden. Man schreibt *das*,
- wenn es sich um einen Begleiter des Substantivs/Nomens handelt (z. B. *das Buch*)
- wenn es sich auf ein vorausgegangenes Substantiv/Nomen bezieht und du es durch *welches* ersetzen kannst, z. B. *Ich lese in dem Buch,* ***das (welches)*** *du mir gegeben hast,*
- wenn es auf etwas hinweist und du es durch *dieses* ersetzen kannst, z. B. *Wer hat sich* ***das (dieses)*** *nur ausgedacht?*.

dass ist eine Konjunktion und leitet einen Nebensatz ein, z. B. *Ich vermute,* ***dass*** *er morgen kommt.*

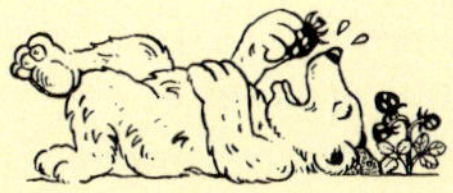

Gleich- und Ähnlichklinger

Vokale, Umlaute, Diphthonge
ä oder *e*: Oft hilft schon deutliches Sprechen (*Beeren* und *Bären*), meistens hilft die Ableitung vom Stammwort, denn Wörter mit *ä* stammen fast immer von Wörtern mit *a* *(Erkältung < kalt, geschwächt < schwach).*
äu oder *eu*: Wörter mit *äu* stammen von Wörtern mit *au* (*Räume < Raum, Gäule < Gaul*).
Konsonanten: b – p, d – t, g – ch – k
Nicht immer hilft deutliches Sprechen, aber fast immer hilft Verlängern und Ableiten (*es piept > piepen; ich erschrak > sie erschraken; grimmig > ein grimmiger Blick*).

Rechtschreibhilfen

- Zum regelmäßigen **Üben**:
- Schreibe Wörter, die in der Schreibung schwierig sind, auf Karteikarten, bilde Ableitungen und übe sie, bis du sie richtig schreiben kannst.
- Sieh deine selbst geschriebenen Texte (z. B. Diktate) durch und ordne deine Fehler in Gruppen (s. o. Regeln); so stellst du deine **Fehlerschwerpunkte** fest (z. B. s-Laute) und kannst gezielt Wörter aus deinen Fehlerschwerpunkten üben.
- Lass dir immer wieder kurze Texte **diktieren**, kontrolliere anschließend die Rechtschreibung.
- **Schreibe** kleine Texte ab und trainiere das genaue Hinsehen.
- **Lies** genau und **höre** genau hin.

- **Tipps:**
- Wörter mit den **Suffixen** (Nachsilben) *-ig, -isch, -lich, -bar, -sam, -haft, -los* sind Adjektive.
- Wörter mit den **Suffixen** (Nachsilben) *-keit, -schaft, -heit, -ung, -tum, -nis, -ling* sind immer Substantive/Nomen.
- **Stamm**schreibung: Bilde den Wortstamm: *Naht – nähen; Ge-fahr – ge-fähr-lich; Haus - Häus-er*
- Wörter **ableiten** oder **verlängern**: *Kälte < kalt, Tag > Tage, gelb > gelbe, gibt > geben.*
- Im Zweifelsfall: Im **Wörterbuch** nachschlagen.

Rollenspiel > Spielszenen
Sachbuch > Jugendbuch/Jugendsachbuch
Sachstil > Erzählstil/Sachstil

Sachtext

Sachtexte (auch Sachbücher) behandeln Sachen; im Gegensatz zu „erfundenen“ literarischen Texten (Dichtung) geht es in Sachtexten um Darstellung von oder Auseinandersetzung mit **Sachverhalten** und **Problemen** der **wirklichen**, „nicht erfundenen“ **Welt**. Wenn du einen Sachtext genauer untersuchst (analysierst), gehst du oft von einer Sachfrage aus, die durch den Sachtext zu beantworten ist.

1 Genau **lesen**, auch mehrmals; am besten „mit dem Stift in der Hand“, also Unverständliches **markieren**, für deine Fragen Wichtiges unterstreichen.
2 Wörter und Textstellen **klären**, die unbekannt oder unverständlich sind (Wörterbuch, Lexikon).
3 Den Text in Sinnabschnitte **gliedern** und für jeden Abschnitt eine Überschrift finden.
4 Den Inhalt jeden Abschnitts knapp mit eigenen Worten **wiedergeben** und darauf achten, wie ein Abschnitt mit dem folgenden gedanklich zusammenhängt.
5 Die Antwort(en), die der Sachtext auf deine Fragestellungen gibt, **zusammenfassen**.

Sagen

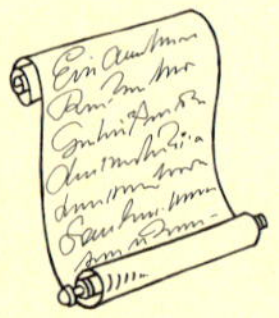

Sagen gibt es seit alters her als „weitergesagte“ Geschichten in allen Völkern. Oft erzählen sie von großen Heldentaten (**Heldensagen**). Häufig aber wollen sie nur erklären, wie es zu einer bestimmten Naturerscheinung (z. B. einer merkwürdigen Felsform, einem uralten Baum), einem bestimmten Bauwerk (z. B. einem Turm), einem ungewöhnlichen Namen oder Brauch gekommen ist. Viele dieser **erklärenden Sagen** waren nur in der Gegend (Heimat) bekannt, in der sie entstanden sind (**Heimatsagen**).
Trotz vieler unglaublicher Ereignisse erheben Sagen den Anspruch, „wahr“ zu sein (**Wirklichkeitsanspruch, wahrer geschichtlicher Kern**); zu Beginn finden wir deshalb oft Angaben zu Ort und Zeit.

Satz

Ein Text besteht aus Sätzen. Sätze sind kleinere Sinn- oder Redeeinheiten. Man erkennt sie beim Sprechen (Stimme senkt sich am Ende eines Satzes, Sprechpause) oder beim Lesen (Satzschlusszeichen).

. ? !

Satzarten

Aussagesatz (abgeschlossen durch den Punkt): *Ich komme zu dir.* Die Personalform des Verbs steht an zweiter Satzgliedstelle.
Aufforderungs-, **Befehls-** oder **Wunschsatz** (abgeschlossen durch Punkt oder Ausrufungszeichen): *Komm (doch) zu mir!* Die Personalform des Verbs steht an erster Stelle.
Fragesatz (abgeschlossen durch das Fragezeichen): *Wer kommt zu mir?* (W-Frage). *Kommst du zu mir?* (Entscheidungsfrage). Die Personalform des Verbs steht an erster Stelle, in der W-Frage hinter dem Fragewort.

Satzreihe und Satzgefüge

Satzreihe: Hauptsatz + Hauptsatz: *Mein Onkel kaufte sich ein neues Motorrad, er wollte damit in den Urlaub fahren, er war sehr mutig.*

Satzgefüge: Hauptsatz + Nebensatz (Gliedsatz): *Mein Onkel kaufte sich ein neues Motorrad, weil er damit in den Urlaub fahren wollte und weil er sehr mutig war.*

Im Hauptsatz steht die Personalform des Verbs an zweiter Satzgliedstelle, im Nebensatz (Gliedsatz) fast immer am Schluss.

> Zeichensetzung

Satzglieder

Ein Satz besteht aus dem Prädikat und aus einem oder mehreren Satzgliedern. Die Satzglieder sind innerhalb eines Satzes umstellbar; durch die Umstellprobe kann man herausfinden, welche Wörter immer zusammenbleiben und zu einem Satzglied gehören.

Prädikat: Das Prädikat (Satzaussage) wird aus der Verbform (Personalform) gebildet. Besteht das Prädikat aus einem zusammengesetzten Verb, wird das Verb bei betonter Vorsilbe aufgespalten. *wéglaufen – Er lief weg. Aber: verlíeben – Sie verliebte sich.*

Die anderen **Satzglieder** kann man als Antwort auf Satzgliedfragen betrachten (Frageprobe). Ein Tipp: Frage immer mit dem ganzen Satz! *Meine Oma spendierte mir ein Eis. Wer (oder was) spendierte mir ein Eis? Meine Oma.*

Das **Subjekt** (Satzgegenstand) antwortet auf die Frage *Wer (oder was)? Die Tante (sie) kommt morgen. Wer (oder was) kommt morgen? Die Tante.* Das Subjekt besteht meist aus einem Substantiv/Nomen, *die Tante*, oder einem Pronomen, *sie*.

Objekte (Satzergänzungen) antworten auf die Fragen *Wem* (**Dativobjekt**) oder *Wen (oder was?)* (**Akkusativobjekt**). *Die Tante schenkt mir Geld. Wem schenkt die Tante Geld? Mir.* = Dativobjekt.
Die Tante begrüßt die Oma. Wen begrüßt die Tante? Die Oma. = Akkusativobjekt.
Das sehr seltene **Genitivobjekt** kommt nur noch im Zusammenhang mit wenigen Verben vor (z. B. *bedürfen: Er bedarf der Heilung.*).

Adverbialien (Sg. das Adverbiale; Umstandsbestimmung) geben an, unter welchen Umständen (z. B. Zeit, Ort, Grund) oder in welcher Art und Weise das Geschehen vor sich geht. z. B.:

Adverbiale der **Zeit**	Wann? Wie lange?	***Gestern** kam Lina an.*
Adverbiale des **Ortes**	Wo? Bei wem?	*Er sah das geheimnisvolle Buch **auf dem Tisch.***
Adverbiale der **Art und Weise**	Wie?	***Aufgeregt** rief er Sabine an.*

Prädikativ (Gleichsetzungsnominativ, **Prädikatsnomen**): Substantiv/Nomen im Nominativ oder Adjektiv. Das Prädikatsnomen kommt nur im Zusammenhang mit wenigen Verben vor: *sein, bleiben, werden* (z. B. *Jan ist ihr Freund. Jana wird Ärztin. Ina bleibt skeptisch).*

Attribut: Attribute sind keine eigenen Satzglieder, sondern **Teile von Satzgliedern**. Durch Attribute kann der Bedeutungsgehalt von Wörtern (Bezugswort) innerhalb eines Satzglieds eindeutiger bestimmt oder erweitert werden. *Die kurzen Haare standen ihr gut.* Bei der Umstellprobe bewegt sich das Attribut immer zusammen mit dem Bezugswort.

Schreibkonferenz

Gute Texte zu verfassen, ist nicht so einfach. Deshalb ist es gut, wenn man sich zusammensetzt, um die eigenen Texte mit anderen zu besprechen, Tipps für Verbesserungen und neue Ideen zu erhalten, eigene Texte gezielt zu überarbeiten.

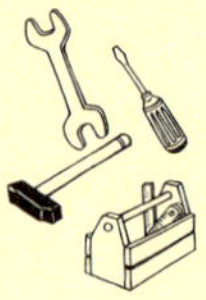

Bei einer **Schreibkonferenz** setzt ihr euch in **Gruppen** zusammen, **lest** einander eure Texte vor und **besprecht**, was ihr gut findet und was ihr noch nicht für so gelungen haltet. Ihr sprecht über Möglichkeiten der **Verbesserung** oder schreibt Verbesserungsmöglichkeiten an den Rand und dann könnt ihr an die **Überarbeitung** eurer eigenen Texte gehen.

Schwank

Eine kurze lustige **Erzählung**; auch als unterhaltsames, komisches Stück auf der **Bühne**.
- Eine **komische** Begebenheit mit festgelegten Figuren (**Typen**) steht im Mittelpunkt: Oft werden Dumme, die sich für besonders klug halten, verspottet oder hereingelegt; so denken z. B. die Schildbürger durchaus scharfsinnig, lassen aber immer eine wichtige Überlegung aus und erweisen sich so als Dumme.
- Die Handlung entwickelt sich zielstrebig auf eine **Wendung** hin; der Leser ahnt den Schluss, fühlt sich überlegen und lacht über die Dummheit der Hereingelegten.
- Manchmal sind solche Geschichten zu **Schwanksammlungen** zusammengefasst; dabei wurden ähnliche Geschichten einem Ort (z. B. **Schilda**) oder einer Person (z. B. **Eulenspiegel**) zugeschrieben.

Silbe > Laut

Spielszene

In Spielszenen (Darstellendes Spiel) stellt ihr – mit oder ohne Worte – eine **Handlung** vor einem **Publikum** dar. Spielszenen können mit festgelegtem Text (z. B. Theaterstück) oder spontan aufgrund einer vorgegebenen Situation (z. B. Rollenspiel) gespielt werden.

Pantomime
Darstellung einer Handlung oder Stimmung **ohne Worte**. Mit Mimik (Gesicht), Gestik (Händen) und Körperhaltungen und -bewegungen stellst du dar, was du tust oder empfindest.

Stegreifspiel
Theaterspiel ohne festgelegten Text und ohne genaue Absprachen; **spontanes Spiel** oder Nachspielen von Situationen.

Rollenspiel
Du versetzt dich in die **Situation und Rolle** anderer (z. B. Mutter, Freund, Nachbarin) und redest und handelst im gespielten Dialog wie sie (in ihrer Rolle).

Eine Geschichte zu Spielszenen umschreiben
Wenn du eine Geschichte zu Spielszenen (einem Theaterstück) umschreibst, musst du Inhalt und Wirkung der Geschichte mit den Mitteln des Theaters ausdrücken.

1. Versetze dich in die **Situation** der Geschichte: Handlungsverlauf, Figuren.
2. In Spielszenen (**Dialoge** = Zwiegespräche und **Monologe** = Selbstgespräche) sollen **Handlungsverlauf** und Eigenart der Figur mit dem Inhalt und der Wirkung der Geschichte übereinstimmen.
3. Füge passende **Regieanweisungen** hinzu.
4. Tipp: Du kannst die wörtliche Rede aus der Geschichte benutzen. Ein „Erzähler“ spricht den Zwischentext. Noch besser ist es, wenn du auch erzählte Begebenheiten oder Stimmungen mit den Mitteln des Theaters ausdrückst, z. B.
   Geschichte: ... Der Riese stampfte mit dem Fuß auf den Boden, so sehr ärgerte er sich über die List der Hexe ...
   Theaterstück: RIESE: Diese verflixte Hexe! (*stampft wütend auf den Boden, ein Zinnteller fällt aus dem Regal*) Ich werde mich rächen! Mich, den unüberwindlichen Riesen Grogul, so reinzulegen!

Sprechabsicht

Absicht, die ein Sprecher hat. Grundlegende Sprechabsichten sind: etwas **aussagen**, zu etwas **auffordern**, etwas **fragen**. Sprechabsichten sind nicht immer am Satzschlusszeichen erkennbar, sondern hängen von der Situation ab. *Es zieht.* – kann Aussage oder Aufforderung sein.

> Satz

sprechen

Es gibt verschiedene Gesprächssituationen und Formen: Gespräche mit Freundinnen oder Freunden, mit Eltern, Lehrerinnen oder Lehrern, Diskussionen in der Gruppe oder der Klasse, einen Vortrag halten, jemanden interviewen usw.

Gespräch in der Klasse

Gespräche in der Klasse (z. B. Kreisgespräch, Planungsgespräch, Diskussion) haben oft ein **Thema** (z. B. Ziel des Wandertags) und ein **Gesprächsziel** (z. B. Entscheidung über das Ziel des Wandertags); damit das Gespräch gelingt, sollten sich alle an vereinbarte **Gesprächsregeln** halten, z. B.:

1 Wir melden uns zu Wort und reden nicht einfach dazwischen.
2 Wir hören genau auf das, was die Gesprächspartnerin oder der Gesprächspartner sagt.
3 Wir reden laut und deutlich.
4 Wir verhalten uns fair und lassen andere ausreden.
5 Wir lachen niemanden aus und beleidigen niemanden.
6 Wir fragen nach, wenn wir etwas nicht verstanden haben.
7 Wir bleiben beim Thema.
8 Wir begründen unsere Meinung und gehen auf die Begründungen anderer ein.
9 Wir vermeiden reine Behauptungen und Scheinargumente, denn wir wollen nicht überreden, sondern überzeugen.
10 Wir respektieren die Rolle des Gesprächsleiters.

Gespräche leiten

Bei Diskussionen in größeren Gruppen ist eine Gesprächsleiterin oder ein Gesprächsleiter sinnvoll, damit alle zu Wort kommen und Gesprächsergebnisse möglich werden.

Tipps für die Gesprächsleitung

1 Das Gespräch einleiten (*Es geht um die Frage, ob ...*)
2 Nach der Reihenfolge der Gesprächsmeldungen aufrufen (notieren)
3 Auf die Einhaltung der Gesprächsregeln achten (*Lass Jan bitte ausreden*)
4 Verbinden und überleiten (*Theresa hat vorgeschlagen ...; wir haben bisher ...; sollten wir nicht auch überlegen, ob ...*)
5 Zusammenfassen, eine Abstimmung einleiten (*Ich fasse den Gesprächsverlauf zusammen ...; beide Seiten haben ihren Standpunkt begründet ...; jetzt können wir abstimmen ...*)

Interview

Das Interview ist eine besondere Form des Miteinander-Sprechens. Eine Befragung von Personen, die zu einem Problem oder Ereignis lohnende oder fachkundige Aussagen machen können. Wenn du jemanden interviewst, solltest du einiges beachten, damit die Ergebnisse der Befragung ertragreich sind.

1 Überlege dir vorher genau, **was** du erfragen willst (am besten Fragen vorher aufschreiben).
2 Stelle möglichst **keine** Entscheidungsfragen, die man einfach nur mit ja oder nein beantworten kann.

3 **Notiere** dir stichwortartig die Antworten – oder benutze, wenn die Gesprächspartnerin oder der Gesprächspartner einverstanden ist, ein Aufnahmegerät.
4 Sei **höflich**! Sage zu Beginn, worum es geht; bedanke dich am Schluss für das Interview.

Standbilder

Szenische Darstellung einer besonderen Situation einer Geschichte. Wie in einem Foto stellen die Darsteller die Situation nach und „erstarren", damit die Zuschauer die Darstellung betrachten und beurteilen können. Ein Standbild ist eine **szenische Interpretation** (Deutung), die deutlich macht, wie die Figuren zueinander stehen. Bei einem Standbild kommt es deshalb darauf an,
- eine konkrete Textstelle festzulegen, zu der ein Standbild erstellt werden soll,
- sich in die Figuren hineinzuversetzen und darzustellen, wie die Figuren einander zugeordnet sind (sitzen, stehen, abwenden, zuwenden, umarmen usw.),
- wie ihre Gestik und Mimik ist,
- die dargestellte Situation zu beurteilen und Korrekturen zu besprechen, bis die Darstellung als gelungen gelten kann.

> Spielszene

Stegreifspiel > Spielszene
Subjekt > Satz/Satzglieder

Text

Wörter bilden Texte. Texte kann man in Textarten unterteilen. Es gibt **literarische** (poetische) Texte (Geschichten, Gedichte, Theaterstücke, ...) und **nicht literarische** (nicht poetische) Texte (Sachtexte).

Literarische Texte
(Dichtung) erfinden eine „erdichtete" Welt, in die sich der Leser, Zuhörer oder Zuschauer hineinversetzen und mit der er sich auseinandersetzen kann (z. B. Märchen oder Erzählung). Diese erdichtete Welt kann der realen Welt sehr ähnlich oder gleich sein, es kann aber auch eine „fantastische" Welt sein.

Sachtexte
enthalten die Darstellung von oder die Auseinandersetzung mit „Sachen" oder Sachverhalten (z. B. Vorgangsbeschreibung oder Zeitungsartikel).

> Erzählung > Fabel > Gedicht > Märchen > Sachtext > Sage > Spielszene

Umlaut > Laut
Vokal > Laut

Wortarten

Wörter kann man nach ihrem Verhalten im Satz und ihrer Aufgabe (Funktion) in Gruppen einteilen. Die meisten Wörter verändern sich im Satz, manche bleiben aber auch immer gleich.

Wörter, die man verändern (beugen) kann:

Substantiv/Nomen
benennt
- Wesen und Dinge (Konkreta: Menschen, Tiere, Pflanzen, Gegenstände): *der Mann, Roberta, die Tanne, der Ball, das Radio*
- Gedankendinge (Abstrakta): *der Verdacht, die Liebe*

Artikel (Begleiter)

bestimmter Artikel	***der** Baum, **die** Katze, **das** Boot*
unbestimmter Artikel	***ein** Baum, **eine** Katze, **ein** Boot*

Deklination (Fallsetzung) des Substantivs/Nomens

Kasus (Fall)	**Numerus** (Zählform; Plural: Numeri)		**Genus** (Geschlecht; Plural: Genera)
	Singular (Einzahl)	Plural (Mehrzahl)	
Nominativ 1. Fall, Wer-Fall Frage: *Wer kommt ...?*	*der Hund* *die Katze* *das Huhn*	*die Hunde* *die Katzen* *die Hühner*	maskulinum (männlich) femininum (weiblich) neutrum (sächlich)
Genitiv 2. Fall, Wes-Fall Frage: *Wessen Nase ...?*	*des Hundes* *der Katze* *des Huhns*	*der Hunde* *der Katzen* *der Hühner*	*mask.* *fem.* *neutr.*
Dativ 3. Fall, Wem-Fall Frage: *Wem gebe ich ...?*	*dem Hund* *der Katze* *dem Huhn*	*den Hunden* *den Katzen* *den Hühnern*	*mask.* *fem.* *neutr.*
Akkusativ 4. Fall, Wen-Fall Frage: *Wen sehe ich?*	*den Hund* *die Katze* *das Huhn*	*die Hunde* *die Katzen* *die Hühner*	*mask.* *fem.* *neutr*

Pronomen (Fürwort) Stellvertreter für ein Substantiv/Nomen

– Personalpronomen
(steht für (= pro) ein Substantiv/Nomen) *ich, du, er, sie, es, wir, ihr, sie*

– Possessivpronomen („besitz“anzeigendes Fürwort)
fast immer Begleiter von Substantiven/Nomen *mein, dein, sein, meins usw.*

Adjektiv (Eigenschaftswort, Wiewort)

bezeichnet Art, Eigenschaft,	*frech, schön, eisern, farblos*
Merkmale von Wesen und Dingen,	*spindeldürr*
von Tätigkeiten, Vorgängen, Zuständen	*die schöne Blume, er arbeitet sorgfältig*

Steigerung (Komparation) von Adjektiven

Der **Positiv** (Grundstufe)	Der **Komparativ** (Vergleichsstufe)	Der **Superlativ** (Höchststufe)
sportlich, alt, gut	*sportlicher, älter, besser*	*(die) sportlichste, der älteste, am besten*

Verb (Zeitwort, Tätigkeitswort) bezeichnet

Tätigkeiten	*Ich spiele mit dir.*
Vorgänge	*Der Ball rollt weg.*
Zustände	*Ich liege im Bett.*

Neben diesen **Vollverben** gibt es **Hilfsverben** (*haben, sein, werden*), die als Hilfe zur Bildung der Zeitformen (Tempora) verwendet werden (*Er **hat** gezittert. Die Münze **ist** in den Gully gefallen.*).
Diese Hilfsverben gibt es aber auch als Vollverben (*Ina **wird** Lehrerin. Sie **hat** Freude daran. Sie **ist** noch Studentin.*)

Konjugation (Beugung) des Verbs

	finite Formen gebeugte Personalformen Singular	 Plural	infinite Formen nicht gebeugte Formen
1. Person 2. Person 3. Person	*ich laufe* *du läufst* *er, sie, es läuft*	*wir laufen* *ihr lauft* *sie laufen*	Infinitiv: *laufen* Partizip I (Partizip Präsens): *laufend, essend ...* Partizip II (Partizip Perfekt): *gelaufen, gegessen ...*

Tempora (Zeitformen, Singular: das Tempus)

	Zeitstufe	starke Verben	schwache Verben
Präsens	jetzt, immer	*ich singe*	*ich sage*
Präteritum	vergangen	*ich sang*	*ich sagte*
Perfekt	vollendet und vergangen	*ich habe gesungen*	*ich habe gesagt*
Plusquamperfekt	noch davor	*ich hatte gesungen*	*ich hatte gesagt*
Futur	später, vermutlich	*ich werde singen*	*ich werde sagen*

Bildung der Tempora

- **Perfekt/Plusquamperfekt:** Personalform von *haben* + Partizip II (*ich habe gesagt, ich hatte gesagt*). Bei einigen Verben (vor allem bei Verben der Bewegung (z. B. *gehen, laufen, rennen*): Personalform von sein + Partizip II (*ich bin gelaufen, ich war gelaufen*).
- **Futur I:** Personalform von werden + Infinitiv (*ich werde laufen*).
  Futur II (selten): Personalform von *werden* + Partizip II + *haben* oder *sein* (*ich werde gelaufen sein, ich werde gefragt haben*).

	Singular	Plural
Plusquamperfekt noch davor	*ich hatte gesagt* *ich war gelaufen* *du hattest gesagt* *du warst gelaufen* *er, sie, es hatte gesagt* *er, sie, es war gelaufen*	*wir hatten gesagt* *wir waren gelaufen* *ihr hattet gesagt* *ihr wart gelaufen* *sie hatten gesagt* *sie waren gelaufen*
Perfekt vollendet und vergangen	*ich habe gesagt* *ich bin gelaufen* *du hast gesagt* *du bist gelaufen* *er, sie, es hat gesagt* *er, sie, es ist gelaufen*	*wir haben gesagt* *wir sind gelaufen* *ihr habt gesagt* *ihr seid gelaufen* *sie haben gesagt* *sie sind gelaufen*
Präteritum vergangen	*ich sagte* *ich lief* *du sagtest* *du liefst* *er, sie, es sagte* *er, sie, es lief*	*wir sagten* *wir liefen* *ihr sagtet* *ihr lieft* *sie sagten* *sie liefen*

Präsens jetzt: Sprechzeitpunkt, immer	*ich sage* *ich laufe* *du sagst* *du läufst* *er, sie, es sagt* *er, sie, es läuft*	*wir sagen* *wir laufen* *ihr sagt* *ihr lauft* *sie sagen* *sie laufen*
Futur später, vermutlich	*ich werde sagen* *ich werde laufen* *du wirst sagen* *du wirst laufen* *er, sie, es wird sagen* *er, sie, es wird laufen*	*wir werden sagen* *wir werden laufen* *ihr werdet sagen* *ihr werdet laufen* *sie werden sagen* *sie werden laufen*

Numerale (Zahlwort)

Kardinalzahl	**Ordinalzahl**	**unbestimmtes Zahlwort**
(Grundzahl)	(Ordnungszahl)	
eins, zwei, dreißig	*der Erste,*	*viele, mehrere, wenige,*
aber: eine Million	*das dritte Kind*	*einzig, übrige*

Wörter, die man nicht verändern (beugen) kann:

Adverb

(Plural: die Adverbien) Umstandswort; macht Angaben

zum Ort	*hier, oben, überall, nirgends ...*
zur Zeit	*dann, da, gestern, jetzt, oft, immer...*
zur Art und Weise	*so, vielleicht ...*

Präposition

(Plural: die Präpositionen)

Verhältniswort, steht vor einem Substantiv/Nomen oder Pronomen	*an, auf, in, nach, durch, wegen ...* *Sie wohnt in München. Er geht durchs* (= *durch* das) *Tor. Sie geht ins* (= *in* das) Bett. Er spricht *mit* ihr.

Konjunktion

(Bindewort; Plural: die Konjunktionen)
verbindet Wörter, Satzglieder oder Sätze

– **nebenordnende** (verbindet Satzglieder, Hauptsätze)	*und, oder, aber, denn, sondern ...* *Sie kommt,* ***denn*** *sie hat frei.*
– **unterordnende** (verbindet Haupt- und Nebensatz)	*dass, weil, als, wenn, nachdem ...* *Sie kommt nicht,* ***weil*** *sie nicht frei hat.*

Wortkunde

Neue Wörter werden in der deutschen Sprache oft gebildet durch das Zusammenfügen selbstständiger Wörter (Zusammensetzung: *Haus* + *Tür* = *Haustür*) oder durch unselbstständige Wortanhänge (Ableitung: *ver* + *brauchen* = *verbrauchen*; *lauf* + *Umlaut* + *-er* = *Läufer*) gebildet.

Zusammensetzung

(Kompositum, Plural: Komposita): Eine Zusammensetzung besteht aus Bestimmungswort und Grundwort. Das Grundwort gibt an, worum es „im Grunde" geht (z. B. *Tür*); das Bestimmungswort schränkt die Bedeutung des Grundwortes ein oder bestimmt es genauer (z. B. Haus-tür, feuer-rot). Das Grundwort bestimmt die Wortart des neuen Wortes und damit auch die Groß- oder Kleinschreibung:

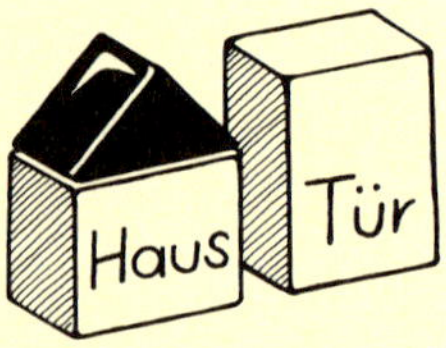

Bestimmungswort		Grundwort	Wortarten
Haus	+	*tür*	Substantiv + Substantiv = Substantiv/Nomen
Schön	+	*schrift*	Adjektiv + Substantiv = Substantiv/Nomen
auf	+	*wachen*	Präposition + Verb = Verb
eis	+	*kalt*	Substantiv + Adjektiv = Adjektiv

Zwischen Bestimmungs- und Grundwort sind manchmal auch Fugenbuchstaben nötig: *Bestimmung-s-wort, Tasche-n-geld*

Ableitung

Eine Ableitung besteht aus Wortstamm und voran- **(Präfix)** oder nachgestellten Wortbausteinen **(Suffix)**:

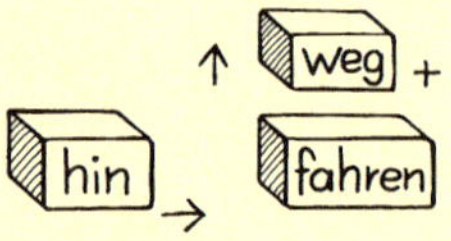

Präfix	Wortstamm	Suffix
	heil-	*sam*
ver-	*heil-*	*en*

Präfixe werden auch **Vorsilben** und Suffixe **Nachsilben** genannt. Präfixe verändern oft die Bedeutung eines Wortes (*finden – er-finden*), Suffixe bestimmen meist die Wortart (*finden – Er-find-ung*).

> Rechtschreibung

Wortfamilie und Wortfeld

Wortfamilie: Alle Ableitungen, also Wörter, die den gleichen Wortstamm haben, bilden eine Wortfamilie. Bei manchen Familienmitgliedern ändert sich dabei der Vokal des Wortstamms zum Umlaut: *fahr-en, ver-fahr-en, Ge-fahr;* aber auch *ge-fähr-lich*

Wortfeld: Wörter mit ähnlichen Bedeutungen bilden ein Wortfeld: *gehen, laufen, springen, hüpfen, humpeln, rennen, spurten ...*
Wortfelder helfen, beim Schreiben abwechslungsreiche und genaue Wörter zu finden.

Wortbedeutung

Wörter bezeichnen einen Gegenstand oder Sachverhalt, sie bedeuten etwas. Manche Wörter lauten gleich (Lautkörper), haben aber eine unterschiedliche Bedeutung (Mehrdeutigkeit, Homonyme), andere lauten unterschiedlich, haben aber eine gleiche, ähnliche oder gegensätzliche Bedeutung (Synonyme, Antonyme).

Worttrennung

Grundregel: Wörter werden nach Sprechsilben getrennt (*Klas-sen-zim-mer*).
Komposita trennt man zunächst nach ihren Wortbestandteilen (*Recht-schreib-regel*).
Besonderheiten: *ch, sch, th, ph und ck* werden nicht getrennt (*Sa-chen, Zu-cker*).
Konsonantenregel: Stehen bei einfachen Wörtern (also nicht bei zusammengesetzten) mehrere Konsonanten zwischen zwei Vokalen, kommt bei der Trennung nur der letzte Konsonant in die neue Zeile (*hof-fen, Schaff-ner*).

Zeichen

Zeichen bedeuten etwas; Sprache ist auch ein Zeichensystem.
Zeichen bestehen z. B. aus Buchstaben, Formen und/oder Farben und haben eine **Bedeutung**. Die am häufigsten verwendeten Zeichen sind Wörter, aber auch Zeichen-(Finger-)sprachen, Verkehrs- oder Hinweisschilder, Piktogramme und Icons sind Zeichen. Zeichen können ihre Bedeutung vermitteln, wenn sie allgemein bekannt sind (z. B. Verkehrszeichen), leicht entschlüsselt werden können (z. B. Piktogramme und Icons) oder die Bedeutung dem Empfänger bekannt ist (z. B. Zeichensprache der Hörgeschädigten, Geheimschriften).

Piktogramm und Icon

Bildzeichen, die fast überall auf der Welt sofort in ihrer Bedeutung erkennbar sind (z. B. ☎ für *Telefon)* oder schnell gelernt werden können (z. B. 🖂 für *E-Mail*). Piktogramme findet man oft in Städten oder an Orten mit internationalem Publikum (z. B. Flughafen). In der Computersprache werden sie Icons genannt.

Zeichensetzung

Regeln für das Komma und die wörtliche Rede:

Hauptsätze werden durch Komma getrennt: *Sie nahm die U-Bahn, es war spät, dann ging sie gleich schlafen.*
Wenn Hauptsätze durch *und* oder *oder* verbunden sind, **kann** ein Komma gesetzt werden, es muss aber nicht gesetzt werden.

Gliedsätze werden durch Komma getrennt: *Wenn ich komme, musst du fertig sein. Du musst fertig sein, wenn ich komme. Du musst, wenn ich komme, fertig sein.*

Aufzählungen werden durch Komma getrennt, wenn sie nicht durch *und* oder *oder* verbunden sind: *Er hatte keine Zeit, keine Lust, keinen Partner und keinen Gegner zum Tennisspielen.*

Wörtliche Rede: Die wörtliche Rede (direkte Rede) wird in Anführungszeichen gesetzt. Die Redeeinleitung (Begleitsatz) kann vor, nach oder mitten in der wörtlichen Rede stehen. Steht die Redeeinleitung danach oder in der Mitte, wird sie durch ein bzw. zwei Kommas abgetrennt.

Jan sagte: „Das verstehe ich nicht."	Begleitsatz vorangestellt
„Ich probiere noch", bestätigte Jan.	nachgestellt (Aussagesatz)
„Ist das nicht ein Adjektiv?", fragte er.	nachgestellt (Fragesatz)
„Das geht doch gar nicht!", rief er.	nachgestellt (Ausrufesatz)
„Ich finde es toll", meinte Jan, „dass jetzt alles klar ist."	eingeschoben (Aussagesatz)
„Warum habe ich das", seufzte Jan, „nur früher nicht verstanden?"	eingeschoben (Fragesatz)

Zusammensetzung > Wortkunde

A

B

C

D

E

F

G

Textquellenverzeichnis

Die Rechtschreibung der Fremdtexte ist der neuen Rechtschreibung angepasst. Bei Texten, die in der bisherigen Rechtschreibung abgedruckt sind und deren Schreibung nicht bedingt ist durch die Entstehungszeit oder schöpferische Eigentümlichkeiten, haben die Rechteinhaber einer Umstellung nicht zugestimmt. Diese Texte sind mit * gekennzeichnet.

Hier nicht aufgeführte Texte sind Originalbeiträge der Verfasserinnen und Verfasser.

Seite 16: Welsh, Renate: Die Wand. In: Domenego, Hans (Hg.): Das Sprachbastelbuch. Esslingen: Esslinger Verlag J. F. Schreiber, 1996.

Seite 21: www.blinde-kuh.de vom 19.8.2004

Seite 25: Vom Erzählen. In: Buber, Martin: Erzählungen der Chassidim. Zürich: Manesse, 1949.

Seite 36: Hebel, Johann Peter: Seltsamer Spazierritt. In: Hebel, Johann Peter: Sämtliche Schriften. Erzählungen und Aufsätze, Bd. 2/3. Die Kalenderbeiträge des Rheinischen Hausfreundes. 1990

Seite 38: Hoffmannsthal, Hugo von: Die Flucht aus dem Turmzimmer. In: Anna Krüger (Hg.): Texte für den Deutschunterricht. Diesterweg 1965, S. 85f.

Seite 40: Von Schelmen und närrischen Leuten. Schwänke und Schnurren aus vielen Ländern. Neu erzählt von Max Stebich. Wien, München, Zürich (Verlagsbuchhandlung Julius Breitschopf) o. J., S. 136ff.

Seite 46: Der fremde Planet. In: Maar, Paul: Der Tag, an dem Tante Marga verschwand. Hamburg: Oetinger Verlag, 1986, o.S.

Seite 51: Schneider, Alwin: Seminararbeit zur Verwendung von Recyclingpapier zum Kopieren. www.psychologie.uni-heidelberg.de/AE/diff/JS/recycling/recycling.html.

Seite 56: Konverter, Bramme, Quader, Oxidation aus: Lexirom 4.0, Meyers Lexikonverlag

Seite 62: Der schlaue Fuchs im Bienenkorb; Seite 64: Wie sich der Fuchs selbst das Fell abzog; Seite 65: Der Fasan und der Fuchs; Seite 67: Das Abkommen zwischen Fuchs und Huhn; Seite 68: Rabe und Fuchs; Seite 74: Die Prinzessin auf der Erbse: frei nacherzählt bzw. bearbeitet von Wolfgang Bick.

Seite 77: „Satellit“, „biegen“ nach: Der Duden. Bd. 1: Rechtschreibung der deutschen Sprache. 21. Aufl. Mannheim/Leipzig/Wien/Zürich: Dudenverlag, 1996.

Seite 80: Ende, Michael: Ein sehr kurzes Märchen. In: Gelberg, Hans-Joachim (Hg.): Am Montag fängt die Woche an. 2. Jahrbuch der Kinderliteratur. Weinheim/Basel: Beltz Verlag, 1973, S. 170. Programm Beltz & Gelberg.

Seite 80f.: Die Kristallkugel: frei nacherzählt von Wolfgang Bick.

Seite 82f.: Grimm, Jacob und Wilhelm: Rumpelstilzchen. In: Märchen der Brüder Grimm. Lizenzausgabe des Insel-Verlages Anton Kippenberg, Leipzig. Hanau: Verlag Müller & Kiepenheuer, 1969. S. 205-208.

Seite 84f.: Künzler, Rosemarie: Rumpelstilzchen. In: Gelberg, Hans-Joachim (Hg.): Neues vom Rumpelstilzchen. Weinheim/Basel: Beltz Verlag, 1976, S. 26-28. Programm Beltz & Gelberg.

Seite 85: Brender, Irmela: Das Rumpelstilzchen hat mir immer leidgetan. In: Gelberg, Hans-Joachim (Hg.): Neues vom Rumpelstilzchen. Weinheim/Basel: Beltz Verlag, 1976, S. 198-200. Programm Beltz & Gelberg.

Seite 86: Thurber, James: Das kleine Mädchen und der Wolf. Zitiert nach: Zipes, Jack: Rotkäppchens Lust und Leid. Biographie eines europäischen Märchens. Köln: Diederichs, 1982, S. 152f.

Seite 86f.: Ringelnatz, Joachim: Kuttel Daddeldu erzählt seinen Kindern das Märchen vom Rotkäppchen. In: Ringelnatz, Joachim: Das Gesamtwerk in sieben Bänden. Hg. v. Walter Pape. Bd. 4: Erzählungen. Berlin: Henssel, 1982, S. 298 – 300 (gekürzt)

Seite 88: Das schwarze Pferd. (Nr. 381) In: Rölleke, Heinz: Das große Deutsche Sagenbuch. Düsseldorf/Zürich: Artemis & Winkler, 1996, S. 375. (dort genannte Quelle: Drewitz, Ingeborg (Hg.): Märkische Sagen. Düsseldorf/Köln: Diederichs Verlag, 1977, S. 228) – Woher die Orte ihren Namen haben. (Nr. 47) In: Rölleke, Heinz: Das große Deutsche Sagenbuch. Düsseldorf/Zürich: Artemis & Winkler, 1996, S. 11. (dort genannte Quelle: Diederichs, Ulf, und Hinze, Christa (Hg.): Norddeutsche Sagen. Düsseldorf/Köln: Diederichs Verlag, 1977, S. 265)

Seite 89: Die Entstehung des Siebengebirges. (Nr. 714) In: Rölleke, S. 631. (dort genannte Quelle: Antz, August (Hg.): Rheinlandsagen. Wittlich: Fischer Verlag, 1950, S. 66) – Das Taubenbrünnlein zu Feuchtwangen. (Nr. 700) In: Rölleke, Heinz: Das große Deutsche Sagenbuch. Düsseldorf/Zürich: Artemis & Winkler, 1996, S. 700.

Seite 92f.: Die gerupfte Gans. In: Dietz, Gabriele (Hg.): Hokus Pokus Zauberkuß und noch mehr Märchen von eigensinnigen Mädchen. Berlin: Elefanten Press, 1991, S. 12-14. (dort genannte Quelle: Türkische Volksmärchen. Düsseldorf, 1979)

Seite 94: Tieck, Ludwig: Leben und Tod des kleine Rotkäppchens. In: Tieck, Ludwig: Schriften in zwölf Bänden. Bd. 6: Phantaseus. Hg. v. Manfred Frank. Frankfurt/M.: Deutscher Klassiker Verlag, 1985, S. 373 (gekürzt)
Seite 96f.: Die Schildbürger, nacherzählt von Erich Kästner. Zürich: Atrium Verlag, 1954, S. 22–32
Seite 99: Erhardt, Heinz: Der Spatz. In: Das große Heinz Erhardt Buch, ungekürzte Lizenzausgabe der RM Buch und Medien Vertrieb GmbH. Oldenburg: Fackelträger Verlag, 1970, S. 60 (bearbeitet von Karin Comfere).
Seite 100: Schnurpsenzoologie. In: Ende, Michael: Das Schnurpsenbuch. Stuttgart: K. Thienemanns Verlag, 1969, o.S.
Seite 101: Fink und Frosch. In: Busch, Wilhelm. Historisch-kritische Gesamtausgabe. Hg. v. F. Bohne. Bd. 4. Wiesbaden/Berlin: Emil Vollmer Verlag, o.J., S. 515.
Seite 101: Die Affen. In: Busch, Wilhelm. Historisch-kritische Gesamtausgabe. Hg. v. F. Bohne. Bd. 4. Wiesbaden/Berlin: Emil Vollmer Verlag, o.J., o.S.
Seite 102: Es war einmal ein Rabe. In: Brecht, Bertolt: Werke. Bd. 14: Gedichte. Frankfurt a. M.: Suhrkamp Verlag, 1993, S. 243.
Seite 103: Seidel, Heinrich: Das Huhn und der Karpfen. In: Haußmann, Walter: Dichter des Volks. Tübingen/Lübeck, Matthiesen Verlag, 1965.
Seite 104: Atte katte nuwa. Aus: Payrhuber, Franz-Josef: Gedichte im Unterricht – einmal anders. München: Oldenbourg 1993, S. 124. - Der Wettstreit. Aus: Frohes Singen, frohes Klingen. Bekannte Kinder- und Volkslieder. Wien: Ueberreuter, 1960, S. 4.
Seite 105: Lobe, Mira: Der verdrehte Schmetterling. In: Domenego, Hans (Hg.): Das Sprachbastelbuch. Esslingen: Esslinger Verlag J. F. Schreiber, 1996.
Seite 106: Hacks, Peter: Das Pflaumenhuhn. Aus: Das Pflaumenhuhn. Ballade vom schweren Leben des Ritters Kauz vom Rabensee. In: Das Windloch. München: Middelhauve Verlag, 1996, o.S.
Seite 107: Lengren, Zbigniew: Grau und rot. Übers. v. James Krüss. In: James Krüss: Schwarze, weiße und gestreifte Kinder. Berlin: Der Kinderbuch Verlag, o.J.
Seite 109: Die Frühlingssonne. In: Busta, Christine: Die Scheune der Vögel. Salzburg: Otto Müller Verlag, 1958, o.S. - Er ist's. In: Mörike, Eduard: Sämtliche Werke (Bd. 1). München: Winkler, 1967, S. 684.
Seite 114: Brandanschlag auf Asylbewerber-Heim. In: Süddeutsche Zeitung, 27.10.2001 (bearbeitet von Christine Debold).
Seite 114f.: Philipps, Carolin: Milchkaffee und Streuselkuchen. Wien: Ueberreuter, 2001. - a.a.O.
Seite 116: a.a.O. - a.a.O.
Seite 117: a.a.O. - Welsh, Renate: Max der Neue. Würzburg: Arena-Verlag, 1999.
Seite 120: Nöstlinger, Christine: Der TV-Karl. Mit farbigen Bildern von Jutta Bauer. Weinheim: Beltz Verlag, 2. Aufl. 1998.
Seite 122: Hesse, Karen: Denn ich höre die Delphine rufen. München: dtv, 1999. – Spinelli, Jerry: Taubenjagd. Hamburg: Cecilie Dressler Verlag, 1996. – Janssen, Kolet: Mein Bruder ist ein Orkan. Weinheim: Anrich-Verlag, 1997.
Seite 124: Ausgewählte Ergebnisse einer Recherche bei www.google.de zum Stichwort ‚Äthiopien' vom 30.04.2002.
Seite 127: Gruselett. In: Morgenstern, Christian: Galgenlieder. Wiesbaden: Vollmer, o.J.
Seite 147: Kopfhaus. In: Auer, Martin: Was niemand wissen kann. Seltsame Verse und sonderbare Geschichten. Weinheim: Beltz Verlag, o.J.
Seite 158: Erbsensuppe. In: Krüss, James: Mein Urgroßvater und ich. Hamburg: Oetinger Verlag, 1972, S. 135.
Seite 166: Saalmann, Günter: Beim Reimschmied. In: Füchse, Fez & Firlefanz. Reinbek bei Hamburg: Rowohlt Taschenbuch Verlag, 1992.
Seite 167: Fühmann, Franz: Am Schneesee. In: Die dampfenden Hälse der Pferde im Turm von Babel. Ein Sprachspielbuch für Kinder. Berlin: Der Kinderbuch Verlag, 1996 (Nachdruck).
Seite 174: http://home.t-online.de/home/Wontolla/17name.html
Umschlagrückseite: Morgenstern, Christian: Der Werwolf. In: Gesammelte Werke. Hg. von M. Morgenstern. München: Piper, 1965.

Bildquellenverzeichnis

Seite 29, 30: aus e.o. plauen, „Vater und Sohn“, Gesamtausgabe Erich Ohser © Südverlag GmbH, Konstanz, 2000 mit Genehmigung der Gesellschaft für Verlagswerte GmbH, Kreuzlingen/Schweiz
Seite 44: BSR Berliner Stadtreinigungsbetriebe, Berlin
Seite 118.1: Arena Verlag GmbH, Würzburg © 1999
Seite 118.2: Ueberreuter Verlag, Wien, Umschlag von Silke Brix-Henker
Seite 122.1: Karen Hesse: Denn ich höre die Delphine rufen, Umschlagbild von Ludvik Glazer-Naudè. Aus dem Englischen von Heike Brandt, © der deutschsprachigen Ausgabe 1999 Deutscher Taschenbuch Verlag, München
Seite 122.2: Cecilie Dressler Verlag, Hamburg
Seite 122.3: Roxana Villa, Woodland Hills – Seite 140: Stephan Baumann, München
Seite 177.1: Erco Leuchten GmbH, Lüdenscheid
Seite 177.2: Köpenicker Cartoon Gesellschaft/Martin Zak

Trotz entsprechender Bemühungen ist es nicht in allen Fällen gelungen, den Rechtsinhaber ausfindig zu machen. Gegen Nachweis der Rechte zahlt der Verlag für die Abdruckerlaubnis die gesetzlich geschuldete Vergütung.

Illustrationen

Beate Speck-Kafkoulas (München): 12, 16, 24–28, 31, 33, 34, 36, 38, 40, 42f., 46, 52, 53, 54, 56, 60–62, 64–65, 68, 72, 74–77, 82, 83, 87, 94, 96–102, 105, 107–111, 116, 117, 120, 126–128, 130–132, 134, 136, 137, 139–140, 143, 144, 145, 173, 174

Bärbel Witzig (Freiburg): 8–10, 13–15, 18, 22, 44f., 49, 50, 78–79, 81, 84, 85, 88, 89, 92, 112, 113, 115, 146–148, 151–156, 159, 162–164, 166, 168, 169, 170, 171, 176

Helge Glatzel-Poch (Bad Tölz): 12, 23, 34, 37, 53, 55, 63, 64, 66, 68, 69, 70, 90, 95, 103, 107, 121, 125, 129, 130, 133, 134, 135, 136, 137, 144, 145, 152–155, 161, 165, 167, 168, 169, 170, 171, 172, 177, 178–180, 182, 185–189, 193–197

Das Papier ist aus chlorfrei gebleichtem Zellstoff hergestellt, ist säurefrei und recyclingfähig.

1. Auflage 2007 R06
Druck 10 09 08 07
Die letzte Zahl bezeichnet das Jahr des Drucks.

Alle Drucke dieser Auflage sind untereinander unverändert und
im Unterricht nebeneinander verwendbar.

Umschlagkonzept: Mendell & Oberer, München
Umschlag: groothuis, lohfert, consorten GmbH, Hamburg
Umschlagillustrationen: Monika Horstmann, Hamburg
Umschlagabbildungen: Wilhelm Busch, Porträtaufnahme um 1870
(Franz Hanfstängl, München); Die Brüder Jacob (Profil) und Wilhelm Grimm,
Gemälde (1855) von Elisabeth Jerichau-Baumann (beide AKG-Images, Berlin)
Lektorat: Anne-Kathrein Schiffer, Jana de Blank (Assistenz)
Herstellung: Johannes Schmidt-Thomé
Illustration: Helge Glatzel-Poch, Bad Tölz; Beate Speck-Kafkoulas, München;
Bärbel Witzig, Freiburg
Satz: artesmedia GmbH, München
Reproduktion: Oldenbourg:digital GmbH, Kirchheim
Druck: J.P. Himmer GmbH & Co. KG, Augsburg

ISBN 978-3-486-**00008**-5
ISBN 978-3-637-**00008**-7 (ab 1.1.2009)